VINDOBONA
VERLAG SEIT 1946

JOCHEM P. KOHL

Pfad der Götter

ROMAN

VINDOBONA
VERLAG SEIT 1946

Bibliografische Information
der Deutschen Nationalbibliothek:

Die Deutsche Nationalbibliothek
verzeichnet diese Publikation in
der Deutschen Nationalbibliografie.
Detaillierte bibliografische Daten
sind im Internet über
http://www.d-nb.de abrufbar.

www.vindobonaverlag.com

ISBN 978-3-902935-93-9
Lektorat: Juliane Johannsen
Umschlag- & Autorenfoto: Uschi Kohl
Umschlaggestaltung, Layout & Satz:
Vindobona Verlag

Gedruckt in der Europäischen Union
auf umweltfreundlichem, chlor- und
säurefrei gebleichtem Papier.

– 1 –

In der Herbstsonne löste sich der Morgendunst nur langsam auf und gab zögernd den Blick auf das zu Füßen der Monti Lattari liegende Meer frei. Die Konturen der in der Ferne auftauchenden Inseln wurden immer schärfer, bevor die Sonnenstrahlen sie farbig aufleben ließen.

Als sie vor das Haus traten, glitzerte zwischen den Feigenbäumen das Mare Tirreno, aus dem sich die steilen und kalkgrauen Felswände erhoben. Die bergan strebenden bunten Weinberge weckten in den Wanderern gute Laune und der säuerliche Geruch der letzten, noch nicht geernteten Trauben, die langsam Fäule ansetzten, durchzog die frische Morgenluft.

Den Bauern, der bis zu den Schultern zwischen den Weinstöcken stand, erkannten die Wanderer erst, als dieser ihnen einen morgendlichen Gruß zuwarf, der fröhlich erwidert wurde. Die Frage nach der Güte der diesjährigen Weinernte beantwortete der Bauer nur zögernd positiv und schnitt mit einem kleinen krummen Messer eine sorgfältig ausgesuchte Traube ab. Sie lag dunkelbau in seiner groben Hand, die sich Marie entgegenstreckte. „Nimm sie", forderte er sie auf, „probiere sie."

Lachend nahm sie das Geschenk entgegen, ergriff mit der anderen Hand den Stängel und hielt die perfekt gewachsene Traube in die Höhe. Ein Morillo hätte sie nicht schöner malen können.

Plötzlich erstarrte Marie in ihrer Bewegung und schrie laut auf. Ihre weit aufgerissenen Augen richteten sich auf den hinter Klaus liegenden Berghang. „Eine Schlange!", rief sie, „Da ist eine Schlange!"

Die beiden Männer folgten der Richtung ihres Zeigefingers. Auf dem lehmfarbigen Boden wand sich eine dicke schwarze Schlange. Klaus nahm Marie schützend in den Arm und als er die zweite und auch noch die dritte armlange Schlange unter den nächstliegenden Weinstöcken erkennen musste, schrie auch er lauthals.

„Sie sollten den Weg nicht weitergehen, Signori", meinte der Bauer, „die Schlangen verbringen die Nacht im Rabennest, wie wir die Höhle dort oben nennen. Sehen Sie rechter Hand das große Loch, das in der Felswand liegt. Da nächtigen die Schlangen und kommen morgens um diese Zeit aus ihren Löchern, um sich in der Sonne zu erwärmen und sich von ihrem Rausch zu erholen." Beide schauten ihn fragend an, keiner bewegte sich. Als würde die Zeit für einen Augenblick stillstehen.

Der Bauer erklärte, dass die süßen, auf die Erde gefallenen Trauben, die zu gären beginnen und den ersten Alkohol bilden, von den Schlangen verzehrt werden und sie trunken machen. Der Wanderer, der sich ihnen nähert, der ihnen dieses Vergnügen nehmen könnte, wird von ihnen als Feind betrachtet und wird daher blindlings angegriffen.

„Nehmen Sie lieber die Stufen rechts im Hang und laufen Sie oberhalb des Rabennestes, bis Sie an den Waldrand gelangen. Dann den ersten Weg links und Sie sind auf dem Pfad der Götter."

Der Bauer begleitete die beiden aus dem Weinberg. Sie fühlten sich von ihm vor den Schlangen geschützt und schüttelten ihm dankend die Hände. „Ciao, gracie!", riefen sie ihm zum Abschied zu. Und vorsichtig um sich schauend setzten sie einen Fuß vor den anderen, immer schnelleren Schrittes.

Es ging bergan. Durch kniehohes ausgedörrtes Gras und verwelkte Schafgarbe. Es roch nach Thymian und Rosmarin, nach Myrte und Wermut. Langsam legte sich die Angst vor den Schlangen. Und wenn die beiden sich luftholend umdrehten, teilten sie das Glück mit den Bergschwalben, die über ihren Köpfen und über dem zu ihren Füßen liegende blaue Meer elegant ihre Kreise zogen.

Die beiden Wanderer fanden schließlich den schmalen Eselspfad unterhalb der Esskastanienwälder, die den Berg bedeckten. Wie grüne Hauben strecken sie sich über den Bergrücken und spenden den Bauern im Herbst glänzende Früchte, die sie in großen Säcken quer über die Schultern bergab in ihre Dörfer tragen.

Festen Schrittes setzten die beiden ihre Wanderung fort. Das Gezwitscher der Vögel war mittlerweile verstummt. Nur der Schrei des Falken unterbrach die himmlische Ruhe, die über der Landschaft lag. Der Pfad krümmte sich um einen Berghang und aus dem über dem Meer liegenden Dunst tauchte plötzlich dunkel die hoch aufgerichtete Insel Capri auf. Wie auf einem Gemälde, auf dem noch der das Bild vervollständigende Punkt gefehlt hatte. Marie nahm Klaus an die Hand und drückte sie fest. „Warte", sagte sie zu ihm, „der Anblick ist zum Niederknien schön –, mein Schatz – ich möchte die Welt in die Arme nehmen und nicht mehr loslassen." Er umarmte sie.

Je näher sie der Insel kamen, desto größer wuchs sie und tauchten hinter ihr ihre Schwesterninseln auf.

Beinahe hätten die beiden das am Wegrand stehende kleine Türmchen übersehen. Zwei Handbreit wuchs es Stein auf Stein gelegt in die Höhe. Wie aus einem Baukasten waren die größeren Steine zunächst nebeneinandergelegt und sodann an Größe verlierend Stück für Stück aufeinandergesetzt, bis sie zu einem Turm herangewachsen waren, der auf seine Entdeckung wartete.

Was sollte er bedeuten? Ohne eine Antwort zu finden, setzten die beiden rätselratend ihren Weg fort, bis sie auf das nächste Türmchen stießen und dann auf ein weiteres. Der Weg nahm eine Biegung und die beiden Wanderer vernahmen nach Stunden das erste Mal wieder menschliche Stimmen, die nicht die ihren waren. Auf einem Felsen, der sich wie eine große Nase über das Meer schob, saßen eine Frau und ein Mann im Gespräch. Klaus und Marie näherten sich diesem himmlischen Aussichtspunkt und grüßten zurückhaltend. Der junge Mann holte mit seinem Arm weit aus, schlug einen Bogen über das ergreifende Panorama und meinte: „Das muss die Stelle gewesen sein, von der die Götter zu den Sirenen herabgestiegen sind."

„Und", ergänzte Klaus, „Odysseus an den Mast seines Schiffes festgebunden an ihnen vorbeigesegelt ist." Die vier lachten heiter und glücklich über dieses Bild, das sich vor ihren Augen aufgetan hatte.

„Ist das nicht ein wunderschöner Tag", meinte der Mann und legte seine Hand auf die Schulter der lachenden Frau. „Einen schöneren Geburtstag kann man sich überhaupt nicht vorstellen. Ruth ist heute 20 Jahre alt geworden und wir feiern ihren runden Geburtstag auf dem schönsten Fleck der Erde."

Marie und Klaus gratulierten der glücklich strahlenden Frau, die inzwischen aufgesprungen war und erklärte, ihr Freund sei Architekt und hätte sich heute Nacht, als sie nichts ahnend schlief, aus dem Zimmer geschlichen und den Weg von der Trattoria, wo sie eine Unterkunft gefunden hatten, mit den Türmchen besetzt, damit sie am Morgen den Weg hierher fände. „Ist das nicht sagenhaft", rief sie aus voller Seele und umarmte den stolz lächelnden Erbauer dieser Turmwelt.

Klaus und Marie hatten während dieses Gesprächs einen Blick gewechselt. „Wissen Sie", sagte Marie sodann, „dass wir heute sogar zwei Geburtstagskinder haben." Zögernd legte sie ihren Arm um die Schultern ihres Mannes. „Klaus ist heute nämlich 30 Jahre alt geworden, ist das nicht ein wahnsinniger Zufall!"

„Nein, das darf doch nicht wahr sein" und „das gibt es doch nicht", fielen sie sich gegenseitig ins Wort und mit großer Freude nahmen die beiden Geburtstagskinder sich an den Händen und sprachen sich die besten Geburtstagswünsche aus. Wenn sie jemand Anderem von diesem Zufall erzählten, darüber waren sie sich einig, würde man ihnen kaum glauben. „Aber so ist das einmal", sagte Klaus und die Frauen schlugen begeistert in die Hände.

„Und ich habe kein Geschenk", rief die junge Frau aus, „gib mir doch mal meinen Rucksack", sagte sie zu ihrem Freund, und zog ein in goldenes Papier verpacktes Schokoladenherz heraus. Sie hielt es freudig in die Höhe und drückte es sodann Klaus mit dem nachdrücklichen Wunsch in die Hand: „Möge es Ihnen Glück bringen."

Er bedankte sich herzlich und steckte es etwas schüchtern in seine Hemdtasche mit der freudigen Feststellung: „Jetzt liegt es über meinem Herzen und reist mit mir zurück nach Frankfurt."

„Sie kommen aus Frankfurt? Ich bin schon lange nicht mehr dort gewesen."

„Und wo leben Sie jetzt?", fragte er sie.

„Eigentlich in Paderborn, aber momentan in Berlin."

„Ach ja, in meiner Vaterstadt" sagte Klaus. Und auf ihre Frage nach dem Stadtteil: „In Frohnau bin ich mit Spreewasser getauft worden."

„Na, da müssen wir uns doch einmal wiedersehen oder", sie zögerte, „wir treffen uns ganz bald wieder hier auf diesem himmlischen Platz. Was halten Sie davon?"

„Gute Idee, aber wie soll das gehen?", antwortete er, „Sie wohnen in Berlin und ich in Frankfurt, da kreuzen sich unsere Wege im Zweifel nicht. Und hier an diesen herrlichen Fleck der Erde kommt man leider auch nicht alle Tage. Selbst unsere Geburtstage werden uns nicht hierherführen. Also ich weiß nicht."

„Und was halten Sie von der Idee, dass wir uns an unserem nächsten runden Geburtstag, also in zehn Jahren, hier wieder treffen – alle vier. Wir können dann unsere Erlebnisse aus diesem Lebensabschnitt gemeinsam austauschen, haben viel zu erzählen und genießen einen herrlichen Geburtstagsabend oben in der Trattoria."

Klaus blickte zu Marie, die unentschlossen mit den Schultern zuckte, aber auch nicht widersprach. Und als der Freund der ideenreichen jungen Frau zustimmend nickte, willigte Klaus ein: „Das ist ein toller Vorschlag! Das machen wir, versprochen."

Marie erinnerte Klaus: „Wir müssen uns auf den Weg machen, sonst bekommen wir unser Schiff in Positano nicht."

Sie warfen einen letzten Blick auf das unter ihnen liegende Meer und versuchten, dieses göttliche Panorama fest in ihr Gedächtnis aufzunehmen.

„Tschüss und auf Wiedersehen“, riefen sich die vier zu und winkten, bis Klaus und Marie in einer Wegbiegung verschwunden waren.

„Du spinnst ja auch ein bisschen“, meinte Ansgar, „dich mit diesem Mann in zehn Jahren zu verabreden. So schnell wie der mit seiner Frau dort unten in der Kurve verschwunden ist, hat er auch die Verabredung vergessen. Ich hoffe, das war von dir auch nur ein Scherz oder was hast du dir dabei gedacht?“

„Na ja“, zögerte Ruth mit ihrer Antwort, „das war so eine spontane Idee, das hat keiner von uns so richtig ernst genommen. Vergiss es. Aber nett waren die beiden.“

Ansgar nahm Ruth bei der Hand und zog sie von dem Felsen auf den steinigen Pfad. „Du bist mit der Suche noch nicht fertig. Da gibt es noch zwei, drei weitere Türmchen und wenn du sie findest, hast du jedes Mal einen Wunsch frei – vergiss nicht, du hast Geburtstag!“

„Jawohl, Herr Architekt“, rief sie und sprang übermütig von einem Fuß auf den anderen. Sie legte ihren rechten Arm um seine Taille, reckte sich zu seinem Kopf und gab ihm einen feuchten Kuss auf die Wange. „Es war so schön heute Nacht, mein Älsking. Du bist so zärtlich und dann wieder so leidenschaftlich. Ich möchte dich nicht loslassen. Weißt du noch, wie wir uns kennengelernt und die erste Nacht gemeinsam verbracht haben? Das bleibt mir unvergesslich.“

Ansgar hatte sie während ihrer Worte an sich gezogen und küsste sie auf die Stirne. „Mein großer Liebling, das werde auch ich nie vergessen. Und ich weiß heute noch nicht, wer von uns damals auf der Versammlung des SDS den anderen zuerst gesehen hat, du oder ich. Ich meine fast, dass wir uns beide gleichzeitig in die Augen geblickt haben. Du hattest auf den Stufen gesessen. Mit neugierigen Augen hörtest du dem Redner zu und klatschtest Beifall. Ich hatte mich auf die Kante der Bühne gesetzt und den Blick auf die Genossen gehabt, als sich unsere Blicke kreuzten und hängen blieben, einfach so – ungewollt."

Er streichelte sie über den Kopf. „Es war furchtbar eng in dem vollen Saal und als ich meine Rede gehalten hatte, habe ich dich noch nicht gesehen. Das war ein Meer von Menschen, die alle von den Studentenunruhen in den USA wie elektrisiert waren, die mich mit Beifall und Zwischenrufen bedachten, die klatschten und pfiffen, die trommelten und buhten. Erst als ich fertig war und nicht mehr im Mittelpunkt des Geschehens stand, fand ich Gelegenheit, mich umzuschauen, und da sah ich dich in deiner hellblauen Bluse mit deinem blonden Wuschelkopf inmitten deiner Freunde, zu denen auch ein Schwarzer zählte, mit dem ihr gerade heftig diskutiertet."

„Ich hatte meine beste Freundin dabei, die mich dann ablenkte", sagte Ruth, „aber als ich wieder zu dir rüber schaute, hattest du mich immer noch angeblickt, was mich irritierte und mich dann wieder beeindruckte. Schon am Rednerpult hatte mir deine stattliche Figur gefallen, dein selbstbewusstes Auftreten, deine ruhige Art zu sprechen, deine anschauliche Ausdrucksweise und dass du schon in den USA gewesen bist, das hatte in mir Neugierde geweckt. Ich war dann bass erstaunt, dass du am Ende der Veranstaltung, wir gingen schon raus, plötzlich hinter mir standest und,Hi' sagtest, während du deine Hand auf meine Schultern legtest. Wir sind dann rüber ins Café gegangen. Deine Blicke verrieten mir, dass dir mein Minirock gefiel, und du schautest nicht nur einmal auf meine nackten Beine. Ich spürte, wie du – hee, da ist ja der nächste Turm", unterbrach sie sich, „jetzt habe ich einen Wunsch frei."

Sie stand ihm gegenüber, strich mit ihren Händen liebevoll über seine Brust, spürte seine Brustwarzen, schaute in seine Augen, aus denen der Schalk blitzte, und sagte lachend: „Aber ich verrate dir nicht, was ich mir wünsche, sonst geht es nicht in Erfüllung." Scherzend kehrten sie um, es war ihnen inzwischen in der strahlenden Sonne zu heiß geworden.

Klaus und Marie waren nach ihrem Abschied von den beiden bergab nach Positano gelaufen. Ihre Beine waren müde. Sie hatten damit zu kämpfen, dass die Stufen der gepflasterten Treppe, die für die großen Schritte der Esel in langen Absätzen gebaut war, von ihnen eine unbequeme Gangart verlangten. Sie kamen immer wieder aus dem Schritt und befürchteten schon, das Schiff nach Amalfi zu verpassen. Aber die Zeit vor dessen Abfahrt reichte dann doch aus, um sich im Hafen noch ein erfrischendes Eis zu kaufen, das in der Hitze fast schneller zerrann, als sie es schlecken konnten.

Sie genossen eine himmlische Fahrt entlang der felsigen Küste, an der sich die Wellen brachen. Kleine Dörfer mit weiß gekalkten Häusern, die ihre Kirche umringten, saßen wie Schwalbennester in den Berghängen. Klaus war immer wieder versucht, vom Schiff aus den Felsen ausfindig zu machen, auf dem er Ruth getroffen hatte.

Marie entging dieses Ausspähen nicht. Sie fand Klaus' Verhalten reichlich merkwürdig und sagte es ihm auch: „Findest du nicht, dass es etwas kindisch ist, wenn du den Felsen unseres Treffens mit den beiden anderen ausfindig zu machen versuchst, was bei dieser Entfernung schlicht unmöglich ist. Was hast du dir überhaupt dabei gedacht, dich auf einen Zeitpunkt in zehn Jahren zu verabreden. Das haben die längst wieder vergessen und als Joke betrachtet."

„Natürlich, du hast Recht", antwortete Klaus, „ich fand den Vorschlag einfach nur eine blendende, eine ausgefallene Idee. Sie hätte von mir kommen können, so gut war sie. Okay, vergiss es." Er nahm Marie in die Arme und gab ihr einen Kuss auf den Mund. „Ich bin dann vierzig Jahre alt und habe bis dahin mit Gewissheit eine bessere Idee, wie ich meinen nächsten runden Geburtstag feiern werde."

Durch die offenstehende Eingangstür zur Tenuta kam ihnen die Wirtin mit ihren Händen wedelnd und laut rufend entgegen: „Signori, wir hatten einen Anruf aus Germania für Sie. Sie sollen sofort zu Hause anrufen. Sie können das Telefon in der Küche benutzen."

Marie wählte die Telefonnummer ihrer Mutter. In ihrer Aufregung verwählte sie sich prompt. Erst kam das Besetztzeichen. Ein Tuten ohne Unterbrechung. Sie fuhr sich mit der Hand durch die verschwitzten Haare. Sie versuchte es noch einmal und hielt dann Klaus den Hörer ans Ohr – kein Ton kam aus der Leitung. Marie gab nicht auf und machte einen weiteren Versuch. Die Wahlscheibe eierte und war klebrig von all den Fingern, die sie benutzt hatten.

Endlich hörte sie ihre Mutter am Ende der Leitung: „Marie, gut dass du anrufst. Ich befürchte, du musst kommen. Unser Schätzchen hat die Windpocken. Sie hat seit zwei Tagen hohes Fieber. Sie weint und ruft nach dir. Das ist eine Situation, in der nur noch die Mutter helfen kann. Die Ärztin kommt zweimal am Tag und meint auch, das Kind müsse wieder zur Ruhe kommen und da helfe alle meine Mühe und Liebe nicht, da müsse die Mutter her."

Marie wandte sich an Klaus, der mit einem Ohr über dem Hörer zugehört hatte. „Schatz", sagte sie, „ich muss unbedingt nach Hause, so schnell wie möglich", und wieder zu ihrer Mutter am Telefon gerichtet, „Mami, ich komme morgen mit der ersten Maschine, in der ich einen Platz bekomme. Ich rufe dich wieder an, wenn ich die Ankunftszeit weiß. Sag meinem Schatz alles Liebe, ich wäre bald bei ihr und nehme sie in meine Arme."

„Als erstes telefoniere ich jetzt mit der Alitalia", sagte Klaus. „Die Lufthansa-Maschine geht erst morgen Abend. Hoffentlich bekommen wir einen Flug." Marie überlegte. „Klaus, wir haben noch die nächsten drei, oder sind es vier, Tage hier gebucht, haben einen Mietwagen und das Retour-Ticket. Du könntest noch gut die letzten Tage hier verbringen und dich noch ein bisschen erholen. Du kommst noch früh genug in dein Büro und hast die Ruhe nötig. Ich komme schon allein zurecht."

„Ja", sagte Klaus zögernd, „Du hast ja Recht, aber auf der anderen Seite möchte ich dich nicht gerne allein lassen. Ich mache mir natürlich auch hier Sorgen und werde nicht so entspannt leben, wenn ich dich allein lassen muss."

„Also komm", sagte Marie, „ich packe das schon alleine und richtig helfen kannst du mir in dieser Situation auch nicht. Wenn alles mit dem Flug klappt, bist du morgen Nachmittag wieder hier, kannst die Beine ausstrecken und dich noch die Tage ausruhen."

Für das Abendessen hatten sie sich einen besonders schönen Tisch reservieren lassen. Von ihm bot sich der beste Ausblick auf die in der Abenddämmerung liegende Küste und auf Positano. Über das Meer zogen die Schiffe ihre weißen Heckwellen hinter sich her und unten im Ort gingen die ersten Straßenlaternen an, die wie glitzernde Glasperlen an einer langen Schnur Positano durchzogen. Die Wirtin hatte Ruth einen Geburtstagsstrauß auf den Tisch gestellt und ihr gratuliert. „Tanti auguri", hatte sie ihr gewünscht und ihr fest die Hände geschüttelt.

Ansgar und Ruth hatten glücklich die Arme über die Schultern des anderen gelegt und übermütig eine Flasche Asti Spumante bestellt. Die junge Wirtstochter kam bald mit dem Sekt, den sie strahlend in einem Kübel vor sich hertrug. Sie stellte ihn schwungvoll auf den Tisch. Das Klappern der Flasche und das Klingeln der Eiswürfel steigerten die Vorfreude auf den Sekt.

Das Mädchen zog die Flasche, an der das kalte Wasser herabperlte, aus dem Kübel und stellte sie vor sich auf den Tisch. Sehr geübt an der Öffnung von Sektflaschen war die Signorina offenkundig nicht. Sie ging ihre Aufgabe sehr vorsichtig an, schaffte es aber immerhin, den über dem Korken angebrachten Draht nach vielem Drehen in beide Richtungen zu entfernen, ohne sich die Fingernägel abzubrechen.

Dann wollte sich aber der Korken nicht lösen. Sie hielt die Flasche mit einer Hand am Hals und versuchte, mit dem rechten Daumen den Korken zu lockern und in Bewegung zu bringen. Gespannt beobachteten Ansgar und Ruth die Bemühungen der Wirtstochter, als ihr plötzlich die nasse Flasche aus der Hand glitt. Sie versuchte zwar noch, die Flasche aufzufangen, aber ihre Hände kamen zu spät. Die Flasche rutschte über die Tischkante und prallte auf Ansgars nackten Fuß, der aus der Sandale herausschaute. Die schwere Glasflasche traf voll das Gelenk seines rechten Zehs. Ansgar schrie auf und griff nach seinem Fuß, während der Sekt schäumend aus der am Boden liegenden Flasche strömte.

„Mein Gott", rief Ruth und sprang auf, „können Sie denn nicht besser aufpassen?", ihre Stimme war alles andere als freundlich. „Es kann doch nicht so schwer sein, eine Sektflasche zu öffnen, ohne gleich die Gäste umzubringen!" Sie lief um den Tisch herum zu Ansgar, der seinen Fuß auf den linken Oberschenkel gelegt hatte und seinen Zeh mit schmerzverzerrtem Gesicht begutachtete. Sobald sich seine Finger der geröteten Stelle näherten, zog er sie mit einem Aufschrei zurück. Er schlug mit der Faust auf den Tisch und schrie: „Verdammt!"

Die Wirtstochter entschuldigte sich mit vielen unverständlichen italienischen Worten. Ihre Hände wechselten währenddessen von ihrem weißen Gesicht, das sie aufgeregt umfasst hatte, zu ihrer Brust, da, wo das Herz schlägt, um ihr Bedauern zum Ausdruck zu bringen.

Ruth griff nach dem Sektkübel, holte einige Eiswürfel heraus und reichte sie Ansgar, damit er die Prellung kühlen konnte. Sie selbst wollte der Schmerzstelle nicht zu nahe kommen, weil sie befürchtete, ihm noch mehr Qualen zu bereiten. Sie streichelte ihm über den Kopf und tröstete ihn: „Das wird wieder besser, du wirst sehen."

„Sekt kann mir die nächste Zeit gestohlen bleiben", sagte Ansgar und gab der immer noch auf dem Boden liegenden Flasche einen Kick in Richtung des Wirtes, der inzwischen herbeigeeilt war und das Missgeschick seiner Tochter bedauerte. „Darf ich Sie auf Kosten des Hauses zu einem besonders schönen Wein einladen, den besten aus dieser Region, um Sie wenigstens etwas trösten zu können", und machte sich auf den Weg ins Lokal.

Es lag vor allem an Ansgar, dass die anfänglich heitere Stimmung nicht mehr aufkam. Ruth versuchte ihn aufzumuntern, aber Ansgars gute Laune ließ sich auch durch das Streicheln und liebe Worte nicht wiederherstellen. Weder der knackige Salat noch das zarte Saltimbocca, nicht einmal die köstliche Cassata vermochten die Stimmung zu verbessern.

„Wir wollten doch morgen den Pfad der Götter gehen", sagte Ruth, „aber mit diesem Fuß wird das schwerlich zu machen sein. Dein Zeh ist inzwischen ganz schön angeschwollen und wird morgen in keinen Schuh passen."

„Dann musst du eben allein gehen. Wenn die beiden hierher gefunden haben, wirst du den Weg auch in Richtung Amalfi finden. Ziehe nur die festen Schuhe an, denn hier soll es auch Schlangen geben. Hast du keine Angst so alleine?"

„Ach was", meinte Ruth, „ich passe halt auf, bleibe auf dem Weg und meide unwirtliches Gelände. Es wird schon nicht so wild sein, sonst drehe ich um."

– 2 –

Ruth war am nächsten Morgen immer noch entschlossen, den Pfad der Götter alleine zu gehen. Die Wirtin machte ihr zwei Panini mit Käse und Schinken, legte eine Birne und einen Apfel daneben und stellte eine Flasche Wasser dazu. Ruth verstaute den Proviant zusammen mit einem dünnen Anorak in ihrem Rucksack.

Ansgars Schmerzen hatten über Nacht weiter zugenommen, so dass Ruth ihn mit einem nassen kühlen Umschlag um den Fuß auf der Terrasse zurücklassen musste. „Mach's gut, mein Schatz." Sie küsste ihn auf die Stirne, „mach dir keine Sorgen um mich. Das kann heute Abend etwas später werden, bis ich wieder mit dem Bus in Positano bin. Ich leiste mir dann ein Taxi, um wieder zu dir hier hochzukommen. Lese so lange den Max Frisch, den du schon angefangen hast, und löse das Rätsel des Homo Faber. Du kannst mir dann den Fortgang der Geschichte erzählen. Bis dahin! Ich liebe dich." Sie warf ihm eine Kusshand zu, die er ebenso herzlich erwiderte, und sprang leichtfüßig die Stufen herab, die in Richtung ihres Wanderweges führten.

Ruth fühlte sich frei und unbeschwert. So sehr sie auch Ansgar liebte, so gut fand sie es, einmal einen Tag ohne ihn zu verbringen und ihren Gedanken ungestört nachsinnen zu können. Sie war jetzt über drei Monate mit Ansgar zusammen und genoss diese Gemeinsamkeit, diese Nähe zu einem Mann, dem sie uneingeschränkt vertrauen und mit dem sie sich ohne Zurückhaltung austauschen konnte. Aber jetzt freute sie sich darauf, ungebremst losmarschieren und diesen Pfad der Götter auf eigene Faust entdecken zu können.

Sie fand den Weg sehr bald. Zunächst brauchte sie nur den Türmchen zu folgen, die Ansgar für sie gebaut hatte und die jetzt ein wenig verloren in der Landschaft standen. Nach kurzer Zeit öffnete sich das dichte Gebüsch und vor ihr lag der Felsen, auf dem sie gestern ihren Geburtstag gefeiert hatten. Sie lehnte sich an ihn und genoss seine Kühle, die er sich noch aus der Nacht bewahrt hatte.

Ruth verschränkte ihre Arme und blickte durchatmend auf die Weite des Meeres, das sich zu ihren Füßen ausbreitete und sich nicht zu bewegen schien. Die Insel Capri lag noch schier unerreichbar im Dunst. Da musste sie unbedingt einmal hin. Die Insel von Axel Munte. Sein Buch stand in der Bibliothek ihres Vaters und hatte ihre Sehnsucht nach Kampanien und seinen Inseln bei ihr geweckt.

Jetzt geht es aber weiter, sagte sie sich und machte sich auf den Weg. Sie schritt weit aus und atmete die noch immer frische Luft tief ein. Über dem grünen Bergrücken stand die Sonne und versprach einen weiteren schönen Herbsttag. Hoch über ihr kreischten zwei Habichte und zogen ihre Bahnen nach einem unergründlichen Muster. Sie wartete darauf, dass wenigstens einer von ihnen eine Beute erspähte und sich dann wie ein Stein herunterfallen ließ, um sich seine Morgenspeise zu greifen. Aber die beiden da oben zogen ihre Kreise in unermüdlicher Geduld und Zweisamkeit, wie sie sich das Leben mit Ansgar wünschte – ungestört, und ohne Sorgen und Feinde.

Der Weg stieg kaum an und forderte von ihr keine Anstrengung. Er streckte sich vor ihr in langgezogenen Windungen und folgte den Rundungen der Bergrücken, die Abwechslung und neue Ausblicke auf die Küste boten. Es wurde allmählich wärmer und hinter einem Wacholderbusch legte sie den Rucksack ab, knöpfte ihre ärmellose Bluse auf und zog ihren Büstenhalter aus, der sie schon längere Zeit beengte. Sie erfreute sich ihrer festen weißen Brüste, unter die sie ihre Bluse nur noch knotete, so dass ihr jetzt genügend Luft zum ungehinderten Durchatmen blieb. Sie schulterte ihren Rucksack, pfiff ein Lied und marschierte gut gelaunt weiter.

Die Sonne hatte bereits den Zenit überschritten, als unterhalb des Waldrandes in der Ferne die Silhouette eines

Dorfes mit einem viereckigen Kirchturm sichtbar wurde. Sie wähnte schon ihr Ziel vor sich, als die rote Wegmarkierung sie jedoch links den Berghang entlang und direkten Weges nach Amalfi führte, wie sie hoffte. Vor ihr reihten sich Weinberge, deren buntes Laub das ursprüngliche Grün der Weinstöcke überdeckte. Stare flogen auf und ließen sich nach einigen Schwüngen durch die Luft wieder in geordneter Schar in den Weinbergen nieder. Ihr Gezwitscher machte Ruth glücklich.

Einige Schritte weiter erkannte sie eine große Tenuta, auf die der Weg zuführte. Das kam ihr gelegen, denn ihre Wasserflasche hatte sie längst geleert und das Obst war verzehrt, so dass sie Durst verspürte.

Enttäuscht musste sie feststellen, dass die Haustüre verschlossen war. Auch auf ihr Klopfen rührte sich nichts. Nach einigem Zögern entschloss sie sich, es auf der anderen Seite des Wohngebäudes zu versuchen. Sie ging um die Hausecke herum und stieß auf eine von Blumen umgebene Terrasse. Erst meinte sie, auch hier niemanden finden zu können, als sie auf einer Liege unter einem Sonnenschirm einen Mann sah, der eine Zeitung aufgeschlagen hatte und sie nicht bemerkte.

Ruth wusste nicht, wie sie sich verhalten sollte, entschloss sich dann jedoch zu einem „Hallo“, bevor sie sich den Stufen zur Terrasse näherte. Der Mann legte die Zeitung zur Seite und schaute auf.

Der unerwartete Besuch überraschte ihn und während er noch überlegte, ob er sitzen bleiben oder aufstehen sollte, erkannte er zu seiner Überraschung Ruth. Er schüttelte ungläubig den Kopf.

„Sind Sie es wirklich?“, fragte er zögernd und im selben Augenblick erkannte Ruth den Mann, dem sie gestern an dem Felsen begegnet waren.

„Wie kommen Sie denn hierher und wo ist Ihr Begleiter?“, fragte er sie.

„Ich bin alleine. Mein Freund hat sich gestern Abend am Fuß verletzt und konnte nicht mitkommen.“

Sie war inzwischen nähergetreten, ließ den Riemen ihres Rucksackes von ihren Schultern gleiten und sagte: „Haben Sie vielleicht ein Glas Wasser für mich, ich bin unheimlich durstig." Sie setzte sich, zog ihre Schuhe aus und massierte ihre Füße.

„Aber natürlich", rief er, sprang auf und lief in das Zimmer, aus dem er bald mit zwei Gläsern und einer Flasche Wasser zurückkehrte. Er schenkte ein und erklärte: „Meine Frau musste plötzlich heute früh nach Hause reisen, weil unsere Tochter an Windpocken erkrankt ist und dringend ihre Mami braucht. Ich bleibe noch bis zum Wochenende hier."

Klaus erinnerte sich an den Händedruck, den Ruth ihm gestern zum Abschied gereicht hatte. Er hatte deutlich etwas länger gedauert, als es notwendig gewesen wäre. Und abends hatte er das goldene Schokoladenherz, das Ruth ihm zum Geburtstag geschenkt hatte, in seiner Hemdtasche gefunden und in Gedanken an sie gestreichelt, bevor er es auf seinen Nachttisch gelegt hatte.

Was war das für eine verrückte Verabredung, die sie so leichten Herzens getroffen hatten. Wie ernst sollte sie gemeint sein, fragte er sich. Und jetzt stand sie nach nur einem Tag plötzlich vor ihm, barfuß und mit dunkelrot lackierten Fußnägeln.

„Aber wir können doch nicht die ganze Zeit nur Wasser trinken, was halten Sie von einem Campari?", sagte Klaus.

„Gerne", antwortete sie, „wenn ich jedoch Ihre Toilette vorher benutzen darf."

„Natürlich, gehen Sie nur vor", er wies zur Zimmertür, „ich zeige Ihnen, wo es lang geht."

Klaus folgte Ruth und konnte seine Augen nicht von ihrem kleinen runden Popo abwenden, der mit jedem Schritt von ihr sich einmal nach links und einmal nach rechts schob. Und wenn er sich nicht täuschte, trug sie auch keinen Slip unter ihren engen Jeans.

„Gleich rechts die Türe", sagte er und öffnete den Kühlschrank, um zwei Fläschchen Campari Soda herauszuholen. Er setzte sich auf die Liege, nachdem er die Gläser eingeschenkt hatte.

Auf der Toilette erinnerte sich Ruth, dass sie die kräftige Statur von Klaus schon bei ihrem ersten Treffen bewundert hatte. Er war ein groß gewachsener Mann mit dichten dunklen Haaren, zu dem sie sich sofort hingezogen gefühlt hatte. Als sie vom Badezimmer zurückkam, setzte sie sich ohne zu zögern neben ihn auf die Liege. Sie nahmen ihre Gläser und Ruth sagte zu ihm: „Chin chin. Wollen wir uns nicht duzen? Ich heiße Ruth."

„Und ich heiße Klaus, chin chin." Ruth bot ihm ihre Wangen und sie küssten sich. Sie hatten sich dabei an ihren braunen Armen gefasst und schauten sich wortlos in die Augen. Ihre Lippen bewegten sich leicht, als ob sie etwas sagen wollten. Ihre Augen blieben ungläubig aufeinander gerichtet. Prüfend und fragend suchten sie nach einer Erklärung für die verwirrenden Gefühle ihrer Sinne.

Ruth nahm den männlichen Geruch seines Körpers wahr, etwas Schweiß und seinen warmen Atem. Ihre Hände glitten an seinen Armen herunter. Sie spürte seine Haare, hielt inne, um dieses wohlige Gefühl nicht aufgeben zu müssen, das sie in ihren Handflächen empfand. Sie spürte seine Hand, die von ihrer Taille zu ihrem Rücken herauf streichelte. Sie schloss ihre Augen und ließ zu, dass Klaus sie auf ihren Hals küsste.

Beiden war klar, dass sie ihre Liebkosungen jetzt sofort beenden mussten, weil sie wenig später dazu weder die Kraft noch den Willen haben würden. Aber sie waren bereits zu weit gegangen. Ihre leidenschaftliche Lust auf den Körper des anderen ließ sich nicht mehr bändigen. Ruth genoss die suchenden Blicke von Klaus auf die Rundungen ihrer Brüste und er fragte sich, ob er es wagen sollte, den Knoten ihrer Bluse zu öffnen.

„Lass uns reingehen", sagte Klaus, stand auf und zog Ruth von der Liege hoch und weiter an der Hand ins Zimmer. Sie umarmten sich innig und küssten sich nicht mehr lange nur auf die geöffneten Münder, sondern genossen den salzigen

Geschmack der verschwitzten Haut des anderen. Klaus fand die Knöpfe ihrer Jeans. Seine Hand näherte sich zielstrebig ihren Schamhaaren, während die Hände von Ruth nach seinen strammen Pobacken unter der Badehose griffen und nicht mehr losließen. Sie liebten sich in der leidenschaftlichen Freude, den Körper des anderen zu entdecken.

Es dämmerte bereits, als Klaus Ruth in einiger Entfernung von der Trattoria aus seinem Auto steigen ließ und sich sagen hörte „in zehn Jahren." Ruth lachte und wiederholte „in zehn Jahren" – und keiner von ihnen glaubte ernsthaft an ein Wiedersehen.

– 3 –

Das Dämmerlicht hatte die Umrisse der Trattoria schon weich werden lassen. Bunt leuchteten die elektrischen Birnchen über der Terrasse vor dem Haus. Ruth nahm die ersten Stufen der Treppe noch mit Schwung, dann wurden ihre Beine schwerer und ihre Schritte langsamer. Wie sollte sie sich Ansgar gegenüber verhalten, schoss es ihr durch den Kopf. Würde sie ihm genauso ungezwungen in die Augen schauen können wie heute Morgen bei ihrem Abschied?

Sie spürte, wie ihr das Blut in den Kopf stieg und hoffte, Ansgar würde die leichte Röte, die in ihr aufstieg, unter ihrer sonnengebräunten Haut nicht bemerken. Sie atmete tief durch, als sie die Tür zu dem Gastraum öffnete. Das helle Licht blendete sie zunächst und sie versuchte, mit blinzelnden Augen unter den Gästen Ansgar zu erkennen. „Ihr Freund sitzt auf der Terrasse", rief die Wirtin.

Und dann sah sie durch die offenstehende Tür Ansgar draußen sitzen. Er breitete weit seine Arme aus und rief „Da bist du ja!" Er umarmte sie fest und Ruth war erleichtert, dass sie während der Begrüßung ihren Kopf an seine Brust legen konnte. So beruhigte sich ihr Herzklopfen langsam und sie küssten sich beide in fester Umarmung.

„Wo bist du denn geblieben?", fragte Ansgar. „Ich habe mir Sorgen gemacht und den Wirt schon gefragt, was ich nur machen soll. Denn langsam wird es draußen dunkel und in dieser unbewohnten Gegend verläuft man sich recht schnell einmal."

„Ja, du hast Recht", antwortete sie, „die letzte Stunde bin ich auch ganz schön schnell gelaufen, als die Sonne hinter Capri unterging. Ich hatte aber den Vorteil, dass ich denselben Pfad zurückgelaufen bin, wie auf dem Hinweg, auch wenn die Landschaft auf dem Rückweg immer anders aussieht als hinwärts. Aber auf dem Hinweg habe ich mich immer mal wieder umgedreht, wie mein Vater es mir beigebracht hat, um auch den Rückweg sicher finden zu können. Und natürlich haben mich auf dem Pfad die Götter geschützt", fügte sie lächelnd hinzu und wunderte sich, wie leicht es ihr fiel, ihren Freund so detailliert anzulügen.

Eigentlich, dachte sie, lehne ich es doch ab, so zu lügen – von kleinen Notlügen einmal abgesehen, die sind normal und erlaubt. Ich bin zur Ehrlichkeit erzogen worden und ich sage lieber die Wahrheit, auch wenn sie manchmal unbequem ist und Ärger nach sich zieht, der dann aber auch umso schneller verfliegt. Ich betrüge Ansgar im Grunde genommen jetzt schon ein zweites Mal, nachdem ich mich mit einer Leidenschaft, die so überraschend schnell aufflammte und über die ich mich selbst wunderte, einem anderen Mann ohne irgendeine Scham hingegeben habe. Aber eine Alternative habe ich nicht, will ich Ansgar nicht verlieren, und das wäre die unabwendbare Folge. Ruth, sagte sie sich, das darf dir nicht noch einmal passieren.

Ihr ungutes Gefühl ließ sie nicht los. Sie setzte sich neben ihn auf die Bank, lehnte sich an ihn und nahm seine Hand. Er roch frisch rasiert nach seinem Lieblings-Rasierwasser, das sich Tabac nannte und auch danach duftete. Ruth genoss die Männlichkeit, die Ansgars Medium ausstrahlte, und sie fragte ihn mit einem Blick unter den Tisch: „Wie geht es deinem Fuß? Ich habe so an dich denken müssen. Wie schön wäre es gewesen, wenn du hättest dabei sein können. Der Pfad! Der ist wirklich himmlisch, und der herrliche Ausblick auf das Meer!"

„Nein, mir geht es schon besser. Die Wirtin hat meinen Fuß im Stundentakt mit Quarkumschlägen versorgt" – und dabei hob er sein Bein – „Schau mal, ich kann meinen Zeh auch schon wieder etwas bewegen." Er versuchte währenddessen, seinen Fuß etwas zu drehen, musste dann aber doch sein Gesicht verziehen, weil ihm sein Zeh diese Strapaze offensichtlich übelnahm. „Aber wird schon", sagte er, „wollen wir nicht einen Wein bestellen und eine große Flasche Wasser, denn du musst einen unheimlichen Durst haben nach dem langen Marsch."

„Ja, bitte", antwortete sie, „und ich gehe gerade mal kurz auf unser Zimmer, dusche mich und bin gleich wieder da. Ich mache ganz schnell."

Ruth drehte den Wasserhahn der Dusche voll auf und ließ das Wasser durch ihre Haare und über ihren ganzen Körper laufen. Sie seifte sich kräftig ein und rieb den Schaum über ihre Haut, vom Scheitel bis zur Sohle, als wollte sie die leidenschaftlichen Berührungen von Klaus Körper, von seinem Schweiß und seinem Samen wegwaschen, vergessen machen.

Als sie dann erfrischt und in ihrem kurzen blauen Kleidchen mit den weißen Tupfen wieder vor Ansgar stand, fühlte sie sich innerlich beschwingt und erleichtert, wieder bei ihm zu sein. Aber so selbstsicher, wie sie sich gab, war sie auch wieder nicht. Die Angst, sie könnte sich verraten, wurde sie nicht los.

„Und was essen wir jetzt?", fragte sie. „Ich habe einen Bärenhunger und könnte einen großen Teller Spaghetti verputzen."

„Ich auch", sagte Ansgar, „ich habe heute Mittag nur einen Mozzarella mit Tomaten gegessen, weil wir doch heute Abend zusammen essen wollten. In Berlin kenne ich keinen einzigen Italiener, der so gut kocht wie unser Wirt."

Sie gaben ihre Bestellungen auf und stießen mit ihren Weingläsern an. „Und wie ist das bei euch in Kiel, habt ihr dort keine guten Italiener?" fragte Ruth. „Nee", meinte Ansgar, „bei uns gibt es zwar noch etwas anderes außer Kieler Sprotten, aber wenig Abwechslung in der Küche, obwohl meine Mutter eine gute Köchin ist. Sie macht einen köstlichen Kartoffelsalat zur gebratenen Scholle mit Speckwürfeln – das ist eine wahre Freude."

„Und was macht eigentlich dein Vater von Beruf", fragte Ruth.

„Mein Vater ist Bootsbauer für kleine Yachten und betreibt noch zusätzlich eine Bootsschule. Dort habe ich von der Pike auf Segeln gelernt. Die Kieler Woche kennst du ja bestimmt. Und auch die Liebe zur Technik in der kleinen Werft meines Vaters. Nur wollte ich eines Tages vom Wasser weg, und ich habe mich entschlossen, Architektur zu studieren. Berlin hat eine gute TH und den Vorteil, dass dort keine Wehrpflicht besteht. Denn ich lehne jede Art von Gewalt, geschweige denn Krieg, ab. Wie kann man denn nur jungen Menschen beibringen, wie man andere umbringt. Die ganze Bundeswehr und die Nato sind doch nur darauf angelegt, Krieg zu führen und darüber hinaus die Waffenindustrie samt ihren kapitalistischen Industriellen reich, dick und fett zu machen."

Er nahm einen Schluck Wein und fuhr fort: „Sieh doch, was da in Vietnam passiert. Nachdem der Vietkong die französischen Kolonialisten vertrieben hatte, hatten die Amerikaner nichts Besseres zu tun, als mit ihrer ganzen Kriegsmaschinerie einzumarschieren und die Leute umzubringen. Keiner hat sie gerufen. Schon in Korea hatten die Amis nichts ausrichten können."

„Genau!", sagte Ruth.

„Ich kann diese den Krieg propagierenden Wochenschauen in den Kinos und diese Fernsehberichte nicht mehr sehen. Da kann man mir nicht mit dem Wehrdienst kommen, und das in einem Land, das Atom-Raketen bunkert."

Er holte tief Luft und fuhr sich mit seiner Hand durch seine hellblonden Haare. Seine blauen Augen schauten zornig, ja fast verzweifelt. Er schüttelte seinen Kopf: „Mich haben sie zwar in Kiel noch gemustert, aber dann bin ich so schnell wie möglich nach dem Abitur nach Berlin. Und ich bleibe auch beruflich weiter dort, selbst wenn es in Berlin zu viele Architekten gibt und ich als Zeichner mein Brot verdienen muss. Nur darf mir keine Prosecco-Flasche auf die Finger fallen, sonst bin ich berufsunfähig."

Beide lachten. „Und warum willst du ausgerechnet in Berlin Erziehungswissenschaften studieren?", fragte er Ruth. „Das ist ganz einfach", antwortete sie, „ich habe eine Freundin, die dasselbe Berufsziel hat wie ich und in Berlin ihren

Freund, sodass nur die dortige Uni in Frage kommt. Und da wir schon vor langem beschlossen haben, unbedingt gemeinsam zu studieren, bin ich an der Uni in Berlin. Weißt du, Erika hat mir auch das Zimmer in der WG besorgt, was natürlich auch prima war – so können wir zusammenwohnen, auch wenn sie viel bei ihrem Freund ist, der noch bei seinen Eltern in Berlin wohnt."

„Willst du denn auf Dauer in einer Frauen-WG wohnen?", fragte Ansgar. Bevor sie antworten konnte, legte er seinen Arm um ihre Schultern, „ich könnte mir auch vorstellen, mit dir zusammen zu leben." Er schaute Ruth erwartungsvoll an.

Das kam für Ruth überraschend. Sie war zwar gleich nach dem Abitur nach Berlin gereist, um das Zimmer in der WG zu belegen, hatte auf einen Urlaub verzichtet und stattdessen den Sommer in der Großstadt verbracht. Sie hatte Berlin und ihre Freiheit von zu Hause, ihre Unabhängigkeit genossen. Endlich keinem verantwortlich zu sein, zu machen, was sie wollte oder es auch nicht zu machen, ohne sich rechtfertigen zu müssen, war ihr großes Glück.

„Weißt du", und sie legte auch ihren Arm um seine Schultern, „ich fände das eine gute Idee, doch möchte ich, dass wir uns noch ein bisschen näher kennenlernen, bevor wir so weitreichende Entscheidungen treffen. Du hast dein schönes Zimmer in Charlottenburg, wo wir jederzeit zusammen sein können, soviel und solange wir wollen. Die Jungs dort sind okay. Und ich, mein Schatz, möchte mein Leben auch noch etwas alleine führen." Und dabei schoss ihr der Gedanke an Klaus wie ein Blitz durch den Kopf, den sie noch vor wenigen Stunden umarmt hatte. Ein Gedanke, den sie sogleich wieder abschüttelte, den sie nicht ernsthaft aufkommen lassen wollte, denn sie liebte Ansgar, das war gewiss. Aber das Erlebnis mit Klaus hatte ihr gezeigt, dass das Leben auch anders spielen kann. Diese Möglichkeit wollte sie sich nicht gleich nehmen lassen.

„Du kannst dir gar nicht vorstellen, wie froh ich bin, nicht mehr in meinem Elternhaus und in diesem verstaubten Paderborn leben zu müssen", sagte sie. „Du musst dir meinen geliebten Vater vorstellen. Ein gestandener und ernster Schuldirektor, der seinen Beruf als Gymnasiallehrer über alles liebt. Der seinen Lateinunterricht und diese sture Grammatik ebenso liebt wie seinen Geschichtsunterricht. Der nie alle Fünfe gerade sein lassen kann. Der seinen eingefahrenen Tagesablauf nicht nur fünf Minuten ändern würde, der immer alles besser weiß als du, auch wenn du davon überzeugt bist, dass du endlich einmal Recht hast."

„Und dann meine arme Mutter!", sie schlug mit ihrer kleinen Faust auf den Tisch. „Schon als junge Frau musste sie sich meinem Vater beugen, der 1935 in die NSDAP eintritt, um nicht seinen Beamtenstatus und seine Tätigkeit als Lehrer zu verlieren.

Meine Mutter, eine feingeistige Frau, die Musik in Wien studiert hatte und Klavierunterricht gab, hatte während ihres Studiums einen vermögenden Juden kennen und lieben gelernt, der an der Musikhochschule Dirigat studierte. Ein hoch gebildeter und von den Frauen Wiens umschwärmter Mann, der mit seinen Eltern nach Frankreich verschwand, als Österreich sich politisch an das Deutsche Reich annäherte und es für die Juden zunehmend gefährlich wurde. Meine Mutter hatte ihr Studium abgeschlossen und ist nach Paderborn in ihr Elternhaus zurück, das ebenfalls jüdisch war. Ihr Vater war Rebbe und ihre Mutter Schneiderin. Auf einem Konzert, in dem meine Mutter als Pianistin auftrat, lernten sich meine Eltern kennen und fanden vorsichtig, aber unbeirrbar zueinander. Ihre Eltern hatten bereits ihr bisschen Vermögen verkauft und vom Erlös Schiffskarten für die Überfahrt in die USA gekauft, als meine Mutter sich entschloss, meinen Vater zu heiraten. Sie war von ihm schwanger und wollte, dass ihr Kind einen Vater hat. Die Eheschließung hatte den Vorteil, dass meine Mutter nicht deportiert wurde, zumal sie vorsichtshalber zur katholischen Kirche konvertiert war. In dieser Atmosphäre sind meine beiden älteren Brüder aufgewachsen und zum Kriegsende meine Schwester geboren, während ich erst nach dem Zusammenbruch des tausendjährigen Reichs zur Welt kam."

Ruth hatte lebhaft mit beiden Händen gestikulierend zu Ansgar gesprochen. „Aus diesem beengten Familienleben und dieser kleinbürgerlichen Bischofsstadt musste ich so schnell wie möglich raus. Ich möchte nicht mehr auf diesen traditionellen Jubiläumsbällen Walzer tanzen müssen, sondern Boogie-Woogie in einer Großstadt die Nacht durch, ohne Polizeistunde, ich möchte keine Konventionen – rein gar nichts, was mir die Luft rauben könnte. Ich fühle mich in Berlin wie losgebunden und kann mich nicht einfach schon wieder binden – verstehst du? Warte bitte auf mich, bis ich dir auf deine Frage, die mich sehr glücklich gemacht hat, vielleicht anders antworte. Ich bitte dich, hab Geduld."

Er nahm ihren schmalen Kopf in seine große Hand, zog ihn zu sich und küsste sie auf die Stirne – ganz langsam und innig. „Ich kann warten, mein Liebling, denn ich liebe dich. Lass uns noch ein Glas Wein trinken und erzähle mir von deinen Plänen, erzähle mir, wie du dir dein Leben vorstellst und wie du die Zukunft siehst. Du machst mich neugierig."

„Ich freue mich auf mein Studium und auf meinen Beruf als Lehrerin. Gerade die antiquierten Vorstellungen meines Vaters, die er als Lehrer exerziert, beflügeln mich, Kinder anders zu erziehen. Sie sollen sich frei entwickeln können, ohne gegängelt zu werden. Sie sollen nicht von Verboten drangsaliert werden, sondern nach ihren Veranlagungen leben und sich entwickeln können. Keine Strafen, keine Noten, sondern die Chance zu mehrgleisigem Lernen in einer Gesamtschule, in der jeder denselben Unterricht erhält und seine Fähigkeiten entwickeln kann. Nur so hat jedes Kind die Chance, nach seinen Veranlagungen das Beste für sich zu lernen und zu erreichen. Das würde mich als Pädagogin glücklich machen. Und ich wünsche mir einen Mann, mit dem ich ohne einseitige Vorgaben, ohne Zurechtweisungen und mit gemeinsam durchdachten Ideen leben werde. Und

Kinder wünsche ich mir, das Glück des Lebens überhaupt. Das muss doch zu machen sein, Ansgar, was meinst du?"

„Das deckt sich genau mit meinen Vorstellungen von meiner Lebensgefährtin. Und wenn ich dann noch beruflich Erfolg habe und mit meiner Frau die finanzielle Basis für unser gemeinsames Leben erarbeiten kann, umso besser. Lass uns an unseren gemeinsamen Wünschen weiter feilen, an ihnen arbeiten und alles gemeinsam erleben – das wünsche ich mir."

Die beiden blieben noch zwei Tage in der Trattoria. Sie unternahmen kleine Spaziergänge, soweit Ansgars verletzter Fuß mitmachte, sammelten Esskastanien, die sie mit den Zähnen knackten, und schwammen im Meer. Keine Wolke trübte den ewig blauen Himmel, kein unpassendes Wort verdarb die gute Stimmung, die ihnen den Abschied schwer machte.

Die Zeit über der Küste der weißen Städte Positano und Amalfi war für beide so schön gewesen, dass Ruth nichts dagegen gehabt hätte, wenn der Motor nicht angesprungen wäre, als Ansgar den Anlasserhebel seines 2 CV umlegte. Die Erinnerung an ihre Liebesaffäre, die sie am anderen Ende des Pfades der Götter gelebt hatte, begann sich in Vergessenheit aufzulösen.

– 4 –

Obwohl Klaus die Strecke mit ihren vielen engen Kurven entlang der Küste und durch die kleinen Dörfer kannte, dauerte die Fahrt von der Tenuta zum Flughafen in Neapel länger als erwartet. Er trat von einem Fuß auf den anderen, als der Mitarbeiter des Autoverleihs in aller Ruhe die Karosserie des Fahrzeuges nach Schäden absuchte. „Und?“, fragte Klaus ihn mit einer ungeduldigen Handbewegung und wurde endlich entlassen.

Er zerrte seinen Koffer über die Straße, fand den Eingang zur Abflughalle wider Erwarten schnell und atmete auf, als er die Warteschlange von Passagieren vor dem Counter der Lufthansa stehen sah – also war das Einchecken doch noch nicht beendet.

Endlich an Bord der Maschine, ließ er sich in seinen Sitz am Fenster fallen und streckte die Beine aus. Er genoss das ihm gereichte Glas Champagner. Wenn ich mich recht entsinne, dachte er, habe ich immer wieder viel Glück in meinem Leben gehabt. Nicht nur heute, da ich den Flug doch noch geschafft habe. Ich bin zwar erst seit drei Jahren als Rechtsanwalt in Frankfurt tätig, bin aber bereits gut angesehen und habe Erfolg. Am meisten genieße ich es, wenn ein neuer Mandant erklärt, er habe zwar seit Jahren einen renommierten Anwalt, aber er wünschte sich für die neue Aufgabe, die er zu bewältigen habe, jetzt doch einmal einen jungen tatkräftigen Mann. Und so habe er Klaus erlebt, als er ihn bei der letzten Versammlung in der Industrie- und Handelskammer oder wo auch immer erlebt habe.

Klaus schloss die Augen. Ich möchte mir eine große Anwaltspraxis aufbauen und in der Stadt eine Persönlichkeit werden, sagte er sich. Ich bin bereits Mitglied der Museumsgesellschaft, spiele Tennis bei Schwarz/Weiß und werde bestimmt bald genug Geld verdienen, um die hohe Aufnahmegebühr des Frankfurter Golf-Clubs zahlen zu können. Und wenn ich im Augenblick auch nur einen Opel fahre, so freue ich mich schon jetzt darauf, wenn ich einmal einen Mercedes in der Garage meines Hauses stehen habe, das ich mir auf dem Lerchesberg vorstelle.

Marie ist eine wunderbare Frau, ein rechtes Weib mit Rasse und Elan. Sie hat mir vor bald zwei Jahren ein süßes Töchterchen mit schwarzen Haaren geboren. Ich bewundere ihre Intelligenz und ihre Sportlichkeit. Und ich wünsche mir einen Sohn, der meine helle Freude sein wird, das weiß ich jetzt schon.

Während der letzten Bilder, die sich vor seinen Augen auftaten, erschien ihm eine andere Frau, die er erst vor wenigen Stunden leidenschaftlich in seine Arme geschlossen und geradezu wild geliebt hatte. Er vermeinte, die Wärme ihres Körpers und ihrer Lippen zu spüren. Als er sich dessen bewusstwurde, versuchte er, sich gegen das aufkommende sehnsüchtige Empfinden zu wehren und seine Gefühle den Wolken anzuvertrauen, um wieder ruhiger atmen zu können. Es war ihm eine Erleichterung, als die Stewardess ihm das Glas aus der Hand nahm, ihm das Essen servierte und ihn in die Realität zurückholte.

Wie konnte ihm das passieren. Er war doch kein Schürzenjäger. Marie und er, sie hatten es bisher mit der Treue ernst genommen, da konnte er sich auf seinen Schatz verlassen. Und jetzt dieses Erlebnis, das er Marie niemals offenbaren würde, da war er sich sicher. Wenn sie über ihre Ehe und ihre Liebe sprachen und ehrlicherweise nicht sicher waren, ob sie eine eheliche Treue wirklich durchhalten oder ihr Versprechen brechen würden, hatten sie sich versprochen, sich so zu verhalten, dass der andere nie verletzt werde. Seinen Fehltritt würde Marie als eine schwere Kränkung empfinden, wenn er ihr seine Affäre mit Ruth eingestehen würde, wie auch er sich nicht vorstellen konnte, dass Marie ihn mit einem anderen Mann betrügen würde. Unter keinen Umständen wollte er Marie wehtun. Er versuchte, langsam auch mit Erfolg, diese quälenden Gedanken zu vertreiben. Diesem Wesen vom Pfad der Götter würde er mit Sicherheit sein Leben lang nicht mehr begegnen, das schwor er sich.

Das Taxi rumpelte über das Kopfsteinpflaster der Waidmannstraße und rollte vor dem Haus Nummer 77 aus. Angermanns lebten im Erdgeschoss eines der schönen Altbauten, die seit der Gründerzeit die Straße rechts und links zierten. Roter Mainsandstein dominierte die Fassaden mit ihren hohen Fenstern und Balkonen. Sie strahlten die solide Zufriedenheit ihrer bürgerlichen Bewohner aus, die stolz ihre umzäunten Vorgärten und ihre Blumenkästen pflegten.

Im offenen Fenster des Schlafzimmers, das zur Straße lag, stand Marie. Sie hatte Franziska auf dem Arm. Als diese ihren Vater erblickte, schrie sie „Papi, Papi!“, und hopste vor Vergnügen auf dem Arm ihrer Mutter, die sie kaum festhalten konnte.

„Mein Liebling!“, rief Klaus, „bist du wieder gesund? Komm schnell in meine Arme, damit ich dich knutschen kann.“

Er nahm seinen Koffer und eilte ins Haus. Marie stand schon in der Türe und drückte Franziska in seine Arme. Er genoss die Küsse seiner Tochter und spürte in seinen Händen die nackten Beinchen des kleinen Mädchens, dessen zweiter Geburtstag bevorstand. Erst als Klaus ihr kleines Köpfchen in seine Hände nahm, um sie zu küssen, fielen ihm die vielen inzwischen getrockneten Pocken auf, die sich über ihr gesamtes Gesichtchen verteilten.

„Du armer kleiner Streuselkuchen“, sagte er. „Papi ist ganz traurig, dass du krank geworden bist. Deine liebe Mami ist ja gleich gekommen und schon geht es dir besser. Aber jetzt muss ich erst einmal deine süße Mami in den Arm nehmen und küssen.“

Er legte seinen freien Arm um die Taille seiner Frau und sie betraten die Wohnung. „Oh je, mein Koffer steht noch draußen“, fiel es ihm ein. „Ich habe doch meinem Püppchen etwas mitgebracht.“ Er holte sich seinen Koffer aus dem Treppenhaus, trug ihn in das Wohnzimmer und öffnete die Schlösser.

„Schau mal“, und er zog ein bunt bemaltes Männlein mit einem spitzen Hut und einer ganz besonders langen Nase heraus. „Das ist Pinocchio, wenn ich vorstellen darf, und das ist unsere liebe Franziska“, sagte er, während er das Männlein seiner Tochter überreichte. „Das ist ein lustiger Geselle, der nur Quatsch macht und die Leute zum Lachen bringt. Heute Abend, wenn die Mami dich ins Bett gebracht hat, erzähle ich dir eine Geschichte von ihm. Du wirst dich totlachen.“ Er stieß seiner Tochter mit seinem ausgestreckten Zeigefinger leicht in den kleinen Bauch und beide lachten lauthals.

Die morgendliche Rush-Hour hatte bereits begonnen, als Klaus am nächsten Tag gegen 8 Uhr in sein Büro fuhr. Die Autos kamen nur langsam vorwärts. Auf der Friedensbrücke wackelte sein Opel-Rekord im starken Westwind und während die Fahrzeugkolonne mal wieder zum Stehen gekommen war, blickte er traurig auf das langgestreckte graue Gebäude des akademischen Rudervereins am Mainufer, in dem die Boote lagerten und sich eine winterliche Staubschicht über sie legte. Er freute sich schon auf den Frühling, wenn er mit seinen Kameraden wieder im Boot sitzen und die Riemen kraftvoll durchziehen würde. Erst galt es aber, den Winter durchzustehen, mit Nässe und Schneematsch in der Stadt, mit nassen Füßen und kalten Händen über große Pfützen springend.

Endlich war er in der Freiherr-vom-Stein-Straße angelangt. Seine Sekretärin empfing ihn freudig: „Endlich ist der Chef wieder da. Sie haben uns sehr gefehlt und ich möchte Sie so bald wie möglich sprechen, um mit Ihnen meine Liste mit den Telefonaten durchgehen zu können.“

„Gerne“, antwortete Klaus, „ich mache gerade mal die Runde durchs Büro und schon kann es losgehen.“

Frau Hofmann hatte ihm schon einen Kaffee gemacht, als Klaus sich an seinen Schreibtisch setzte. Er liebte dessen große dunkelbraune Palisanderplatte, die auf vierkantigen

Chromfüßen stand und die eine großzügige Arbeitsfläche bot. Ihre prächtigen Holzmaserungen wurden zwar gegenwärtig von einigen Aktenstößen verdeckt, die sich während des Urlaubs angesammelt hatten, doch strahlte dieser Schreibtisch, an dem Klaus auf seinem Sessel aus schwarzem Leder liebend gerne saß, imponierende Großzügigkeit aus, in der er sich gerne sonnte.

„Schon letzte Woche rief der Vorsitzende des Schwurgerichts an und wollte Sie wegen einer neuen Verteidigung sprechen."

„Oh ja, das ist wichtig. Lassen Sie uns das zuerst erledigen und verbinden Sie mich mit ihm, bevor er in die Sitzung geht und dann nicht mehr erreichbar ist."

Klaus wusste, dass die Strafkammer seit Jahren mit dem Auschwitzkomplex beschäftigt war. Seine Gespräche mit dem Generalstaatsanwalt Bauer, die er anlässlich seiner Ausbildung als Referendar damals mit ihm geführt hatte, waren ihm unvergesslich. Dieser in sich ruhende Mann mit weißer Haarmähne in seinem kurzärmeligen Hemd mit offenem Kragen hatte ihn ebenso fasziniert wie die selbstgewählte Aufgabe, die in Auschwitz und vor allem in Birkenau begangenen Verbrechen aufzuklären und ihre Täter zu verfolgen. Das erste Urteil in dem großen Auschwitzprozess war zwar bereits in erster Instanz gesprochen, doch liefen noch weitere Verfahren gegen Mittäter, gegen die seitens der Staatsanwaltschaft ermittelt wurde und noch keine Anklage erhoben war.

Klaus hatte bereits mehrere Sitzungen im Auschwitzprozess als Zuhörer besucht. Die ständigen Verteidigungsargumente der Angeklagten, sie hätten den Befehlen ihrer Vorgesetzten folgen müssen, sonst wären sie wegen Befehlsverweigerung bestraft worden, hatten ihn aufgebracht und er hatte sich im Stillen gefragt, wie er sich wohl als Verteidiger verhalten würde, ob er eine solche vordergründige Argumentation vertreten könnte. Und jetzt kam eine solche Situation im Zweifel auf ihn zu. Klaus nahm den Hörer mit gemischten Gefühlen auf, als seine Sekretärin die Verbindung mit dem Vorsitzenden Richter herstellte.

„Herr Angermann", sagte er, nachdem sie einige höfliche Worte ausgetauscht hatten, „ich wollte Sie davon unterrichten, dass ich Sie zum Pflichtverteidiger eines Beschuldigten in einem der laufenden Auschwitzverfahren bestellen werde und bereits die Staatsanwaltschaft um Stellungnahme gebeten habe. Wir kennen uns ja aus Ihrer Ausbildungszeit als Referendar und ich möchte gerne auch jüngere Anwälte in die Verfahren mit einbinden, die eine größere Distanz oder noch besser keinen Kontakt zu den Geschehen im Dritten Reich hatten. Sobald ich die Akte von der Staatsanwaltschaft zurück und Sie bestellt habe, erhalten Sie Akteneinsicht."

Klaus war es klar, dass er keine Möglichkeit hatte, die Übernahme der Verteidigung abzulehnen. Rechtsanwälte waren nach ihrer Berufsordnung nun einmal verpflichtet, ihnen vom Gericht übertragene Verteidigungen zu übernehmen. Er atmete tief durch, als er den Hörer auflegte, und sagte sich, jetzt ist es doch passiert, wie gerne hättest du dir das erspart.

Nach dem Telefonat ging er den langen Flur entlang zu seinem Kollegen und berichtete ihm von seinem Gespräch mit dem Richter. „Herr Wiedemann", sagte er, „wenn es zur Eröffnung des Hauptverfahrens kommen sollte, bedeutet das für mich viele Sitzungstage, an denen ich nicht im Büro sein kann – also auch Mehrarbeit für Sie. Und das, obwohl wir bereits durch das Großmandat der Bank, das ich akquirieren konnte, wirklich gut ausgelastet sind. An und für sich wollte ich mich ja aus den Strafprozessen zurückziehen und Ihnen diese Verfahren überlassen, damit ich mich den von der Bank übertragenen Aufgaben voll widmen kann. Mal sehen, wie sich das Ganze entwickelt."

Rechtsanwalt Wiedemann winkte ab. „Das kriegen wir schon hin, Herr Kollege. Ich habe noch genug freie Kapazitäten, um Ihnen auch anfallende Mehrarbeit abzunehmen." Das beruhigte Klaus und er machte sich an die Arbeit, die in Form von zahlreichen Akten auf seinem Schreibtisch auf ihn wartete.

– 5 –

Klaus machte sich an die Arbeit. Die Ermittlungsakten der Staatsanwaltschaft Frankfurt in dem Verfahren gegen Walter waren in der Anwaltspraxis Angermann eingegangen.

Das Aktenstudium ergab, dass der Beschuldigte 1942 Leiter des SS-Kommandos einer mittelgroßen Ortschaft in Polen war, dessen Bevölkerung sich zum großen Teil aus Juden zusammensetzte, die dort seit ewigen Zeiten lebten. Ihm und seinen Mittätern wurde vorgeworfen, dass sie den Abtransport von wenigstens 2 000 Menschen zu verantworten hatten, die in das Konzentrationslager Auschwitz transportiert und im Lager Birkenau umgebracht wurden.

Walter befand sich in Untersuchungshaft in Frankfurt. Klaus besuchte ihn zwei Tage später im Gefängnis im Stadtteil Preungesheim. Als er sein Auto auf dem Parkplatz abgestellt hatte und die Stufen zur Eingangstüre nahm, erfasste ihn erneut die Beklemmung, die er stets bei dem Betreten eines Gefängnisses empfand. Ihn bedrängte der abstoßende muffige Geruch, den die Körper ungepflegter Menschen in Angst und Verzweiflung ausdünsteten. Wenn auch gerade mal die Sonne schien, so überkam ihn in dem kalten Betonklotz mit den vergitterten Fenstern jedes Mal wieder ein eisiges Schauern, das er nicht loswurde, so oft er auch das Gefängnis betrat. Er drückte auf den Klingelknopf. Der uniformierte Beamte im Glaskasten schaute auf und schaltete die Sprechanlage ein.

„Ja, bitte", sagte er.

„Rechtsanwalt Angermann", sagte Klaus, „ich möchte einen Mandanten besuchen." Der Türöffner summte.

Er legte seinen Personalausweis auf den Tresen und sagte: „Walter, Wolfgang."

„Geboren?", fragte der Mann.

„Moment", sagte Klaus und schaute in seine Akte: „Siebter Elfter Null Sieben."

Der Beamte hatte die Schublade mit den Karteikarten bereits aufgezogen und blätterte behände mit seinen Fingern durch die Kartei. Seine Suche hatte Erfolg. Fast erleichtert zog er eine Karte aus dem Kasten und sagte: „Den haben wir schon länger. Warten Sie, Sie werden abgeholt."

Den Gefängniswärter hörte er schon von weitem. Das Klingeln der Schlüssel am Metallbund und ihr Klirren, wenn sie beim Schließen des Schlosses gegen die Gitterstäbe schlugen, blieb für Klaus abstoßend. Dieser Ton, der ihn auch nachts in seinen Albträumen verfolgte, war für ihn gleichbedeutend mit Freiheitsentziehung, mit Gewalt.

Ihm wurde grußlos aufgeschlossen. Hinter ihm knallte die Gittertüre wieder zu, die Schlüssel klirrten. Während er weiter ging, rief der Gefängniswärter hinter ihm her: „Sie werden abgeholt, das kann etwas dauern."

Jetzt saß er in der Schleuse fest. Kein Vor und kein Zurück. Ebenfalls so gut wie eingesperrt. Das kostete ihn Nerven und er atmete auf, als auf der anderen Seite der Gittertüre ein anderer Gefängniswärter erschien, der ihm aufschloss und ihn zu den Besuchsräumen führte.

Klaus wählte einen Raum, dessen Türe offenstand. Das vergitterte Fenster auf der gegenüberliegenden Seite gab den Blick auf den Innenhof und die andere Gebäudehälfte des Gefängnisses frei. Bis sein Mandant vorgeführt wurde, hatte er ausreichend Zeit, die Tauben zu beobachten, die die von den Gefangenen aus den Fenstern zugeworfenen Brotreste aufpickten und sich von dem aus den Zellen schallenden Lärm nicht stören ließen.

Klaus spürte jemanden hinter sich. Er drehte sich um. Vor ihm stand ein Mann, kleiner als er, mit grauem, nach hinten gekämmtem Haar. Er trug die etwas verwaschene blaue Anstaltskleidung und unter dem Arm eine Akte. Seine Gesichtsfarbe war überraschend frisch, sein Blick war quicklebendig und seine Körperhaltung für einen 60-jährigen Mann drahtig.

Klaus streckte ihm die Hand aus. „Herr Walter?", fragte er ihn, „mein Name ist Angermann, ich bin Ihr Verteidiger."

„Guten Tag", sagte Walter, ging einen Schritt vor und schloss hinter sich die Türe. Entschlossen griff er nach der Hand von Klaus, die er fest schüttelte, während er ihm in die Augen schaute.

„Endlich", sagte er. Dann zogen sie sich die über den Betonfußboden ratschenden Stühle an den an der Wand stehenden Tisch und setzten sich einander gegenüber.

„Ich schätze Sie auf 30 Jahre", sagte Herr Walter, „und ich hatte mir einen Verteidiger in meinem Alter gewünscht, der den Krieg und das Elend mitgemacht und eine Ahnung davon hat, was damals passiert ist. Sie könnten mein Sohn sein."

„Das ist richtig", sagte Klaus, „aber Sie können damit rechnen, dass ich meine Aufgabe als Verteidiger mit großem Engagement erfüllen werde, und vielleicht hilft mir gerade die altersbedingte Distanz, die damalige Situation nüchterner zu beurteilen als ein Kollege Ihres Alters, der nicht den notwendigen Abstand zu den Geschehen hat, wie auch immer."

„Ich hatte schon befürchtet, dass man mir einen jungen Spund vorsetzt, um mit mir dann besser fertig zu werden. Aber was soll's." Er griff in die Brusttasche seines Hemdes, zog eine Zigarettenpackung heraus, zündete sich eine Zigarette an und sagte: „Versuchen wir es einmal."

„Also", sagte Klaus, „gehen wir es an." Er holte sich aus seiner Aktentasche einen Notizblock und seinen Kugelschreiber. „Was sind Sie für ein Landsmann, aus welchem Teil Deutschlands kommen Sie? Sie haben einen Pfälzer Akzent, wie ich meine, oder täusche ich mich da?"

„Nicht ganz", sagte Herr Walter, „ich bin aus dem Saarland, aus St. Ingbert."

„Was war Ihr Vater von Beruf?"

„Bergmann."

„Und Ihre Mutter?"

„Hausfrau", er zuckte mit den Schultern, „mit vier Kindern – ohne Arbeit, hatte ja keinen Beruf gelernt."

„Sie sind in St. Ingbert auch in die Schule gegangen?"

„Ja, bis zur achten Klasse, dann bin ich von der Schule geflogen."

„Warum?"

„Es hatte in der Klasse eine Schlägerei gegeben. Einer aus der Klasse hatte einem Klassenkameraden so einen Schlag aufs Auge gesetzt, dass der nicht mehr geradeaus schaute."

„Und warum sind dann Sie ausgerechnet von der Schule geflogen?"

„Man hat mir nicht geglaubt, dass ich es nicht war, weil ich Blut an der Hand hatte. Otto, der Schläger, hatte allen mit Hieben gedroht, wenn sie ihn verraten würden. Er war halt bärenstark und alle haben sich vor ihm gefürchtet."

„Und was haben Sie dann gemacht?" Klaus zündete sich jetzt auch eine Zigarette an.

„Ich war vierzehn und mein Vater hat mich mit in die Zeche mitgenommen. Besser Tagelöhner als arbeitslos, hat er gesagt."

„Haben Sie denn überhaupt noch einen Beruf erlernt?"

„Ja, ich habe Hauer gelernt und bin dann später auch Steiger geworden."

„Waren Sie politisch tätig?"

„Zunächst nicht. Mein Vater war in der kommunistischen Arbeiterpartei und wollte, dass ich da mitmache. Das waren aber zu viel alte Männer, die den ersten Weltkrieg mitgemacht und keine neuen Ideen hatten."

„Und dann?" Klaus machte eine ungeduldige Handbewegung. „Ich frage Sie noch einmal, wo standen Sie politisch?"

„Mein Gott, seien Sie nicht so ungeduldig. Meine Freunde waren deutsch-national. Das Saargebiet war doch damals französisch und wir wollten den Anschluss ans Reich."

„Und was sagte Ihr Vater dazu?"

„Der dachte nicht anders. War dann arbeitslos und krank, Staublunge."

„Mal was anderes." Klaus drückte seine Zigarette aus. „Wann haben Sie Ihre Frau kennengelernt?"

Herr Walter dachte einen Moment nach. „Das war 1935."

„Und wo haben Sie Ihre Frau kennengelernt? Herr Walter, lassen Sie sich doch nicht alles aus der Nase ziehen!"

„Zu was wollen Sie das denn alles wissen?" Er schlug mit der Faust auf den Tisch. „Was hat das mit den irrsinnigen Vorwürfen zu tun, die man mir macht?"

„Ich muss wissen, wer Sie sind. Das Gericht wird Sie das detailliert fragen. Die wollen auch wissen, mit wem sie es zu tun haben und sämtliche Einzelheiten von Ihnen lückenlos abfragen."

Herr Walter sprang auf und lief zum Fenster. Er drehte sich mit hochrotem Kopf zu Klaus um und schrie: „Ich habe mit der ganzen Sache nichts zu tun. Ich werde vollkommen zu Unrecht beschuldigt und sitze in diesem scheiß Gefängnis inzwischen seit mehr als vier Monaten. Sparen Sie sich Ihre Fragen und holen Sie mich hier raus!"

„Bitte schön, wenn Sie so wollen, dann frage ich Sie, ob Sie Mitglied der NSDAP waren."

„Nein, ich war bei der SA. Gleich nach der Volksabstimmung 1935."

„Und wann sind Sie in die Schutzstaffel der NSDAP aufgenommen worden?"

„Das war 1938."

„Haben Sie im Krieg Waffen getragen?"

„Nein, ich war doch in der Verwaltung."

„Aber da trugen Sie doch wenigstens eine Pistole! Die gehörte doch quasi zur Uniform."

„Ja, aber nur zu meinem Schutz."

„Waren Sie im Winter 1942 in dieser polnischen Ortschaft mit dem unaussprechbaren Namen eingesetzt?"

„Ich wüsste nicht", sagte er kopfschüttelnd.

„Herr Walter", jetzt sprang auch Klaus von seinem Stuhl auf, „es hat keinen Sinn, das zu leugnen. Ich habe die Ermittlungsakte der Staatsanwaltschaft eingesehen. Es gibt einwandfreie Papiere, die dokumentieren, dass Sie damals Mitglied der dortigen Kommandantur waren!"

„Ich war seinerzeit an so vielen Orten im Einsatz, ich kann mich doch nicht an alles erinnern!“

„Aber wenn ich Ihnen sage, dass sich in den Akten ein dienstliches Tagebuch der Kommandantur befindet, wonach Sie sogar Ihr Leiter waren! Das Dokument wird Ihnen in der Hauptverhandlung vorgelegt.“

„Dann sage ich Ihnen, dass das nicht stimmt. Ich bin nirgendwo Leiter einer Kommandantur gewesen“, er zögerte, „höchstens mal Stellvertreter.“

„Und was haben Sie als Stellvertreter des damals abwesenden Leiters am 12. Dezember 1942 in dieser polnischen Ortschaft gemacht?“

„Ich weiß es nicht, ich war krank und lag im Bett. Ich habe von dem Ganzen nichts mitgekriegt.“

„Herr Walter, ich werde langsam ärgerlich. Ich bin Ihr Verteidiger und kann Sie nur dann erfolgreich vertreten, wenn Sie mir die Wahrheit sagen.“

„Das ist doch die Wahrheit!“

„Nein, Herr Walter, Sie verdrängen die Wahrheit.“

„Aber was kann ich dafür, dass meine damaligen Kameraden vom Ortskommando nicht mehr auffindbar sind und nicht bezeugen können, dass ich damals krank war und im Bett lag.“ Er schaute Klaus beschwörend an: „Es gilt doch wohl immer noch die Regel, im Zweifel für den Angeklagten zu entscheiden, und daran muss sich doch auch das Gericht halten, wenn ich das aussage.“

„Nicht unbedingt, Herr Walter. Ihre Einlassung muss wenigstens glaubhaft sein. Denn das Tagebuch der Kommandantur trägt an diesem Tag den Vermerk von dem Anruf des Obersturmbannführers Schmidt im Reichssicherheitshauptamt in Berlin mit dem Befehl, bis 6 Uhr morgens am nächsten Tag sämtliche jüdischen Bewohner auf dem Marktplatz zu versammeln und diese in ein Arbeitslager zu evakuieren. Das Tagebuch trägt den Eintrag über die Ausführung des Befehls, und jetzt kommt’s, Herr Walter, mit Ihrer gut lesbaren Unterschrift und der Dienstbezeichnung SS-Sturmbannführer und Leiter des Ortskommandos. Ein Schriftgutachten hat das bestätigt. Da ist jedes Leugnen sinnlos."

Klaus setzte sich wieder auf seinen Stuhl: „Herr Walter, geben Sie sich einen Ruck, ich habe nicht ewig Zeit."

Herr Walter begann, in dem kleinen Raum hin und her zu laufen. Von einer kahlen Wand zur anderen. Nur seine Schritte waren zu hören. Er schaute seinen Anwalt nicht an, als er sich schließlich auf seinen Stuhl fallen ließ und sagte: „Na gut, dann wollen wir mal sehen, inwieweit ich mich erinnern kann. Fragen Sie mich. Sie wissen anscheinend mehr als ich."

„Wie setzte sich die Bevölkerung dieser Ortschaft zusammen, das waren wohl überwiegend Juden?"

„Mehr als die Hälfte war jüdisch, seit Generationen. Der Rest war katholisch."

„Wie haben Sie das festgestellt?"

„Wir haben jede Person im Ort kontrolliert, befragt und Buch geführt. Wir wussten genau, wer im jeweiligen Haus lebte. Die meisten waren schon an ihrer Kleidung mit dem gelben Stern und an ihrer Sprache erkennbar, das Jiddisch ist unverkennbar. Die einen gingen in die Synagoge, die anderen in die Kirche."

„Und dann kam der Anruf aus Berlin."

„Sie haben meine Akte aber gut gelesen. Also, es war ein richtiger polnischer Wintertag. Es lag Schnee und es war bitterkalt. Der Anruf kam um 16 Uhr, als es schon so gut wie dunkel war. Mein Vorgesetzter befahl mir, bis 6 Uhr morgens sämtliche jüdischen Bewohner auf dem Dorfplatz zu versammeln. Sie würden in ein Arbeitslager evakuiert, erklärte er mir."

„Sind Sie da nicht misstrauisch geworden?"

„Nein, es fiel kein Name. Wir wussten zwar von Konzentrationslagern, aber es gab auch viele Arbeitslager und irgendwo mussten die Menschen ja hin."

„Und warum haben Sie die Ausführung des Befehls nicht abgelehnt, bis sichergestellt war, dass den Menschen nichts passiert?"

„Sie sind vielleicht gut. Wissen Sie, was Sie da sagen? Befehl ist Befehl! Und wenn ich ihn nicht befolgt hätte, wäre ich vor das Kriegsgericht gestellt und wegen Befehlsverweigerung verurteilt, wahrscheinlich sogar zum Tode, und erschossen worden. Ich habe eine Frau und drei Kinder. Ich war in einer Notsituation, ich konnte nicht anders."

„Sie hätten die Ausführung des Befehls verweigern können und wären zwar verurteilt und im Zweifel an die Front versetzt worden. Was bedeutet das aber schon im Vergleich mit dem Tod von zweitausend Menschen, von Kindern und Frauen, von alten hilflosen Männern. Das war doch ein Widerstand, ja auch ein Opfer wert!"

Herr Walter klatschte sich mit der Hand gegen die Stirne und schrie Klaus erzürnt an: „Glauben Sie doch nicht, dass damit die Menschen gerettet gewesen wären. Da wäre doch das nächste Kommando gekommen und hätte den Befehl ausgeführt." Er schlug erneut mit der Faust auf den Tisch. „Mein Widerstand wäre zwecklos gewesen, an der Front wäre ich verheizt worden und meine Familie wäre ohne Ernährer gewesen. Sie sind mir vielleicht naiv. Ich konnte doch gar nicht anders, glauben Sie mir."

„Es hat auch Fälle gegeben, in denen sich die Befehlsempfänger verweigert haben. Das wollen wir nicht vergessen. Aber wie ging es weiter?"

Herr Walter lehnte sich zurück. Abschätzig zog er seine Mundwinkel nach unten und machte eine verzweifelte Handbewegung: „Naja, ich lief mit meinen Kameraden die Häuser ab. Wir läuteten die Bewohner mit der Anweisung aus ihren Stuben, heute Nacht mit dem notwendigsten Reiseproviant und einem Gepäckstück pro Kopf versehen um vier Uhr auf dem Marktplatz anzutreten. Ungehorsam würde betraft."

„Und wie haben die Leute reagiert?"

„Zu unserer großen Verwunderung kamen sie unserer Aufforderung nach, wie die Kontrollen ergaben."

„Und dann?"

„Die Mannschaftswagen fuhren pünktlich vor und die Feldpolizei verlud die Juden in die Transporter. Wir haben darauf geachtet, dass die Familien nicht getrennt wurden, Das war's dann."

Klaus konnte seine Abscheu nur mühsam verbergen, aber er schwieg. Seine stille Hoffnung war, dass das Gericht das richtige Urteil finden würde.

„Herr Walter", sagte er, „ich werde jetzt anhand Ihrer Darstellung eine Verteidigungsschrift fertigen und informiere Sie, sobald ich von dem Gericht eine Nachricht erhalte." Er packte seine Sachen und sagte: „Auf Wiedersehen." Es fiel ihm schwer, seinem Mandanten die Hand zu reichen.

Klaus drückte auf die Klingel, um einen Wärter zu rufen und sich wieder durchschließen zu lassen. Innerlich kopfschüttelnd verließ er seinen Mandanten.

Klaus trug die Argumentation des Beschuldigten in einem ausführlichen Schriftsatz dem Gericht vor, auch wenn er die Meinung seines Mandanten unter keinem Gesichtspunkt akzeptieren konnte. Außerdem wies er das Gericht darauf hin, dass der Bundesgerichtshof eine Verurteilung wegen Mordes davon abhängig machte, dass der Täter bei der Tötung effektiv mitgewirkt hat, wovon im Falle seines Mandanten keine Rede sein könne.

Wie hätte er sich anstelle seines Mandanten verhalten, fragte er sich. Dessen Argument, hätte er sich geweigert, den Befehl auszuführen, hätte ein anderer an seiner Stelle gehandelt und es wäre dasselbe Leid geschehen, mochte ja rein sachlich richtig sein. Aber hätte er diese Mitwirkung am Tod auch nur eines Menschen, geschweige denn von zweitausend vor sich selbst vertreten können? Er wäre sicherlich von einem Kriegsgericht verurteilt, degradiert und an die Front geschickt worden. Das hätte nicht unbedingt den Tod bedeutet, solange er nicht in ein Todeskommando gesteckt worden wäre, aber Mühsal, Verletzungen und am Ende doch das Martyrium Tod.

Aber hatte er nicht auch eine große Verantwortung für seine Frau und seine Kinder, die es ihm verbot, sein Leben zu riskieren, ohne am Ende das Unrecht an den Juden verhindern zu können – nur um vor sich selbst zu bestehen?

Klaus fand auf diese Frage keine befriedigende Antwort. Er war froh, niemals vor so eine gravierende Frage gestellt worden zu sein, und hoffte inständig, auch in Zukunft von so schwierigen Entscheidungen verschont zu werden. Er nahm sich vor, diese Fragen mit seinem Vater, der im gleichen Alter wie Herr Walter war und das Nazi-Deutschland als Regierungsbeamter erlebt hatte, zu erörtern. Mit Erleichterung hielt er sich vor Augen, dass es nach der Bonner Verfassung ein Grundrecht auf Widerstand gab. Das versöhnte ihn etwas.

– 6 –

Er war immer der Letzte, der abends das Anwaltsbüro verließ. Es verging kaum ein Tag, an dem nicht noch ein dringender Schriftsatz diktiert oder eine Gerichtsverhandlung für den nächsten Morgen vorbereitet werden musste. Aber wenn Klaus erst einmal die Treppe genommen und die Haustüre hinter sich zugeschlagen hatte, konnte er endlich tief durchatmen. Hatte er Glück, fand er auch sein Auto, das er am Morgen in irgendeiner Parklücke abgestellt hatte, ohne lange in den vollen Straßen des Westends suchen zu müssen. Hatte er auf seinem Heimweg nach Sachsenhausen dann noch auf der Friedensbrücke den Main überquert, ließ er langsam auch gedanklich von seiner Arbeit los, schob seine Lieblingscassette in den Rekorder und sang mit Count Basie aus voller Kehle „On The Sunny Side Of The Street".

Das vor ihm am anderen Flussufer auftauchende AEG-Hochhaus mit seinen erhellten Büros, deren Licht sich in den Wellen des Mains spiegelte, wirkte auf ihn wie ein Leuchtturm, der ihm den Weg zu Marie und Franziska wies. Dann kehrte in ihm die ersehnte abendliche innere Ruhe ein.

Davon konnte heute keine Rede sein. Klaus hatte die Nachricht erhalten, dass das Landgericht das Verfahren gegen seinen Mandanten Walter eingestellt und den Haftbefehl aufgehoben habe, weil ihm eine direkte Beteiligung an der Ermordung der verschleppten Juden nicht nachgewiesen werden konnte. Er war über die Entscheidung der Richter so empört und aufgewühlt, dass er sich zu einem Schluck Cognac entschlossen hatte. Er meinte, das könne helfen. Die Flasche nahm er selten zur Hand. Sie stand rechts in seinem Side-Board und wurde von ihm nur dann entkorkt, wenn er einem Mandanten eine schlechte Nachricht beibringen musste. Heute Abend aber musste er eine schlechte Nachricht selbst verdauen und er hatte in seiner

Verzweiflung und in der Hoffnung, er könne die Hiobsbotschaft des Gerichts, die wie ein Schlag in die Magengrube wirkte, sich einen kräftigen Schluck Cognac eingegossen. Wie er sich eingestehen musste, war es bei dem einen reichlich gefüllten Glas nicht geblieben.

Das macht jetzt mal gar nichts, sagte er sich, als er in sein Auto stieg. Er fuhr zunächst durch die belebte Innenstadt mit ihren blinkenden Leuchtreklamen an den noch hell erleuchteten Bürohäusern und den vielen Lokalen, die zur Einkehr einluden. Sein Fenster hatte er heruntergekurbelt. Am liebsten würde er jetzt mit Marie zu ihrem Lieblings-Griechen gehen, etwas essen und noch ein Glas Wein trinken. Er hatte das Bedürfnis, sich auszusprechen.

Aber so kurzfristig war für Franziska kein Baby-Sitter zu bekommen. Das ging nicht spontan und hätte besser geplant werden müssen. Also fuhr er weiter über den Vorplatz des Hauptbahnhofes zur Friedensbrücke.

Nachdem er mit seinem Wagen gerade die in einem langen Bogen über den Main gezogene Brücke zur Hälfte überquert hatte, tauchten plötzlich weiß-rote Kegel auf, die die Fahrbahn auf eine Spur verengten, und im nächsten Augenblick erkannte er in der Dämmerung die Verkehrspolizisten in ihren weißen bodenlangen Mänteln und weißen Mützen.

Kein Entkommen, schoss es Klaus durch den Kopf und trat mit seinem Fuß verärgert auf die Bremse. Jetzt hat es dich auch einmal erwischt, seufzte er. Der Polizist winkte mit seiner roten Kelle das vor Klaus fahrende Fahrzeug durch und Klaus hoffte, ebenfalls davonzukommen. Er spürte, wie er unter den Achseln schwitzte. Aber die rot leuchtende Kelle und der unmissverständliche Blick des Polizisten richteten sich auf Klaus, dem ein „Verflucht“ entfuhr.

„Was ist Ihr Fahrziel?“, fragte der Beamte. Zwei Augen schauten Klaus prüfend an. Sie ließen ihn nicht los, als er „nach Sachsenhausen“ antwortete, dabei aber mehr zur Windschutzscheibe sprach als in die Richtung des Polizisten, damit dieser möglichst seine Atemluft nicht riechen konnte.

Dessen Kopf näherte sich ihm durch das geöffnete Fenster, so weit die Mütze es ihm erlaubte. Klaus war sich bewusst, welche Frage jetzt aus dem nach Rauch riechenden Mund kommen würde. Nein, das ist ein schlechter Traum, sagte er sich. Aber im selben Moment stellte der Polizist die Frage: „Haben Sie etwas getrunken?“ – laut und deutlich.

„Nein!“, antwortete Klaus, „wieso denn?“, aber das kam viel zu schnell und abwehrend, wie er zugleich bei sich konstatierte. Nicht souverän genug, wie er dies immer seinen Mandanten empfahl, wenn sie nach einem solchen Vorfall zu ihm kamen. Jetzt erlebte Klaus am eigenen Leibe, was er bis dahin nur von den Schilderungen seiner Klientel kannte. „Dann haben Sie ja auch bestimmt nichts gegen eine Blutprobe“, sagte der Polizist. „Fahren Sie rechts ran, ziehen Sie den Schlüssel ab, steigen Sie aus und zeigen Sie Ihre Papiere: Führerschein, Personalausweis, Zulassung – alles klar?“

Klaus nickte. Er folgte dem Befehl des Beamten und versuchte, so wenig wie möglich zu sprechen, damit dieser seiner Alkoholfahne nicht riechen konnte, falls nicht schon längst geschehen. Hätte er doch vor der Abfahrt noch diese Kaffeebohne zerkaut, wie er es in sonstigen Fällen schon mal machte, um den Alkoholgeruch zu übertönen.

Es half nichts. Er stieg aus dem Auto aus und der Polizist griff nach seinem Arm. Er sagte ruhig und bestimmt: „Schließen Sie den Wagen ab, geben Sie mir die Schlüssel und steigen Sie vorne in den VW-Bus. Wir fahren in das Institut für Rechtsmedizin und die machen eine Blutprobe – basta. Das Puste-Röhrchen können wir uns bei Ihrem unsicheren Gang sparen.“ Klaus wusste, dass jeder Widerspruch sinnlos wäre, und ließ den Kopf hängen. „Aber ich brauche noch meine Aktentasche aus dem Wagen.“ sagte er.

„Die kann drinbleiben.“

„Ich bin Rechtsanwalt“, platzte es aus ihm heraus, „und die Aktentasche und ihr Inhalt geht niemanden etwas an, sie fallen unter die anwaltliche Verschwiegenheits- und Geheimhaltungspflicht.“

„Ach, Sie sind auch noch Rechtsanwalt“, sagte der Polizist, „na, da haben wir aber einen Fang gemacht. Aber ich sage Ihnen, da gibt es keine Ausnahmen!“ Er lachte so heftig, dass er die Spucke aus seinem Mundwinkel wischen musste. „Macht mal Platz für den Rechtsanwalt!“, rief er durch die geöffnete Türe in das Innere des Busses.

In dem Fahrzeug saßen bereits zwei Männer auf der hinteren Bank, der eine in Handschellen. Ein weiterer Polizist schloss die Schiebetüre mit einem lauten Knall von außen. Der Bus fuhr in Richtung Forsthausstraße und, nachdem er rechts abgebogen war, nur wenige hundert Meter weiter zu einem großen alten Haus, einer ehemaligen Stadtvilla, die von der Universität als Institut für Rechtsmedizin genutzt wurde.

Klaus war der Letzte von den drei Männern aus dem Polizei-Bus. Erst wurde der von einem Polizisten begleitete Mann in den Handschellen in den Untersuchungsraum gerufen und dann der andere. Klaus schaute auf die Uhr. Das dauerte ja ewig, wie es ihm schien. Als er endlich aufgerufen wurde, war über eine Stunde vergangen. Was sollte Marie denken, die er vor dem Aufbruch noch vom Büro angerufen hatte, um ihr zu sagen, dass er jetzt losfahre.

Er wurde aufgerufen. Obwohl in zwei Sunden bereits Mitternacht war und die medizinische Assistentin einen langen Arbeitstag hinter sich hatte, sagte sie mit einem Lächeln: „Ich mache diesen Job auch nicht gerne, glauben Sie mir. Immer diese fertigen Typen. Da freut man sich, wenn man mal einen gut gekleideten Herrn vor sich hat, der einen trotz seiner Misere noch grüßt, auch wenn es ihm bei uns nicht gefällt.“

Er war erleichtert, dass das Mädel gleich seine Vene traf, ohne noch lang herumzustochern. Mit knirschenden Zähnen beobachtete er, wie sein Blut in das Reagenzglas lief. „Ihr Name ist Angermann, Klaus?“, fragte sie und beschriftete einen Aufkleber, den sie dann auf dem Röhrchen befestigte.

Klaus erhob sich gerade, als der Arzt in der offenen Türe erschien und stutzte, sobald er Klaus erblickte. Er drehte sich ihm zu und sagte: „Kennen wir uns nicht?"

„Doch, Herr Dr. Schneider, wir kennen uns aus diversen Gerichtsverhandlungen, in denen Sie als Gutachter tätig waren. Und heute bin ich Ihr unfreiwilliger Gast. Ich weiß nicht, was die Blutuntersuchung ergeben wird. Wie lange muss ich auf das Ergebnis warten?"

„Na ja, das dauert etwa drei Tage, dann rufen Sie mich einmal an. Jetzt machen wir beide noch die weiteren Tests, und Sie, Fräulein Schnittger, können jetzt nach Hause gehen, für Sie ist Feierabend." Dr. Schneider machte mit Klaus die Tests, die er schon aus einschlägigen Strafakten kannte. Als sie beendet waren, fragte er: „Sie sind jetzt ohne Auto. Haben Sie es weit nach Hause, kann ich Sie ein Stück des Weges mitnehmen?"

„Nein, danke", antwortete Klaus, „ich wohne in der Waidmannstraße, gerade ein Steinwurf von hier, ich gehe zu Fuß nach Hause und kann die frische Luft gebrauchen. Vielen Dank und gute Nacht, Herr Dr. Schneider, ich rufe Sie dann in drei Tagen an."

Klaus war verzweifelt. Sollte die Blutprobe für ihn negativ verlaufen, und damit musste er rechnen, wäre seine Zulassung als Rechtsanwalt wegen Trunkenheit am Steuer gefährdet und seine erst gerade begonnene vielversprechende berufliche Karriere wäre zu Ende. Auf dem Heimweg traten ihm die Tränen in die Augen.

– 7 –

Sie hatte die Wohnungstüre noch nicht ganz hinter sich zugezogen, als Ingrid sie mit den Worten überfiel: „Da bist du ja, wir haben schon gedacht, du würdest überhaupt nicht mehr erscheinen – dein Ansgar wäre dir wichtiger als dein Studium."

„Aber doch", sagte Ruth, von dem Tragen ihrer Koffer in den ersten Stock noch ganz außer Atem, „das Semester hat doch gerade erst begonnen und morgen geht's schon los."

„Na, du bist mir lustig", sagte Ingrid, „während du dich in der Sonne Italiens aalst, haben wir nach der Ermordung Che Gueveras heftig agitiert und mit unserem internationalen Protest gegen den Vietnamkrieg und gegen die Amis demonstriert. Da war was los, sage ich dir. Zu essen gibt es heute nichts mehr. Am Sonntagabend ist der Kühlschrank ratze-putze leer, du kannst dir ja morgen etwas einkaufen."

„Ist schon gut, mir ist der Appetit bei diesem netten Empfang längst vergangen", sagte Ruth, schleppte ihre Koffer in ihr Zimmer, das gleich rechter Hand lag, und schlug die Türe hinter sich zu. Blöde Ziege, dachte sie sich und warf sich, von der langen Reise erschöpft, auf ihr Bett. Es war das einzige Möbel, das sie von Ihrer Vorgängerin übernommen hatte. Die weitere Einrichtung musste sie sich noch zusammenkaufen und bis dahin fand eben alles auf dem Boden seinen Platz.

Für heute reichte es ihr und morgen wollte sie für ihre erste Vorlesung in Biologie fit sein. Sie huschte noch rüber ins Badezimmer und war froh, dass sie niemandem mehr begegnete. Geduscht wird morgen, sagte sie sich. Sie wusch sich nur schnell ihr Gesicht und ihre Achseln. Dann schlief sie trotz des laut aufgedrehten Radios im Hinterhaus bald ein.

Ruth war keine Langschläferin. Zu dieser Jahreszeit wurde es noch relativ früh hell. Einen Wecker brauchte sie morgens nicht. Ihr Zimmer lag Richtung Osten und wenn die

Sonne aufging, wurde sie unweigerlich wach. Das hatte den Vorteil, dass sie auch als erste ins Bad konnte, bevor die Mitbewohnerinnen aus den Federn krochen. Sie duschte sich zunächst warm und erfrischte sich zuletzt mit einem Strahl kalten Wassers.

Während sie sich abtrocknete, beobachtete sie sich in dem großen Spiegel. Sie begutachtete ihre schlanke drahtige Figur, drehte sich links und rechts herum, verfolgte mit ihrem Zeigefinger die Konturen, die ihr Bikini auf ihre gebräunte Haut gezogen hatte und erfreute sich ihrer weißen runden Brüste. Erst als sie in den Flur trat, fiel ihr auf, dass sie vor sich hin pfiff, und verstummte, um nicht die Mädels zu wecken. Selbst das kleine Töchterchen von Edeltraut schien noch zu schlafen.

Ruth hatte noch eine letzte saubere weiße Bluse in dem zweiten Koffer gefunden, die sie zu ihrem rot karierten Minirock anzog. Dazu ihre Sandalen, die sie liebte und die ihre braunen Beine vorteilhaft betonten. Als sie auf die Straße trat, waren bereits die Schulkinder unterwegs, also dürfte es schon bald acht Uhr sein, denn die Grundschule war nicht weit entfernt.

Sie ging rüber zur Markthalle und dort als erstes zum Blumenstand. Ruth war in Blumen geradezu vernarrt und ihr Zimmer ohne eine Blume konnte sie sich nicht vorstellen. Es musste ja nicht gleich ein ganzer Strauß sein, aber schon eine einzelne, liebevoll ausgesuchte Blume konnte sie erfreuen und sie glücklich machen.

Die Dahlien übertrumpften in ihrer farbigen Vielfalt die in großen Eimern stehenden Sonnenblumen und die vielfarbigen Asternsträuße wetteiferten mit den letzten Landrosen. Unter ihnen fand Ruth eine noch recht kräftige, gerade gewachsene weiße Rose, die sie sich aus der Vase zog und in ein dünnes Papier einwickeln ließ. Du kommst auf mein Fensterbrett, sagte sie zu ihr.

Ruth machte ihre Einkäufe. Zwölf Brötchen nahm sie mit nach Hause und rief laut: „Es gibt frische Schrippen!“, als sie die Wohnungstüre öffnete und genussvoll den Kaffeeduft wahrnahm. Wie sie gehofft hatte, wurde sie dann auch von den Mitbewohnerinnen freundlich empfangen. „Erzähle uns von deiner Reise nach Italien“, forderten sie Ruth auf.

„Kinder, ich sage euch, es war wunderschön. Die Sonne hat ohne Unterbrechung geschienen und es war noch so richtig warm. Dieses Kampanien ist einer der schönsten Winkel der Welt. Blaues Meer mit Sandbuchten, die von hohen Felsen umgeben sind. Mit weißen Dörfern in den herbstlich bunten Weinbergen und am Horizont Capri mit ihren Nachbarinseln. Du wirfst dich weg, sage ich euch. Und dann dieses Essen, diese Spaghetti, dieser Fisch, diese ...“

„Hör auf“, unterbrach sie Karin, „du machst uns neidisch.“ Alle lachten und genossen ihr Frühstück.

Es war einer dieser herrlichen Herbsttage, denen Berlin seine sprichwörtlich gute Luft verdankt. Strahlender Sonnenschein, blauer Himmel und kein Lüftchen. Ruth kaufte sich an der U-Bahn-Station Gneisenaustraße den Tagesspiegel, um sich über das aktuelle Geschehen in Berlin zu informieren, und verschwand die Treppe abwärts im Dunkel der Untergrundbahn. Selbst den abgestandenen Geruch, der sie empfing und der noch etwas Wärme aus dem vergangenen Sommer in sich trug, fand sie schön, weil er ihr das Gefühl der Großstadt vermittelte. Ein weicher Luftzug kam ihr entgegen und fuhr unter ihren Rock. Er fühlte sich wie das leichte Streicheln einer Hand an, die über ihre Beine glitt.

Es störten sie nicht die Zigarettenkippen auf dem schmutzigen Bahnsteig, die überquellenden Papierkörbe und das Quietschen der Räder der U-Bahn auf den ausgefahrenen Gleisen, als der Zug in den Bahnhof einfuhr – das war die Musik der Großstadt, die sie aufregte. Die Lautsprecherdurchsage der Stationsleiterin im schnoddrigen Berliner Dialekt schließlich steigerte noch ihre gute Stimmung, die auch nicht dadurch getrübt werden konnte, dass der Zug richtig voll war. „Zurücktreten bitte!“, kam es aus dem Lautsprecher und mit einem Ratsch schlossen sich die Türen.

Am Fehrbelliner Platz stieg sie in die U3 und war eine Viertelstunde später in Dahlem. Sie blinzelte in die Sonne, als sie mit den vielen hundert Studenten die Treppe nach oben nahm und sie sich in der Menschenmenge zum Hörsaalgebäude treiben ließ. Ruth hatte sich entschlossen, neben Germanistik Naturwissenschaften zu studieren. Schon in der Schule hatte sie die Neugierde für die Biologie gepackt. Die Vielfalt der Vegetation und der Tierwelt hatten sie ebenso fasziniert, wie die Frage nach dem Grund ihrer Existenz. Diese Geheimnisse zu erforschen und später einmal zu lehren, empfand sie als unwahrscheinlich spannend und als ihre Lebensaufgabe. Sie war deshalb überglücklich, dass ihre Eltern ihr dieses Studium ermöglichten.

Die Studenten drängten in den Hörsaal und Ruth war froh, noch einen Platz ergattern zu können. Es waren überwiegend Jungen, die wie auch sie erwartungsvoll die erste Vorlesung in diesem Fach hörten. Wie der Professor wohl aussehen würde, überlegte sie sich, als dieser schon den Saal betrat und mit Klopfen auf die Pulte begrüßt wurde. Er war noch gar nicht so alt, wie sie sich ihn vorgestellt hatte. Sein angegrautes schwarzes Haar war recht lang und am Hinterkopf zu einem Schwänzchen gebunden, was Ruth amüsant fand. Unter seinem braunen Jackett trug er ein beiges Hemd mit einer grünen Fliege, die etwas müde herabhing. Leicht vorgebeugt schritt er zügig ans Rednerpult und wünschte einen guten Morgen, was die erwartungsvolle Spannung der Hörerschaft sofort löste – sie erwiderten seinen Gruß und die Vorlesung konnte beginnen.

Die Doppelstunde war schneller vergangen, als Ruth sich vorgestellt hatte. Das neben ihr sitzende Mädchen hatte zwar mehrfach gegähnt, was aber weniger mit dem etwas theoretischen Thema der Anfangsvorlesung zu tun gehabt haben mochte, sondern eher mit der zunehmend schlechten Luft im Hörsaal.

Ruth hatte sich mit Ansgar zum Mittagessen verabredet. Er stand in der Nähe des Ausgangs des Ford-Gebäudes, in dem sich die Hörsäle befanden. Zu seiner schwarzen Hose trug er ein offenes schwarzes Hemd und entgegen der Mode eine randlose Brille. Seine langen blonden Haare reichten bis zu seinen Schultern. Als sie aus dem Gebäude trat, hatte er sie schnell ausgespäht und sie umarmten sich. „Einen guten Studienbeginn“, wünschte er ihr und streichelte ihre Schulter.

„Vielen Dank“, sagte sie, „das hat heute schon schön begonnen und war recht interessant. Was hast du den Vormittag gemacht?“, fragte sie.

„Ich war im Büro und wir hatten zunächst eine Besprechung, in der wir unsere Arbeit für diese Woche besprochen und verteilt haben. Außerdem hat unser Architektenbüro einen neuen Auftrag in Sicht und es ging um Einzelheiten der Acquisition. Damit ging der Vormittag schnell rum und ich habe mich beeilen müssen, um rechtzeitig hier zu sein. Hat ja geklappt.“

Sie gingen zur Mensa. Ruth nahm ihn an die Hand und zog ihn an einen langen Tisch, an dem noch zwei Stühle frei waren. Der Raum war an dem ersten Vorlesungstag gut gefüllt. Sie entschieden sich für die Erbsensuppe mit Würstchen und versorgten sich mit reichlich Brötchen, die nichts kosteten.

„Im wievielten Semester bist du?“, fragte sie ihr Nachbar und drehte sich zu ihr.

„Ich habe gerade mit dem Studium begonnen“, sagte Ruth, „und du?“

„Ich bin im dritten Semester Jura. Und bist du schon im SDS?“, fragte er dann.

Ruth schüttelte den Kopf: „Nein“, sagte sie, „sollte ich? Ich bin mir da noch nicht ganz schlüssig, ob ich in den SDS eintreten soll. Mein Freund“, und sie schaute Ansgar an, als sie das sagte, „ist im SDS und ich habe auch schon an einer Veranstaltung teilgenommen. Ich denke schon, dass ich da mitmachen werde. Mal sehen.“

„Musst du unbedingt“, sagte ihr Nachbar, „als nächstes werden wir gegen die Festnahme von Fritz Teufel demonstrieren und dagegen, dass stattdessen der Mörder von Bruno Ohnesorg frei herumläuft. Das kann doch nicht wahr sein. Das ganze Establishment und die Justiz sind sich da mal wieder einig und verfolgen unschuldige Menschen, die den Mut haben, den Mund aufzumachen. Dabei hat der Teufel noch nicht einmal bei der Demo gegen den Schah mit Steinen geworfen, wie die Bullen behaupten. Wenn welche geflogen sind, dann waren das Provokateure, die nur Gründe suchten, um gegen die Demonstranten vorgehen zu können und sie mundtot zu machen.“

Ansgar pflichtete bei: „Die machen es den Amerikanern nach, deren konservatives Bürgertum in seiner total überholten Meinung festgefahren ist und sich gegen jedes vernünftige Argument wehrt. Nur schade, dass die Russen den Kubanern seinerzeit keine Raketen geliefert haben. Eine weitere Chance wurde vertan, Washington eine Lehre zu erteilen. Da war der kapitalistische Kennedy-Clan mächtiger als der sonst so starke Kommunismus, der einen dritten Weltkrieg vermeiden wollte.“

„Ich sehe euch auf der nächsten Demo“, sagte Ruths Nachbar und erhob sich zusammen mit seinen Freunden. „Tschüss!“

„Und ob wir dabei sein werden“, sagte Ansgar zu Ruth, „aber jetzt gehst du erst einmal in deine nächste Vorlesung und ich in mein Büro. Wir sehen uns dann heute Abend. Ich hole dich ab, so gegen Acht – okay?“

„Nicht ganz“, sagte Ruth, „heute ist Montag und wir haben um 17 Uhr unsere WG-Besprechung. Das dauert bestimmt bis in die Nacht. Ich kenne noch nicht alle richtig und weiß nicht, was da alles Thema sein wird. Also, heute wird nichts mehr mit uns.“

„Das ist aber schade“, sagte er, „ich hätte gerne den ersten Tag mit dir in Berlin im Literaturhaus verbracht. Dort sind immer viele Germanisten und du könntest erste Kontakte mit ihnen knüpfen. Aber was nicht geht, geht nicht. Dann ein anderes Mal. Kannst du mich bitte morgen im Büro anrufen, damit wir uns verabreden können. Mach's gut, mein Schatz, ich liebe dich."

„Mach ich. Ich liebe dich auch, mein Großer. Morgen rufe ich dich an und dann verabreden wir uns."

Sie umarmten sich und winkten sich nach einigen Metern nochmals zu.

Ingrid hatte die Sechszimmerwohnung in dem schönen großen Vierfamilienhaus in Kreuzberg angemietet und die WG gegründet. Sie trug die Verantwortung für das Zusammenleben der Mädchen in der großzügigen Wohnung in der Beletage am Chamisso-Platz und hatte deshalb auch das Sagen.

Sie hatten sich in der Küche um den großen Tisch versammelt und Ruth hatte einen Stuhl gefunden, der nicht wackelte.

„Magst du ein Glas Wein oder lieber ein Bier?", fragte Rosi.

„Nee, lieber einen Wein."

„Und eine Zigarette spendiere ich auch."

„Nein, danke. Jetzt noch nicht, vielleicht später. Aber die Dose mit den Erdnüssen kannst du mir mal rüberschieben."

Ruth schaute sich um. Die vielen Kino-Plakate an den Wänden waren ihr schon gestern aufgefallen. Im Fenster stand eine düster blickende Leninbüste und daneben ein Kaktus, schlank wie eine Gurke. Der Fliegenfänger, der von der Lampe mit dem gelben Glasschirm über dem Tisch baumelte und an dem unzählige Fliegen klebten, müsste mal ausgewechselt werden, sagte sie sich. Aber sonst machte die Küche einen sauberen Eindruck, von den vielen leeren Weinflaschen neben dem Herd einmal abgesehen.

Ingrid klatschte in die Hände, um das Palaver ihrer Mitbewohnerinnen zu unterbrechen. „Christa, Karin, jetzt hört mal auf zu knutschen", sagte sie und blickte abschätzig.

„Also, wir sind heute das erste Mal alle vollständig beisammen und wir müssen da einige Punkte besprechen, die unsere WG betreffen." Sie wischte sich eine Haarsträhne aus der Stirne. „Als erstes will ich einmal klarstellen, dass unsere Beschlüsse zwar mehrheitlich gefasst werden, bei Stimmengleichheit – wir sind sechs – aber meine Stimme ausschlaggebend ist."

„Das geht nicht", warf Karin ein, „wir zahlen alle die gleiche Miete, auch du, und haben deswegen auch die gleiche Stimme. Stimmengleichheit bedeutet Ablehnung des Antrags und damit hat es sich."

„Nee, nee", sagte Ingrid unwirsch, „ich bin hier Hauptmieterin, ich halte meinen Kopf für euch hin, dass die gesamte Miete, der Strom, das Gas, das Wasser und der Teufel was alles pünktlich bezahlt werden. Ich hafte dafür, wenn etwas kaputt geht. Also muss ich auch das letzte Wort haben. Da lasse ich nicht mit mir reden."

Ihre Augen blitzten vor Eifer, sie lehnte sich auf ihrem Stuhl zurück und verschränkte ihre Arme, um sich dann aber gleich wieder nach vorne zu beugen und mit noch lauterer Stimme fortzusetzen: „Und eines muss klar sein, die Miete wird pünktlich in bar bezahlt, bis zum letzten Werktag im Monat im Voraus, denn die Vermieterin steht am ersten eines jeden Monats, ob Feiertag ist oder nicht, mit ihrem Mietbuch vor der Türe und verlangt von mir das Geld auf Heller und Pfennig – das sage ich euch." Und sie deutete mit ihrem ausgestreckten Zeigefinger der Reihe nach auf jede Mitbewohnerin.

„Da musst du doch nicht so heftig werden, Ingrid", sagte Christa, „das verstehen wir doch und das versprechen wir dir auch – oder Mädels?"

„Ist doch klar", sagten sie, „da gibt es keine Frage, das ist doch selbstverständlich."

„Dann hätten wir also das Thema erledigt", sagte Ingrid. „Jetzt zur Hausordnung. Eine von uns hat ab Montag für eine Woche Küchendienst mit Abwaschen und Mülleimer leeren. Das machen wir alphabetisch. Es beginnt also", und sie schaute um sich, „mit Edeltraut. Du übergibst dann am folgenden Montagmorgen noch bevor der Wasserkessel aufgesetzt wird, an die Nächste, und das wäre", sie zögerte, „Christa, die nächste im Alphabet bist du. Einverstanden?"

Sie nickte, mehr oder weniger zustimmend. „Schon Okay, wenn du mir versprichst, dass du das Alphabet noch ein bisschen übst." Die Mädels lachten und stießen sich unter dem Tisch mit den Füßen.

„Und wer putzt das Bad, das Klo und den Flur?", fragte Rosi. Sie hatte ihre Katze auf dem Schoß und streichelte ihr weißes Fell vom Kopf bis zum Schwanz mit ruhiger Hand.

„Das macht die nächste im Alphabet, also Christa. Diejenige, die Putzdienst hatte, hat dann immer die nächste Woche Küchendienst – das lässt sich gut behalten."

„Das ist aber hart", meinte Ruth, „dann hat man gleich zwei Wochen hintereinander Gemeinschaftsdienst."

„Ja", sagte Ingrid, „aber dann habt ihr immer ein paar Wochen frei und könnt besser planen. Und Ruth, dich wollte ich bitten, die Blumen auf dem Balkon durchweg zu besorgen. Du bist doch so eine große Blumenfreundin. Das macht dir doch sicherlich mehr Freude, als dass es dir zur Last fällt. Wenn du verreist, übernehme ich diese Aufgabe. Und ich putze auch einmal die Woche die Treppe, wie es unsere Aufgabe ist. Okay?"

„Wie machen wir es mit dem Kühlschrank?", fragte Karin, „so riesig ist der ja auch nicht und wir sind zu sechst."

„Also", sagte Ingrid, „da müssen wir uns arrangieren. Wir werden uns schon nicht die Butter vom Brot schmieren, aber ich schlage vor, dass wir unsere Lebensmittel in Tupper-Ware verstauen und die mit unserem Namen beschriften. Das ist am einfachsten. Aber allein sechs Milchflaschen im Kühlschrank sind zu viel. Das geht nicht. Die Milch, und auch das Brot, sollten wir gemeinsam einkaufen. Verantwortlich ist der Küchendienst und der führt auch die Gemeinschaftskasse, in die jeder zehn Mark einlegt. In einer Kladde werden die Auslagen und Einlagen notiert, damit kein Ärger aufkommt. Einverstanden?"

Edeltraut hatte ihre kleine Steffi aus ihrem Zimmer geholt, die zu nörgeln angefangen und die sie an die Brust gelegt hatte. „Das mit der Milch ist so ein Problem. Im Augenblick stille ich ja noch und rühre die Zusatznahrung mit Wasser an. Aber es kommt die Zeit, in der mit der Milch angefangen wird." Während ihrer Worte streichelte sie zart über das kleine Köpfchen ihres Kindes. „Dann würde ich gerne aus hygienischen Gründen für Steffi eine Milchflasche in die Kühlschranktüre stellen dürfen, geht das in Ordnung?"

„Klar", sagte Ingrid, „aber über die Windeln müssen wir uns noch unterhalten. Die Pampers, die es Gott sei Dank inzwischen gibt, sind ein absolutes Muss, auch wenn sie teuer sind. Und die verschwinden dann in dem Extra-Eimer, den du schon angeschafft hast und für den du allein verantwortlich bist, den du draußen in der Mülltonne entsorgst. Ja? Und das wollte ich euch noch sagen: Ich habe einen Eimer für die Tampons hingestellt, die kommen nicht ins Klo, um Gottes Willen nicht. Der Eimer wird regelmäßig vom Putzdienst geleert. Und jetzt lade ich euch zur Begrüßung zu ein paar Ravioli ein."

Auf dem Herd blubberten in einem großen Topf drei Maggi-Dosen. Ingrid goss das heiße Wasser ab. Sie füllte die Suppenteller, die ihr von den Mädels erwartungsvoll gereicht wurden. Sie war mit sich zufrieden, dass diese erste WG-Besprechung gut über die Runden ging.

„Eines will ich euch noch sagen", rief sie, „neben dem Telefon im Flur liegt eine Uhr, so eine mechanische, die man aufziehen muss, zusammen mit einem Notizbuch. Nach jedem Telefonat, muss der Name, die Dauer und der Gesprächsort wie auch die Uhrzeit eingetragen werden, damit ich eine korrekte Abrechnung vornehmen kann. Ich kassiere dann in bar. Und bitte keine ewigen Liebestelefonate. Die anderen wollen auch dran."

Sie lachten und keine von ihnen fühlte sich angesprochen.

„Aber einen Wunsch habe ich noch", sagte Edeltraut, „ich passe sehr auf, dass Steffi euch nicht stört, aber manchmal muss sie sich auch äußern dürfen. Da helfen Radio und Fernseher auf Zimmerlautstärke sehr, dass sie nicht geweckt wird."

– 8 –

„Du musst unbedingt morgen bei der Gerichtsmedizin anrufen, die müssen das Ergebnis doch längst vorliegen haben", sagte Marie, als sie bereits im Schlafanzug im Badezimmer standen und sich die Zähne putzten.

„Nee, so schnell geht das nicht. Dr. Schneider sprach von drei Tagen und das wäre übermorgen. Ich rufe dann gleich an, wenn ich von den Gerichtsterminen zurück im Büro bin."

„Und dann rufst du mich sofort an, bitte."

„Ja, ist doch klar. Ich bin so nervös und kann kaum einen vernünftigen Gedanken fassen. Die Mädchen im Büro haben sich schon über meine Ungeduld beschwert."

Sie gingen ins Bett und griffen zu ihren Büchern, in denen sie gerne noch vor dem Einschlafen einige Seiten lasen. Klaus konnte sich überhaupt nicht auf seinen Roman konzentrieren. Max Frisch begann seinen Stiller ausgerechnet mit seinen Aufzeichnungen im Gefängnis und machte seine Aussage davon abhängig, ob ihm ein Whisky gereicht werde. Das ist eine Idee, sagte sich Klaus, jetzt einen doppelten Scotch und ich schlafe dann bestimmt besser ein.

Marie hatte ihr Buch zur Seite gelegt, ihre Nachttischlampe ausgeknipst und war eingeschlafen. „Schlaf gut", hatte sie zuletzt gesagt.

Klaus stieg behutsam aus dem Bett, um sie nicht zu wecken. Ohne ein Licht anzumachen, schlich er in die Küche. Er holte sich aus dem Kühlschrank ein paar Eiswürfel, die er in ein Wasserglas gleiten ließ und tapste dann durch den Flur in das Wohnzimmer, wo die Schnapskiste stand – die ehemalige Offizierskiste seines Schwiegervaters. Die viereckige Flasche Johnny Walker Black Label, die zwischen den vielen Schnaps- und Likörflaschen in der Kiste stand, hätte er auch mit geschlossenen Augen gefunden – er liebte seinen Whisky am Abend, vor allem, wenn er einen anstrengenden Tag hatte.

Er ließ sich auf einen der blauen Panton-Sessel fallen und legte seine Füße auf den gegenüberliegenden Hocker. Der erste, noch kleine Schluck Whisky mundete ihm besonders, weil die langsam schmelzenden Eiswürfel den Scotch noch nicht verwässert hatten. Ich muss unbedingt zur Ruhe kommen, sagte er sich, und griff nach der Zigarettenschachtel, die gewöhnlich auf dem kleinen Glastisch lag. Doch er fasste ins Leere, tastete mit seiner Hand den ganzen Tisch ab, fand aber nichts. Klaus entschloss sich, das Licht der Stehlampe anzuknipsen, aber nirgendwo eine Zigarette – verdammt!

Jetzt schmeckte ihm auch der Whisky nicht mehr. Seine Ungeduld trieb ihn durch die Wohnung, die inzwischen hell erleuchtet war, doch nirgendwo war eine Zigarette zu finden. Er wollte Marie deswegen nicht wecken, ärgerte sich jedoch über sie, denn irgendwo musste sie die Schachtel hin geräumt haben – für diese Art von Ordnungsliebe hatte er nun überhaupt kein Verständnis, das würde er ihr morgen klarmachen.

Klaus holte sich aus der Garderobe seinen Lodenmantel, schlüpfte barfuß in seine Slipper, nahm den Schlüsselbund in die eine und die Geldbörse in die andere Hand und zog die Wohnungstüre leise hinter sich zu. Zum nächsten Zigarettenautomaten war es nicht weit. Gott sei Dank, dachte er, hatte er genug Kleingeld im Portemonnaie und mit schnellen Schritten eilte er wieder nach Hause.

Nach der dritten Zigarette und einem weiteren Whisky hatte er die Sorgen um seinen Führerschein etwas verdrängt und fand endlich ins Bett und in den Schlaf.

Er hatte eine unruhige Nacht, ging zweimal auf die Toilette und war schließlich tief eingeschlafen, als es an der Wohnungstüre schellte – einmal, zweimal. Wer ist denn da verrückt geworden, fragte er sich und schaute auf den Wecker. Sechs Uhr war es erst, wer wollte denn um diese Zeit etwas von ihnen?

Er griff nach Maries Hand, die sich unruhig im Bett aufrichtete: „Bleib liegen, ich mache auf", sagte er zu ihr und fand endlich seine Pantoffeln. Er zog den Morgenmantel über seine Schultern und ging zur Wohnungstüre.

„Wer ist da?“, sagte er in den Lautsprecher der Schließanlage.

„Polizeikommissar Schuster vom zweiten Polizeirevier. Machen Sie auf, Herr Angermann.“

Klaus atmete tief durch, schon wieder Polizei und dann zu dieser Uhrzeit, das war ein schlechtes Zeichen.

Er drückte auf den Türöffner. Zwei uniformierte Polizisten traten durch die Haustüre, nahmen die paar Stufen und stellten sich vor ihm auf. „Sie sind Klaus Angermann?“, sagte der ältere von ihnen. „Können sie sich ausweisen?“

„Was wollen Sie von mir?“, fragte Klaus. „Haben sie nichts Besseres zu tun, als unbescholtene Bürger in aller Herrgottsfrühe aus den Betten zu klingeln.“ Sein Gesicht war rot angelaufen und er holte tief Luft.

„Wir haben einen Beschluss des Amtsgerichtes.“ Er holte ein Blatt Papier aus seiner Aktentasche. „Ihnen wird mit sofortiger Wirkung wegen Trunkenheit am Steuer die Fahrerlaubnis entzogen und der Führerschein eingezogen. Also weisen sie sich aus, dann übergeben wir Ihnen den Beschluss. Und sobald Sie uns den Führerschein ausgehändigt haben, sind Sie uns schon wieder los.“

„Hören Sie mal“, sagte Marie, die inzwischen ihren Morgenmantel angezogen hatte und hinter Klaus getreten war, „das ist doch eine Zumutung, nein, das ist Schikane. Sie hätten meinen Mann auch anrufen können, dann wäre er bei Ihnen vorbeigekommen und hätte den Führerschein abgegeben. So ein Theater. Stattdessen tyrannisieren sie uns zur Schlafenszeit, wecken alle Mitbewohner in diesem Haus mit diesem Lärm und machen unsere kleine Tochter wach – hören Sie, wie sie weint!“ Sie drehte sich um und lief Richtung Kinderzimmer.

„Also“, sagte Klaus, der mittlerweile den Beschluss gelesen hatte, „Sie betreten unsere Wohnung nicht. Ich hole meinen Personalausweis und meinen Führerschein und Sie verschwinden so schnell wie möglich. Und eine Quittung muss her, gefälligst."

Die Polizisten nickten. „Je schneller Sie die Papiere geholt haben, desto schneller sind wir wieder weg."

Nachdem die Polizisten gegangen waren, schmiss Klaus die Türe hinter Ihnen zu und schrie: „Ich werde verrückt, ich lege sofort Beschwerde ein, das wollen wir doch einmal sehen. Das ist ja noch schöner, mir den Führerschein wegzunehmen. Wo kommen wir da hin! 1,2 Promille Alkohol im Blut ist zwar nicht wenig, aber ich habe doch keinen Unfall verschuldet und niemand verletzt. Außerdem brauche ich den Schein. Die sind bei einem Rechtsanwalt immer schärfer als normal. Die haben es ja geradezu darauf abgesehen, ihren Frust an einem Rechtsanwalt abzulassen, auch die Richter, die sind auch nicht besser."

Klaus tobte durch die Wohnung. Wie sollte er ohne Auto die vielen Termine an den verschiedenen Gerichten, wie sollte er die zahlreichen Besprechungen außerhalb seines Büros bewerkstelligen. Marie hatte Franziska auf ihren Arm genommen und versuchte, ihren Mann zu beruhigen. „Du hast doch einen Referendar zur Ausbildung und der hat einen Führerschein. Der kann dich doch fahren."

„Aber das ist so peinlich", sagte Klaus, „und der kann auch nicht immer und ist bei mir doch nicht als Chauffeur eingestellt. Aber ich werde mit ihm reden."

„Ich verstehe zwar, dass dir dein Frühstück nicht schmeckt, aber essen musst du etwas. Von Zigaretten allein kannst du nicht leben", sagte Marie, als Klaus sich schon wieder eine Zigarette anzündete.

„Ja, ich weiß, aber kriege nichts runter. Mach mir doch bitte noch einen Orangensaft und ich haue dann ab. Ich brauche mit der Straßenbahn bei dem Berufsverkehr mit Umsteigen an der Hauptwache, die eh eine halbe Baustelle ist, mindestens eine halbe Stunde länger als sonst. Und zur

Straßenbahnhaltestelle an der Stresemannallee brauch ich zu Fuß auch noch zehn Minuten. Mit Wartezeiten und von der Bockenheimer Landstraße bis ins Büro dauert die ganze Expedition schlussendlich eine Stunde. Prost Mahlzeit. Ich krieg zu viel!"

„Und was hältst du davon, wenn ich den Führerschein mache. Das war doch schon längst mein Wunsch. Ich könnte dich dann ins Büro fahren und abends abholen und mir das Leben auch erleichtern."

„Ja – schon. Aber erst wollen wir mal sehen, wie das Landgericht über meine Beschwerde entscheidet. Das wäre ja noch schöner."

Im Büro endlich angekommen, rief er seinen Kollegen und alle Mitarbeiterinnen zu sich. „Alle mal herhören", sagte er, „die Cops haben heute früh meinen Lappen kassiert. Terminvereinbarungen also mit einem entsprechenden Zeitpolster treffen, falls mich nicht jemand fahren sollte. Ich spreche nachher mit meinem Referendar. Und Sie, Fräulein Heide, können ja auch mal mit Ihrem Motorrad einspringen, wenn es ganz eilig wird." Sie lachten bei dieser Vorstellung und gingen an die Arbeit. Warum die Polizei ihm den Führerschein abgenommen hatte, konnten sie nur vermuten. Jedenfalls wurde zwischen ihnen über diese Frage heftig getuschelt, sie fanden zunächst jedoch keine Erklärung.

„Herr Wiedemann", sagte Klaus zu seinem Kollegen, als die anderen den Raum verlassen hatten, „ich hätte Sie gerne noch einen Moment gesprochen." Sie setzten sich auf die Sessel an dem kleinen Tisch in der Ecke. „Ich wollte Sie bitten, mich in dieser Angelegenheit zu vertreten. Man ist immer sein schlechtester Verteidiger, und ich möchte da keinen Fehler machen."

„Ja, gerne", sagte er, „was ist denn überhaupt passiert, hatten Sie einen Unfall?"

„Nein, Gott sei Dank nicht. Ich hatte bei meinem Ärger über den Einstellungsbeschluss gegen diesen Nazi vor einigen

Tagen abends hier im Büro einen Cognac zu viel getrunken. Nicht nur einen, und bin dann hinter der Friedensbrücke in eine Routine-Kontrolle geraten. Ich habe bisher dort noch keine erlebt. 1,2 hatte ich intus. Heute in aller Frühe haben sie den Lappen eingesammelt."

„Das tut mir aber leid. So ein Mist. Natürlich helfe ich Ihnen. Ich werde mit dem Vorsitzenden reden und mal sehen, was sich da erreichen lässt. Ich lasse mir gleich einen Termin geben. Jetzt lassen Sie mal nicht den Kopf hängen, wir kriegen das schon hin."

Als er von dem Mittagessen ins Büro kam, saß sein Besucher bereits im Besprechungszimmer. Er erhob sich, als Klaus eintrat: graugrüner Anzug, graues Hemd mit schmaler dunkelgrüner Krawatte und kleinem Knoten. Das Jackett trug er geschlossen, die Haare streng nach hinten gekämmt, blass im Gesicht, das von einer langen Hakennase beherrscht wurde.

„Guten Tag", sagte Klaus, „Angermann, freut mich, Sie kennen zu lernen." Sie drückten sich die Hände.

„Müller", sagte der Mann mit einer Stimme, die ebenso farblos war, wie seine ganze Erscheinung.

„Dann nehmen Sie doch Platz, Herr Müller." Klaus setzte sich ihm gegenüber. „Kann ich Ihnen etwas anbieten. Einen Kaffee oder Tee?"

„Einen Kaffee, gerne. Ganz schwarz."

Klaus bat seine Sekretärin über die Sprechanlage um zwei Kaffee und reichte seinem Besucher seine Visitenkarte, die er dem Behälter auf dem Seitentisch entnahm, in dem sich auch die Kugelschreiber befanden. Er wunderte sich etwas darüber, dass sein Gegenüber ihm nicht im Gegenzug auch seine Visitenkarte überreichte. „Wie kann ich Ihnen helfen?", sagte er und schaute ihm in seine müden Augen.

„Sie sind doch der von der Rechtsanwaltskammer bestellte Abwickler der Praxis des verstorbenen Rechtsanwaltes und Notars Dr. Andreas, wie mir seine Witwe sagte. Und Sie sind zur Verschwiegenheit verpflichtet?"

Als Klaus nickte, sagte er weiter: „Meine Firma hat mit Dr. Andreas zusammengearbeitet und legt Wert darauf, dass Sie von mir über die Einzelheiten informiert werden."

„Ja, gerne", sagte Klaus, „ich bin erst seit kurzem mit der Abwicklung des Büros meines verstorbenen Kollegen befasst und kenne daher noch nicht alle seine ehemaligen Mandanten und die einzelnen Angelegenheiten. Worum geht es da und wie heißt Ihre Firma?"

„Herr Dr. Andreas hat für meine Firma Staatsanleihen gekauft."

„Und warum hat Ihre Firma die Papiere nicht selbst gekauft, sondern einen Rechtsanwalt damit beauftragt? Das wäre doch billiger gewesen."

„Seitdem Ausländer keine Staatsanleihen in der BRD erwerben dürfen, mussten wir diesen Weg gehen."

„Aber Sie sind doch ein deutsches Unternehmen", sagte Klaus und schaute Herrn Müller fragend an.

„Ja, das kann man wohl sagen. Aber als ein Unternehmen mit Sitz in Berlin, der Hauptstadt der DDR, gelten wir in der BRD devisenrechtlich als Auslandsunternehmen und können die Papiere nicht direkt erwerben. Das ist zwar Schikane, lässt sich aber nicht ändern. Da müssen wir eben andere Wege gehen."

Er griff in die Innentasche seines Jacketts und holte eine Schachtel Zigaretten heraus. Sie war mit kyrillischen Buchstaben beschriftet. Nachdem Herr Müller mit dem Zeigefinger der freien Hand gegen ihren Boden geklopft hatte, erschien eine Zigarette am geöffneten Ende der Schachtel, die er seinem gegenüber anbot.

Klaus zog die Zigarette dankend aus der Schachtel und betrachtete sie verwundert. Sie bestand zum größeren Teil aus einem längeren hohlen Papierröhrchen und nur der kleinere Teil war mit Tabak gefüllt. Er schaute Herrn Müller fragend an.

„Ganz einfach", sagte er und nahm sich selbst eine Zigarette, die er dann zwischen seinen beiden Händen hielt. „Sie knicken das Mundstück zweimal ein, einmal mit dem

Daumen und dem Zeigefinger, so, drehen die Zigarette zur Hälfte und knicken sie noch einmal ein. Damit entsteht eine Luftkammer, die den Rauch abkühlt."

Er zündete sich mit seinem massiven Feuerzeug seine Zigarette an und sagte: „Das ist eine Papirossa, eine Herzegowina Flor, die Lieblingsmarke Stalins."

Er schaute Klaus zufrieden und leicht lächelnd an. „Ich hoffe, ich habe mich jetzt ausreichend legitimiert. Und hier ist die Karte meiner Firma."

Er griff in die Brusttasche seines Jacketts und schob die Visitenkarte Klaus über den Tisch. > Firma Ballon < stand auf ihr und eine Anschrift in Berlin.

„Aber ich bitte Sie, Herr Müller", sagte Klaus, „eine solche Karte druckt mir jeder und ich habe weder eine Akte mit dem Namen Ballon in dem Büro meines Kollegen gesehen noch irgendeinen Geldvorgang auf seinen Konten unter diesem Namen. Wie soll ich mir das erklären?"

„Das Kaufgeld haben wir in bar geliefert, den Ankauf hat Dr. Andreas als Schaltergeschäft über den Banktresen getätigt, Cash gegen Ware. Die Papiere haben wir dann bei ihm abgeholt oder er hat sie bei uns in Berlin abgeliefert."

Er drückte seine Zigarette im Aschenbecher aus. „Und um Ihrer Frage zuvorzukommen: Wir haben ein Rechtsgutachten vorliegen, das uns bestätigt, dass wir legitim handeln, weil nach der Auffassung des Bundesfinanzministeriums der BRD die DDR kein Ausland ist und die widersprüchliche Rechtsauffassung, die die Firmen der DDR benachteiligt, illegitim und damit unwirksam ist. Der Anwalt, der für uns handelt, begeht also keine Ordnungswidrigkeit."

Er schaute auf seine viereckige Armbanduhr. „Nachdem Herr Dr. Andreas verstorben ist, suchen wir einen Nachfolger. Haben Sie Interesse?"

Mit dieser Frage hatte Klaus nicht gerechnet. „Wenn Sie noch einige Minuten Zeit haben, möchte ich mich kurz mit meinem Kollegen besprechen, wie wir das vor der Annahme eines neuen und doch größeren Auftrags tun."

Er stand auf, als sein Gesprächspartner ihm zunickte, und verließ das Zimmer.

Er ging jedoch nicht zu seinem Kollegen, der gar nicht im Büro war, sondern in die Küche und trank ein Glas Wasser. Sollte er den Auftrag annehmen, war er sauber? Er wollte nicht gleich ablehnen und sagte dann, als er in das Besprechungszimmer zurückkam: „Ich möchte gerne das von Ihnen angesprochene Rechtsgutachten kennenlernen, bevor ich,Ja' sage. Das werden Sie sicher verstehen. Ist das möglich?"

„Gerne", sagte Herr Müller, „das können wir machen. Allerdings möchten wir ein so vertrauliches Gutachten nicht aus dem Haus geben und laden Sie ein, uns in Berlin zu besuchen. Meine Vorgesetzten möchten Sie sowieso zunächst einmal persönlich kennen lernen. Die Firma ist ein Betrieb des Ministeriums für Außenwirtschaft und arbeitet mit unserer Industrie- und Handelsbank zusammen. Ich werde meinem Chef berichten und wenn er mit dem vorläufigen Ergebnis unseres heutigen Gesprächs einverstanden ist, rufe ich Sie an und wir machen einen Besuchstermin aus."

„Einverstanden", sagte Klaus, „das ist ein guter Vorschlag."

Sie verabschiedeten sich und ihm fiel erst jetzt auf, dass Herr Müller noch nicht einmal eine Aktentasche mit sich führte. Er hatte offensichtlich alles im Kopf. Und da konnte keiner hineinsehen.

– 9 –

Schon früh am Nachmittag war Ruth in den herbstlich gefärbten Victoria-Park gegangen, hatte sich eine etwas abseitsstehende Bank gewählt und in die Sonne geblinzelt. Sie brauchte Zeit zum Nachdenken.

Tempelhof war nicht weit. Das immer wiederkehrende Brummen der Flugzeuge störte sie nicht. Sobald es ruhig war, konnte sie das Rauschen des Wasserfalls hören. Schloss sie die Augen, fühlte sie sich in den Wäldern ihrer Heimat.

Wie sollte sie sich verhalten? Wenn sie Ansgar gelegentlich mit zu sich nach Hause nahm und er sich dann morgens zum Frühstück in der Küche mit an den Tisch setzte, verhielten sich die Mädels anders als gewohnt. Karin schminkte sich als erstes so intensiv, dass sie von einer Indianerin nur noch durch ihre Sprache zu unterscheiden war. Christa ließ ihren Bademantel verboten offen und präsentierte ihre vollen Brüste, so dass Ansgar einfach hinschauen musste, so sehr er sich auch zusammenriss. Und Rosi erschien im durchsichtigen Nachthemd, öffnete die Küchentüre nur einen Spalt, um sie dann nach einem Aufschrei schnell wieder zuzuknallen.

Ingrid sagte gar nichts, was sie vor einem Wutausbruch immer erst einmal tat, und Edeltraut meinte nur trocken, wenn Ansgar sich hier wohl fühle, dann könne Steffis Papi ja auch gleich mit einziehen. So ging das auf Dauer natürlich nicht.

Was soll ich also machen, fragte sie sich, als von hinten zart eine Hand über ihren Kopf strich. Sie zuckte zusammen und griff nach der Hand, als Ansgar sie auf den Hals küsste. Er lachte: „Jetzt habe ich dich hoffentlich nicht erschreckt. Hallo, mein Schatz."

Er ging um die Bank herum, kickte mit dem Fuß eine Kastanie den Weg entlang und setzte sich neben Ruth. „Was hast du gerade gedacht?"

„Ach, nichts." Sie zuckte mit den Schultern. „Ich habe die Ruhe genossen und einfach an nichts gedacht. Geht's dir gut?"

„Ja, bestens. Ich habe schon befürchtet, ich komme nicht zur rechten Zeit. Nachdem heute die Uhrzeit wieder zurückgestellt wurde, läuft der ganze Tag anders. Das mit der Einführung der Sommerzeit war eine blöde Idee. Hoffentlich bleibt es bei dem einen Versuch. Ich brauche das nicht."

„Du hast Recht, so ein Quatsch. Als ich heute wach wurde und die Kirchenglocken nicht zur üblichen Zeit läuteten, habe ich gedacht, die Uhr wäre stehengeblieben."

„Wir werden sehen. Ich fand das gestern schön mit dir im Kino. Diese Elizabeth Taylor ist ja eine hinreißende Frau und eine tolle Schauspielerin. Das muss man schon sagen."

„Ganz zweifellos, aber was ihr Männer bei so einem Frauentyp hinreißend findet, weiß ich auch nicht. Mir wäre sie zu unberechenbar, zu unheimlich."

„Irgendwie schon. Wenn sie einen mit ihren großen Augen so eindringlich anschaut, spürt man fast ihren Körpergeruch."

„Ansgar, jetzt hör mal auf." Sie stieß ihn mit ihrem Ellenbogen in die Seite und lachte. „Du mit deinen Fantasien. Was hältst du eigentlich von Christa, unserem Vamp, dem du ständig in den halb offenen Bademantel schaust. Riecht die auch nach Elizabeth Taylor?"

„Also Ruth, das ist doch Quatsch. Die fordert einen Mann schon heraus, ist aber dumm wie die sprichwörtlichen Blondinen. Sie studiert zwar Philosophie. Ich kann mir bei der aber schwer vorstellen, dass da was Gescheites herauskommt." Er hatte eine Kastanie aufgehoben und einem vorbeilaufenden Hund zugeworfen.

„Jedenfalls hat es gestern einen großen Knall gegeben, als du gegangen warst. Das war natürlich unglücklich, als du ins Klo gingst und Rosi auf dem Thron saß. Keine Ahnung, warum die nicht abgeschlossen hatte. Das machen die Mädels immer mal wieder nicht. Aber für Ingrid war es natürlich der Aufhänger. Männer haben hier nichts zu suchen, tobte sie. Wir seien eine Frauen-WG, und das nicht ohne

Grund. Also möglichst keine Männer, vor allem nicht über Nacht, ist ihre These."

„Und was sagen die anderen?"

„Das ist unterschiedlich. Die einen Freund haben, finden das Quatsch, und den anderen ist das wurscht. Wir sind uns da nicht einig. Morgen ist Montag und WG-Besprechung. Da soll ein Beschluss gefasst werden. Ich bin gespannt, was da rauskommt." Sie lehnte sich an seine Schulter.

„Die können mir doch nicht verbieten, dich zu besuchen."

„Doch, das machen die glatt. Ich weiß auch nicht, was wir dann machen." Und nach einigem Zögern: „Wie sieht denn das bei dir aus?", fragte sie und tippte mit ihrem Zeigefinger auf seine Nasenspitze.

„Das ist nichts für dich." Ansgar schaute einer Radfahrerin nach und schüttelte den Kopf. „Das ist eine reine Männer-WG. Zum Teil haben die Zimmer überhaupt keine Türen. Ist halt ein Altbau. Ansonsten stehen die Türen offen, aus Prinzip. Auch wenn einer ein Mädchen anschleppt."

„Das kann doch nicht wahr sein!"

„Doch, wir sind da total frei. Du musst damit rechnen, dass auch mal ein Nachbar reinschaut." Er grinste von einem Ohr zum anderen.

„Das mag ich aber überhaupt nicht, Ansgar. Machst du denn da auch mit?"

„Nee, ich habe doch dich." Ansgar zog Ruth zu sich und küsste sie auf die Wange. „Aber Ehe und Monogamie sind überholte Vorstellungen. Das ist kleinbürgerlich, das ist vorbei. Findest du nicht auch?"

„Nein, das würde ich so nicht sagen. Solange ich mich nicht für einen Mann entschieden habe, bin ich frei und mache, was mir guttut, was ich für richtig halte. Aber dann? Dann brauche ich keinen anderen Mann."

„Du bist doch ein modernes, ein liberales Mädchen. Du hängst doch nicht an diesen alten, diesen überholten Moralvorstellungen, die die Kirche noch heute vorschreibt. Davon musst du dich lösen."

„Da muss ich noch mal drüber nachdenken", wehrte sie ab. Sie bückte sich nach dem Ball, der auf sie zurollte, und warf ihn dem kleinen Mädchen zu, das von einem Bein auf das andere hüpfte und ihn lachend mit beiden Händen auffing. „Ich sehe das jedenfalls nicht so. Schauen wir mal, was da morgen rauskommt. Die Mädels sind ja auch nicht ohne", sagte sie.

„Vielleicht sind die aufgeschlossener, als du denkst. Wir sollten mal ne Party machen."

„Wohl doch nicht mit deinen Genossen, das würde gerade noch fehlen." Sie lachten.

„Aber ansonsten ist das eine gute Idee", sagte sie. „Ich spreche das mal morgen an. Und wie sehen deine Pläne für die nächsten Tage aus?"

„Wir protestieren im SDS diese Woche gegen die Notstandsgesetze. In einer Woche ist Anhörung im Bundestag. Wir müssen unbedingt verhindern, dass diese Kapitalistenschweine sich noch mehr Macht unter die Nägel reißen."

„Auf jeden Fall müssen wir da protestieren. Die wollen nichts anderes als ein Ermächtigungsgesetz. Das hatten wir schon einmal in der Weimarer Zeit und führte zur Katastrophe. So hat Hitler regieren und jeden Widerstand im Keim ersticken können."

„Ich verstehe vor allem die SPD nicht. Seit sie nicht mehr in der Opposition ist und mit der CDU die Große Koalition gebildet hat, ist sie auf einmal für die Notstandsgesetze. Ich verstehe die Welt nicht mehr."

„Da kann man nur hoffen, dass die Gewerkschaften und die Liberalen, die Kirchen und die Bevölkerung stark sind und dem Schrecken ein Ende machen. Wenn das Parlament es nicht schafft, müssen wir eine außerparlamentarische Opposition bilden, die so stark ist, dass die Scharfmacher sich nicht durchsetzen können. Kommst du mit auf die Demo?"

„Na klar, wir gehen zusammen. Ich hoffe, dass der SDS genug Leute zusammentrommelt."

„Da bin ich sicher. Da kommen leicht Zehntausende zusammen."

„Also, ich komme mit. Und die Mädels haben auch schon erklärt, dass sie dabei sind. Stell dir mal vor, die wollen in Bonn sogar das Brief- und Fernmeldegeheimnis aufheben."

„Ja, und als nächstes gibt es dann Demonstrationsverbote und eine totale Einschränkung der Meinungsfreiheit, wie das von der Springer-Presse schon lauthals gefordert wird."

„Und die Polizei wird nicht entwaffnet, wie wir das schon seit langem fordern, sondern bekommt noch mehr Waffen, damit sie die Demonstrationen von den Freiheitskämpfern säubern können. Wir haben das ja bei den Demonstrationen gegen den Schah erlebt. Ich sage nur Benno Ohnesorg."

„Und der Polizist, der geschossen hat, dieser Mörder, läuft frei herum und keiner macht ihm den Prozess."

„Dafür klagen sie aber Fritz Teufel an, diese Schergen der Justiz, und werden ihn auch verurteilen. Da bin ich mir sicher. In den Gerichten sitzen doch noch die Typen aus dem Dritten Reich und sprechen ihr Recht, um ihren totalitären Staat weiter aufrecht halten zu können."

„Sobald du weißt, wann und wo die Demo startet, rufst du bei uns an, ja? Damit ich die Mädels mobilisieren kann." Sie fasste Ansgar am Arm. „Weißt du, mein Schatz, was wir jetzt machen – wir gehen auf den Mehringdamm und essen ein Eis. Ich kenne da eine besonders gute Eisdiele, du wirst staunen."

– 10 –

Sie liefen Richtung Friedrichssäule und sahen schon von weitem die Tische vor dem Eissalon stehen. Ansgar zeigte auf einen leeren Tisch am Ende des Bürgersteigs, an dem sie sich mit dem Rücken zur Hauswand und mit dem Blick auf den Landwehrkanal setzten.

„Wollen wir mal eine kleine Sünde begehen und uns einen Freundschaftsbecher gönnen?“, sagte Ruth, während sie mit der Hand über seinen linken Oberarm streichelte.

„Au ja“, sagte Ansgar, „darauf hätte ich jetzt auch Lust. Der Winter kommt noch schnell genug. Ich bin schon unterwegs.“

Ruth beobachtete die Spatzen, die ohne Scheu auf den Steinplatten vor ihren Füßen herumsprangen und nach Krümeln suchten. Sie zirpten um die Wette und sprangen mutig auf den Tisch, auf dem sie die Reste einer Waffel erspäht hatten. Sie ließen sich nicht verscheuchen.

Ansgar kam mit einem riesigen Eisbecher zurück, auf dem bunte Kugeln aufgetürmt waren und auf dessen Spitze ein kleiner chinesischer Sonnenschirm mit lauter blauen Blümchen thronte. Mit ihren langen Löffeln begannen die beiden, das Kunstwerk von zwei Seiten zu bearbeiten.

„Ich bin gespannt, was einmal aus diesem Riesenspargel wird.“ Sie deutete auf die lange Säule, die aus dem Häusermeer vor ihnen herausragte und deren stumpfes Ende sich wie ein Zeigefinger in den Himmel streckte. „Ob die jemals damit fertig werden? Das dauert ja eine Ewigkeit.“

„Das kann man wohl sagen. Aber der Bau eines solchen Fernmeldeturms ist ja auch kein Pappenstiel, im wahrsten Sinne des Wortes.“ Ansgar rückte sich auf seinem Stuhl zurecht. „Ich weiß, wovon ich rede. Unser Büro beschäftigt sich seit Jahren mit diesen Konstruktionen. Wir haben schon den Bau des Donauturms in Wien mitberaten und waren auch bei der Planung des Olympiaturms in München beteiligt. Ich sage dir, unsere Bauingenieure habe da ganze Arbeit geleistet."

„Ich wusste das gar nicht. Davon hast du mir nie erzählt. Das ist ja spannend."

„Das sind große Aufgaben, die sich da den Ingenieuren stellen. Allein die Statik ist eine Meisterleistung. Aber die Materialauswahl und die anschließende Bauleitung sind ebenso aufregend."

„Und auf diese Art und Weise kommst du sicherlich auch weit herum."

„In ganz Europa werden momentan Fernmeldetürme gebaut, aber auch auf den anderen Kontinenten."

„Jetzt weiß ich, weshalb du schon in Amerika warst."

„Ja, wir waren Mitglied eines Teams, das die Planung des Tower of Americas beraten hat. Der ist zwar nicht ganz so hoch wie der Fernsehturm mal sein wird, der da drüben gebaut wird, hat aber auch ein Drehrestaurant."

„Und wo ist das?"

„In San Antonio. Das liegt in Texas. Nächstes Jahr ist der fertig."

„Na, dann wird es Ulbricht da drüben wohl auch geschafft haben." Sie legte den Löffel zur Seite. „Ich kann nicht mehr, mir ist fast schlecht, das ist einfach zu viel."

„Dann opfere ich mich auf", sagte Ansgar und zog den Becher zu sich, „aber das bunte Schirmchen, das schenke ich dir", sagte er und steckte es ihr zwischen zwei Knöpfe ihrer Bluse. Er küsste sie auf die Wange und strahlte.

„Erzähl mir von Amerika", forderte Ruth ihn auf, „das muss ja ein spannendes Land sein."

„Das kann man wohl sagen. Da brodelt es im Augenblick und ich weiß nicht, wie der Konflikt zwischen den Weißen und den Schwarzen ausgehen wird."

„Wie Menschen zweiter Klasse wird die schwarze Bevölkerung behandelt", warf Ruth ein, „ich habe schon davon gehört, aber eher in Bezug auf Südafrika."

„Da ist es auch nicht anders. Aber in Amerika ist es haarsträubend, wie es da zugeht. Du musst dir einmal vorstellen, dass die Weißen die schwarzen Kinder noch nicht einmal in die Schule lassen wollen, jedenfalls in die höheren, geschweige denn in die Unis. In den Südstaaten wechseln die Schwarzen den Bürgersteig, wenn sie Weißen begegnen, und dürfen nicht zu den Weißen in die Busse steigen. Das ist Wahnsinn."

„Diese Rassentrennung ist unerträglich. Aber lassen wir das Thema und genießen unser Eis und unsere Liebe", sagte sie. „Wie ist das, musst du mal wieder nach Amerika?"

„Ja, und zwar noch dieses Jahr. Wahrscheinlich Anfang Dezember."

„Das ist ja toll", Ruth hängte sich in seinen Arm ein, „da könnte ich ja mitkommen. Wir beide in Amerika, das wäre wunderbar! Aber bitte nicht in die Südstaaten, das sage ich dir gleich."

Ruth spürte ein Rucken seines Körpers, als Ansgar den Kopf wiegte. „Das wird schlecht möglich sein", sagte er, „ich bin ja nicht alleine in San Antonio, sondern zusammen mit meinen Kollegen aus meinem Büro. Da kann ich schlecht mit meiner Freundin erscheinen. Ich weiß auch nicht, wie lange wir dort sind. Das kann sogar über Weihnachten bis ins nächste Jahr dauern."

„Zu Weihnachten in Texas, das kann ich mir besonders spannend vorstellen. Ich komme dich dann über die Feiertage besuchen."

„Sowas gibt es in den USA nicht. Da wird Heiligabend gearbeitet, wie an einem normalen Tag."

„Überlege es dir noch einmal, du musst dich ja nicht gleich entscheiden."

Sie hielt ihn noch fester mit ihrem Arm gefangen, schaute ihn mit leicht geneigtem Kopf liebevoll an und sagte: „Magst du ein bisschen zu mir kommen? Ich glaube, bei diesem schönen Wetter sind alle außer Haus."

„Der einzige Mann, den ich hier in unseren Räumen akzeptiere, ist Che Guevara!“, sagte Ingrid mit Bestimmtheit und deutete mit dem Zeigefinger auf das Plakat an der Küchenwand zwischen den beiden Fenstern.

„Du willst doch nicht sagen, dass sich damit das Thema Männerbesuch erledigt hat“, rief Ruth. „Ich muss doch nicht auf den Besuch von Ansgar nur deswegen verzichten, weil diese Verbrecher, diese hinterhältigen Konterrevolutionäre, Che Guevara ermordet haben. Mach doch einer mal das Radio aus, dieser Bill Haley nervt mich.“

„Du hast ganz recht“, sagte Rosi, „und für mich ist die Ermordung von Benno Ohnesorg von viel größerer Bedeutung für unseren Kampf gegen den autoritären Staat als die Frage, ob unsere WG Männerbesuch will oder nicht.“

„Wir sollten das eine nicht mit dem anderen vermischen. Aber das Leben geht weiter. Also ich habe nichts gegen Männerbesuch.“

„Wir haben aber bewusst eine Frauen-WG gegründet und ein Zeichen für die Notwendigkeit für gesellschaftliche Veränderungen auch in den Geschlechterrollen gesetzt. Wir sollten diese Aufgabe ernst nehmen“, sagte Ingrid. „Wir müssen mehr Mut für ein weibliches Selbstbewusstsein haben und die Kraft dafür aus uns selbst heraus generieren. Wir müssen lernen, einem Mann auch mal‚Nein‘ zu sagen und ihn vor der Türe stehen zu lassen. Wir sind nur stark, wenn wir gemeinsam an einem Strang ziehen.“

„Aber ich muss doch wenigstens Steffis Papi rein lassen können. Die Kleine wird bald neun Monate und fängt langsam an zu krabbeln. Das geht nur zu Hause, denn der Winter steht vor der Türe“, sagte Edeltraut.

„Das hat doch mit dem Thema Männerbesuch nichts zu tun, das ist was ganz anderes. Klar, natürlich kann Dieter zu Besuch kommen, es sollte nur nicht zur Regel werden.“

„Wir sprechen auch nicht von wechselndem Männerbesuch“, sagte Christa. Sie kicherte und goss sich eine Tasse

Tee ein. „Aber warum sollte ich meinen Schatz nicht auch mal unter die Bettdecke nehmen, wenn mir danach ist?"

„Also ich meine, wir sollten schon Farbe bekennen und unseren Standpunkt auch deutlich zum Ausdruck bringen. Für mich ist Männerbesuch im Augenblick sowieso kein Thema. Ich habe mal überhaupt keine Lust auf Mann und weiß eh nicht, wie ich verhüten soll. Von mir aus – ich habe nichts dagegen, wenn ihr die Männer aussperrt", meinte Rosi.

„Das ist nun wirklich kein Argument."

Karin hatte sich eine der Schnitten genommen, die Ingrid mit Schmalz bestrichen und auf den Küchentisch gestellt hatte. Sie biss mit Genuss in sie hinein und sagte mit vollem Mund: „Morgen triffst du einen Typ, der dir etwas ins Ohr flüstert, und schon bist du für Männerbesuch, du wirst sehen." Sie wurde ernst: „Nimmst du denn nicht die Pille?"

„Nee, ich trau den Dingern nicht."

„Na so was", sagte Christa, „ich bin heilfroh, dass es die Pille gibt und ich nicht ständig mit einer Packung Präservative in der Handtasche herumlaufen muss. Ich fühle mich geradezu befreit."

„Aber ob die Pille nicht deine Gesundheit schädigt, weiß auch heute noch keiner zu sagen. Viele klagen über Erbrechen, Übelkeit und Bluthochdruck. Außerdem wird vor einer Thrombosegefahr gewarnt. Was hilft es mir, wenn ich den Rest meines Lebens mit einer kaputten Leber herumlaufen muss oder meinen Unterleib ruiniere, von möglichen Missgeburten einmal ganz abgesehen."

„Dann bleibt dir nur noch die Methode unserer Mütter, die ständig ihre Temperatur gemessen haben und eines Tages doch schwanger wurden. Der Papst lässt grüßen. Schaut euch Edeltraut an", Rosi streichelte ihr die Hand, „sie hat sich ihr ganzes Leben versaut. Jetzt hat sie das Kind am Bein, kann keinen vernünftigen Beruf erlernen, geschweige denn, arbeiten gehen. Sie erlebt die Erniedrigung der Frau am eigenen Leibe. Nee", sie schüttelte den Kopf, „mit mir nicht."

„Hast du denn niemanden in der Familie, der Steffi betreuen kann, während du studierst?“ fragte Ingrid. „Es kann doch nicht ewig das Schicksal von uns Frauen sein, dass wir unser Leben lang Kinder gebären und uns zu Hause anbinden lassen, während unsere Männer sich morgens ins Büro davonmachen und sich ins Fäustchen lachen.“

„Natürlich lässt sich da was ändern. Man müsste nur die Kindergärten für alle öffnen und die Babys tagsüber dort versorgen lassen können. Schon wäre das Problem gelöst.“

„Das scheitert doch immer wieder an der Frage der Finanzierung. In der DDR und in den anderen sozialistischen Ländern ist es selbstverständlich, dass du morgens dein Kind in den Kindertagesstätten abgibst und arbeiten gehst. Das ist echte Gleichberechtigung der Frau.“

„Wenn dieser selbstgefällige und korrupte Staat es nicht fertigbringt, kostenlose öffentliche Kindergärten einzuführen, müssen wir uns selbst etwas einfallen lassen“, sagte Ingrid, „wir gründen eine Initiative zur Einrichtung von Ganztagesstätten und lösen das Problem halt selbst. Aber was hat das mit unserer Frage zu tun, ob es bei uns Männerbesuch gibt oder nicht. Ich bin nach wie vor dagegen“, sagte Ingrid, „wir sollten abstimmen. Wir haben noch andere wichtige Themen auf der Tagesordnung.“

Sie schaute um sich. „Edeltraut ist dafür, aber ihre Stimme zählt mal nicht, weil bei ihr eine Ausnahmesituation besteht. Ruth, du bist dafür, wenn ich es richtig sehe, ja?“

Ruth druckste etwas herum und nickte dann mit dem Kopf. Ganz wohl war ihr dabei nicht.

„Rosi?“

„Ich bin gegen Männerbesuch, die brauchen wir hier nicht.“

„Und ich bin auch dagegen“, sagte Karin, „wir müssen das Profil der Frau umgestalten und uns fortschrittlich verhalten. Dazu gehört auch, dass wir als Frauen ohne Zustimmung unserer Eltern oder Ehemänner bei einer Bank ein Konto eröffnen können und wir nicht weiter bevormundet werden.“

„Du hast recht, aber das hat nichts mit unserem Thema zu tun. Wie ist es mit dir, Christa, hast du es dir noch einmal überlegt?“

„Ich bleibe dabei, ich bin für Männerbesuch. Das ist ein blödes Wort – klingt nach meinen Eltern.“

„Also gut“, sagte Ingrid und lehnte sich erleichtert auf ihrem Stuhl zurück, „meine Meinung kennt ihr ja. Dann haben wir uns gegen Männerbesuch entschieden und basta.“

Ruth war verärgert. „Ich finde das unmodern, spießig. Mindestens vom Ergebnis her betrachtet. Sollen wir jetzt etwa an die Wohnungstüre ein Schild hängen: Männerbesuch verboten. Das ist typisch deutsch. Etwas verbieten, was vollkommen normal ist.“ Sie stand auf und knallte die Küchentüre hinter sich zu.

„Das ist schlechter Stil!“, rief Ingrid hinter ihr her. „Mehrheitsentscheidungen werden nicht diskutiert und nicht kommentiert. So eine blöde Ziege.“

Die Mädchen lachten. „Ich weiß nicht“, sagte Karin, „Ruth scheint ja ganz schön in ihren Ansgar verknallt zu sein. Ich schlage vor, wir machen jetzt mal eine Pause und ich kümmere mich um sie.“

– 11 –

„Mami, darf ich klingeln?“ Franziska hüpfte vor Freude über ihren Besuch bei ihren Großeltern auf und ab.

„Klar“, sagte Marie, „drücke kräftig auf den weißen Knopf. Mal sehen, wer zuerst öffnet.“

Der elektrische Türöffner summte und Klaus stieß die Türe auf. Gleichzeitig öffnete sich die Haustüre und an den Hosenbeinen des Großvaters vorbei schoss der Dackel auf Franziska zu.

„Caillou, Caillou!“, rief sie vergnügt und versuchte den Hund zu fassen zu kriegen, der um sie herum lief und bellte. Marie küsste ihren Schwiegervater auf beide Wangen und die Männer schüttelten sich die Hände.

„Kommt rein“, rief der Großvater, „die Omi wartet schon auf euch und hat einen herrlichen Kuchen gebacken.“

Omi Angermann stand schon im Flur und klatschte in die Hände: „Da ist ja mein liebster Schatz“, rief sie, während Franziska ihr in die Arme sprang. „Wie schön, dass ihr da seid!“ Sie drückte das Kind fest an sich und drehte sich einmal um sich selbst.

Kaffeegeruch lag in der Luft und es roch nach Lebkuchen, den Klaus so liebte. „Nehmt Platz“, rief der Großvater und zeigte mit weit ausgebreiteten Armen auf die Chippendale-Sitzgarnitur vor dem runden Tisch, „jeder, wo er will, und Fränzi darf ganz nah an dem Adventskranz sitzen und gleich die vierte Kerze anzünden. Wir haben sie heute früh extra ausgelassen, um der Kleinen nicht den Spaß zu verderben.“ Sie setzten sich an den Kaffeetisch, auf dem die Mutter das kostbare Meißner Porzellan mit den bunten Blümchen gedeckt hatte.

Klaus schaute um sich. „Ist das schön, mal wieder daheim zu sein.“ Es hat sich nichts verändert, stellte er für sich fest. Die leicht rosa gestreifte Seidentapete hatte ihren Glanz nicht verloren und spiegelte verschwommen das Licht der Adventskerzen wider. Vor ihm über dem Louis-Seize-Sofa hing das Bild von Professor Pfuhle im breiten Goldrahmen mit den beiden sich wild anspringenden Pferden, das ihm schon als Junge imponiert hatte. Die schweren Vorhänge waren bereits zugezogen und seine Mutter würde sich bestimmt später an den schwarz polierten Flügel setzen und Adventslieder spielen.

„Was wünschst du dir denn zu Weihnachten", fragte die Großmutter Franziska. „Noch eine Puppe?"

„Nein", rief sie, „ich wünsche mir eine Puppenküche mit einem richtigen Herd. Und wenn ihr mich besuchen kommt, koche ich euch Spaghetti mit Tomatensoße."

Nach der zweiten Tasse Kaffee schlug der Vater Klaus vor, mit ihm in die Bibliothek zu gehen und eine Zigarette zu rauchen. „Ich habe noch eine Nil ergattern können." Er klappte sein silbernes Zigarettenetui auf und Klaus nahm sich eine der flachen Zigaretten heraus. Er bot seinem Vater Feuer. Das goldene Feuerzeug hatte ihm sein Großvater geschenkt. Er musste das Rädchen mehrmals schlagen, bis es Funken schlug und das Benzin zündete. „Ja", sagte er, „die rauche ich immer wieder sehr gerne."

Sie setzten sich in die tiefen Ledersessel und schlugen die Beine übereinander. „Du hast viel zu tun, hat Marie der Mutti erzählt. Das freut mich. Was beschäftigt dich denn derzeit am meisten?"

Klaus zog an seiner Zigarette. „Ich habe ja vor einigen Monaten die Bank akquirieren können. Du weißt, eine der letzten Privatbanken in Frankfurt."

„Und wie ist dir das gelungen?"

„Der Inhaber und Georg, mit dem ich zusammen Abitur gemacht habe, sind in der Loge und kegeln auch miteinander. Georg hatte mich zu einem solchen Kegelabend im Sommer eingeladen und so habe ich den Bankier kennengelernt, der sich gerade über seinen Anwalt geärgert hatte. Wir haben uns auf Anhieb gut verstanden und seitdem habe ich die anwaltliche Vertretung der Bank übernommen, was so richtig reingehauen hat.“ Klaus drückte seine Zigarette aus, sie schmeckte ihm wider Erwarten nicht.

„Wunderbar, das freut mich. Ich wünsche dir mit diesem neuen Mandat viel Erfolg. Schaffst du das denn in deinem Büro personell?“ Der Vater hatte sich sein Taschentuch aus der Innentasche seiner Anzugsjacke geholt, faltete es auseinander und schnäuzte sich die Nase.

„Ja, bisher schon. Ich habe noch zwei weitere Anwaltsgehilfinnen eingestellt, die Erfahrung aus der Bankbranche mitbringen, das wird schon klappen. Allerdings“, Klaus holte sich seine Pfeife heraus, die er mit einem nach Feigen duftenden Tabak stopfte, „habe ich vor einigen Wochen eine Pflichtverteidigung übertragen bekommen, die mir viel Arbeit bereitet hat.“

„Ach ja? Erzähl mal. Kann ich dir einen Cognac anbieten?“

„Ja gerne“, sagte Klaus, „hast du noch von diesem wunderbaren XO, dem Zwanzigjährigen?“

„Na klar.“ Er holte die Flasche von dem Getränkewagen, griff nach zwei Gläsern im Regal und goss sie großzügig ein.

Klaus ließ die tiefbraune Flüssigkeit in seinem Glas kreisen. „Vati“, sagte er, „ich wollte mich schon längst mit dir besprechen.“ Er berichtete von seiner neuen Aufgabe und von seinem Gespräch mit seinem Mandanten, dessen Namen er für sich behielt.

„Ich habe ihm vorgeworfen“, fuhr er fort, „dass er keinen Widerstand geleistet hat. Er hätte ja das Telefongespräch mit Berlin abbrechen und nicht mehr ans Telefon gehen können. Er hätte sich auch krankmelden können. Er hätte sich jedenfalls etwas einfallen lassen und sich verweigern müssen.“

„Das sagst du so leicht. Du bist dir doch darüber im Klaren, dass dein Mandant dann wegen Kriegsdienstverweigerung vor Gericht gestellt worden wäre. Und die Kriegsgerichte waren nicht zimperlich, das sage ich dir.“

„Das weiß ich, Vati. Aber habe ich nicht die Pflicht, das Leben von sage und schreibe zweitausend Menschen zu retten und meine eigenen Interessen zurückzustellen, auch wenn es um mein Leben geht? Wie hättest du dich denn an seiner Stelle verhalten?“

Sein Vater schaute ihm in die Augen. Klaus erkannte das leichte Flackern eines Augenlids seines Vaters. War das eine Auge geröteter als das andere? Beide Augen blickten ihn eindringlich an.

„Klaus“, sein Vater holte tief Luft, „ich bin Gott sei Dank nie in eine solche Situation gekommen. Meine Freunde und ich, wir haben dieses schwere Thema immer wieder diskutiert.“ Er zögerte, und Klaus fragte sich, ob er seinem Vater mit dieser Diskussion nicht zu viel zumutete.

„Als Beamter habe ich zunächst auf den preußischen Staat und dann, als Hitler an die Macht kam, auf ihn und das deutsche Vaterland den Treueeid geschworen. Wir alle mussten diesen Eid leisten, sonst hätten wir unsere Beamtenstellung verloren und wir wären arbeitslos gewesen. Und das nach der langen Zeit der Massenarbeitslosigkeit, die wir alle erleben mussten. Als Jurist bin ich der Auffassung, dass ich an diesen Schwur gebunden bin und ich keinen Rechtfertigungsgrund habe, ihn zu brechen. Der Fronteinsatz in einem Strafkommando wäre mir sicher gewesen. Und ich hatte bereits eine Ehefrau, deine Mutter.“

„Das hat mein Mandant auch gesagt, der hatte außerdem zwei Kinder. Aber das berechtigt ihn doch nicht, bei der Ermordung von zweitausend Menschen mitzumachen.“

Das Gesicht seines Vaters erstarrte. Klaus fiel das erste Mal auf, dass sein geliebter Vater gealtert war. Er wurde laut: „Befehl ist Befehl.“ Er schrie fast.

„Vati, um Gottes Willen, reg dich nicht so auf. Du kriegst noch einen Herzinfarkt.“

„Klaus, vergiss nicht, wir befanden uns im Krieg, da kannst du dem Einzelnen nicht die Entscheidung überlassen, ob er mitmacht oder nicht.“

„Doch, das meine ich schon. Wenn alle sich weigern, alle Widerstand leisten, bricht der Unrechtsstaat zusammen und der Diktator muss aufgeben.“

„Du bist gut, das ist doch gerade das Problem: Dann verliert dein Vaterland den Krieg und das Deutsche Reich verschwindet von der Landkarte. Der Feind hat freie Bahn, bringt die Menschen um und unterjocht den Rest der Bevölkerung. Es ist deine Bürgerpflicht, das zu vermeiden." Er nahm einen kräftigen Schluck Cognac und wischte sich mit dem Handrücken über die Stirne.

Klaus zog an seiner Pfeife. „Vati", fragte er, „was hast du denn gegen diesen Massenmörder und seine Volksgenossen getan, sag es mir!"

„Wir haben einen Weg gesucht, der auch legitim ist. Nach Stalingrad war uns klar, dass der Krieg nicht mehr zu gewinnen ist. Da Hitler nicht aufgeben, nicht aufhören wollte, gab es nur den Weg, ihn zu beseitigen. Den Tyrannenmord hielten wir für zulässig und notwendig. Lange vor dem 20. Juli bestand bei den Führungseliten in den Ministerien, soweit sie nicht unverbesserliche Nationalsozialisten waren, Einigkeit darüber, den Staat nach dem Sturz Hitlers mittels einer Not- und Ersatzregierung fortzuführen und den Krieg ehrenvoll zu beenden. Als persönlicher Referent des Staatssekretärs war ich eingeweiht und hatte meine Aufgabe in der neuen Verwaltung bereits zugeteilt bekommen."

„Aber auch dieser Anschlag auf Hitler ist schließlich schief gegangen."

„Ja, leider, mein Sohn. Das war eine Katastrophe." Er schlug sich auf den Oberschenkel. „Aber einen totalen, alles umfassenden Widerstand konnten wir nicht unternehmen. Das wäre bei der ganzen Bespitzelung durch die Gestapo aufgeflogen und hätte unser aller Leben gekostet."

„Vati", Klaus klopfte seine Pfeife im Aschenbecher aus, „ich verstehe es dennoch nicht. Ich hätte an der Stelle meines Mandanten die Pflicht empfunden, die Leute vor dem Abtransport zu bewahren."

„Aber wie?"

„Ich weiß jetzt auch nicht wie." Er kratzte sich mit dem Pfeifenstopfer auf dem Kopf. „Da muss einem einfach etwas einfallen. Alle, die sich nicht gewehrt haben, haben sich damals mitschuldig gemacht. Gott sei Dank haben wir in unserem Grundgesetz das Recht auf Widerstand normiert. Da bin ich heilfroh und bringe es jedem in Erinnerung."

„Wir wären auch froh gewesen, wenn es das in der Weimarer Verfassung gegeben hätte. Aber der Zeitgeist war damals ein anderer. Der Staat ging immer dem einzelnen Individuum vor. Aus heutiger Sicht waren wir damals zu staatstreu, da gebe ich dir Recht."

„Ich verstehe das trotzdem nicht, Vati. Du und deine Generation, ihr tut so, als ob ihr das Dritte Reich als euer Schicksal hinnehmen musstet. Keiner will etwas damit zu tun gehabt haben. Einer deutet auf den anderen, aber keiner ist bereit, die Verantwortung für die Millionen von Toten auf sich zu nehmen. Und", Klaus stellte sein Glas nach dem Empfinden seines Vaters etwas zu laut auf der Glasplatte des Beistelltisches ab, „inzwischen haben Adenauer und Erhard wieder alles in die Reihe gebracht. Das Leben kann weitergehen wie gehabt. Das darf doch nicht wahr sein." Klaus schüttelte energisch den Kopf.

„Nun werde mal nicht polemisch, mein Junge." Die Stimme seines Vaters wurde lauter. „Es ist doch alles getan worden. Der Nürnberger Prozess ist gelaufen, die Auschwitzverfahren werden weiter betrieben, wie du selbst erlebst, und in Ludwigsburg arbeiten sie auf Hochtouren. Jetzt tu mal nicht so, als ob unsere Justiz nicht tätig wäre."

„Eben nicht." Klaus zündete sich eine Marlboro an. „Nichts wird ernsthaft getan, alles nur halbherzig. Schau dir doch mal die Richter an, die da in ihren schwarzen Roben selbstgefällig sitzen. Das ist meist noch die Kriegsgeneration. Bloß weil sie entnazifiziert wurden, haben sie doch nicht ihre Einstellung geändert. In den Köpfen sind sie noch die Alten mit ihrer NS-Vergangenheit. Das stinkt gegen den Himmel."

„Klaus, ich verbitte mir diesen Ton. Das sind ehrenwerte Männer, die nach Recht und Gesetz urteilen. Die und viele andere haben unser Nachkriegsdeutschland wieder aufgebaut. Die haben sich nichts zu Schulden kommen lassen."

Der Vater war inzwischen aufgestanden. Er zog sich die Hose hoch und erklärte: „Und damit ist die Diskussion beendet. So unqualifiziert spricht man nicht in meinem Hause." Er ging in Richtung des Wohnzimmers. „Schau, deine Mutter sitzt bereits am Flügel. Ich will mir nicht die Adventsstimmung verderben lassen."

Als sie nach Hause fuhren, legte Marie ihren Arm über Klaus' Schulter. „Das tut mir leid, dass du dich mit deinem Vater in die Haare gekriegt hast. Ich habe schon einiges von eurem Disput mitbekommen, und als ich mich einmischen wollte, hat deine Mutter mich davon abgehalten und mir erklärt, wir Frauen hätten uns da rauszuhalten, das sei Männersache."

Sie streichelte Franziska, die auf der Rückbank des Wagens lag und eingeschlafen war. „Mein Vater war jedenfalls nicht in der NSDAP. Du solltest dich mal mit ihm unterhalten, wie er dazu steht."

„Ach, weißt du", sagte Klaus, „das bringt doch nichts. Wenn ich einen aus der Generation unserer Väter auf die Vergangenheit anspreche, nehmen die gleich eine andere Haltung ein und sprechen nur noch gequält und abwehrend. Ich kriege zu viel."

Marie schlug mit der flachen Hand auf das Armaturenbrett: „Hören wir auf mit diesem Thema, jedenfalls für heute. Ich kann es nicht mehr hören!" Und nach einem kleinen Klaps auf seine Schulter meinte sie: „Wir fahren jetzt noch für ein Stündchen auf den Weihnachtsmarkt, setzen Fränzi auf das Karussell und trinken einen Glühwein, darauf hätte ich groß Lust!"

„Das ist eine tolle Idee. Ich wollte mir auch noch ein Ersatzbirnchen für die Laterne in unserer Weihnachtskrippe besorgen, das gestern seinen Geist aufgegeben hat. Hoffentlich finden wir einen Parkplatz."

– 12 –

Der Anruf aus Ansgars Büro in der letzten Woche hatte Ruth traurig gestimmt. Er hatte ihr ausrichten lassen, dass er über die Weihnachtsfeiertage in San Antonio bleiben müsse und wahrscheinlich erst zu Beginn des neuen Jahres wieder in Berlin sei. Das war eine bittere Nachricht für sie. Er hätte doch wenigstens versuchen können, bei ihr in der WG anzurufen, dachte sie sich. Oder er hätte einen Brief schicken und ihr schreiben können, wie traurig er ist und wie einsam ohne sie.

Es war inzwischen der vierte Advent und sie hatte sich so sehr gefreut, die Weihnachtszeit mit ihm verbringen zu können. Bis auf Edeltraut und Christa hatten die Mädchen ihre Heimreise zu Weihnachten angekündigt und sie hatte sich schon sehr auf die Stunden gefreut, die sie mit Ansgar auf ihrem Zimmer verbringen würde. Tiefblaue Vorhänge schmückten inzwischen ihr Fenster und auf das Fensterbrett hatte Ruth eine große goldbraune Kerze aus Bienenwachs gestellt, die sie bei Ansgars Besuch anzünden und deren honigwarmen Geruch sie zusammen mit ihm genießen wollte.

Aber Ansgar war alles andere als einfach. So heiter und aufgeschlossen er in einem geselligen Kreis sein konnte, so still und zurückgezogen verhielt er sich, wenn sie allein waren. Es war oft schwer für sie, in Erfahrung zu bringen, woran er gerade dachte und wie er sich dabei fühlte.

Als sie das letzte Mal vor seiner Abreise nach Amerika miteinander schliefen, hatte sie das Gefühl, dass er während seiner Liebkosungen an eine andere Frau dachte. Sie hatte sich während ihres Liebesspiels mit ihren Händen auf ihr Bett gestützt und Ansgar ihren runden Po auffordernd entgegengestreckt. Sie genoss es, wie sein Glied sich ihrer Scheide näherte und tief in sie eindrang. Seine großen Hände hatten ihre Brüste ergriffen, und als ihr fast der Atem stockte, meinte sie, aus seinem wilden Stammeln vor dem Höhepunkt einen Frauennamen herausgehört zu haben.

„Wer ist Nele?“, fragte sie Ansgar, als sie mit ihrem noch immer hochroten Kopf in seiner feuchten Achsel lag und mit dem Zeigefinger eine Schweißperle auf seiner Brust zerdrückte.

Er war verdutzt und schüttelte den Kopf: „Da musst du dich verhört haben, wie kommst du denn da drauf?“

„Na ja, ich habe mich da nicht verhört, meine ich. Oder vielleicht doch? Lassen wir das. Gib mir lieber eine Zigarette.“ Und als er sie angezündet, einen tiefen Zug genommen und sie dann zwischen ihre Lippen geschoben hatte, kniff sie ihn mit der Bemerkung in die Hüfte: „Ich warne dich!“

Sie waren nie wieder auf dieses Thema zurückgekommen, aber Ruth wurde das Gefühl nicht los, dass er seine Sätze manchmal zu zögernd und zurückhaltend vorsichtig formulierte. Ganz durchschaute sie ihn nicht und als bei ihr der Gedanke aufkam, er hätte Weihnachten nicht mit ihr verbringen wollen, traten ihr Tränen in die Augen, die ihre Finger trotz Reiben nicht mehr aufhalten konnten.

Sie schaute aus ihrem Fenster. Es schneite und sie fror. Draußen wurde es langsam dunkel. Sie überlegte sich, ob sie noch einmal in die weihnachtlich geschmückte Stadt gehen sollte, um ihre schlechten Gedanken zu zerstreuen. Aber sie hatte weder die Kraft noch die Lust zu einem Schaufensterbummel.

Sie hatte schon keinen Adventskranz gekauft, weil ihr dieser Brauch überholt schien. Sie wollte weg von diesem Weihnachtsrummel, wie sie sich sagte. Aber einen Tannenbaum, wenigstens einen kleinen, wollte sie sich mit Ansgar schon aussuchen, denn sie vermisste den Geruch von Tannenzweigen, von Weihnachtsplätzchen und von Lebkuchen, gestand sie sich ein. Was sollte sie denn jetzt machen? Mit Edeltraut und ihrem Christkindchen allein den Heiligen Abend verbringen? Das fand sie nun wirklich nicht attraktiv. „Mädel“, sagte sie sich, „hast du so was wie Heimweh? Willst du etwa nach Hause, oder was ist los mit dir?“

Der Gedanke an ihr Zuhause ließ sie nicht los. Sollte sie vielleicht daheim anrufen und einfach mal fragen, wie es in Paderborn ging, und ihren Eltern einen schönen vierten Advent wünschen? Warum nicht, sie würde sich da nichts vergeben, sagte sie sich.

Als sie die Stimme ihrer Mutter am Telefon hörte, freute sie sich. „Mami, wie geht es dir?“, rief sie in den Apparat. „Habt ihr Schnee?“

„Ja, mein Schatz, bei uns fallen seit ein paar Stunden die ersten Schneeflocken, und dein Vater wachst schon die Skier. Wie sieht es bei Euch aus?“

„Bei uns ist es kalt und es schneit auch ein bisschen. Hast du schon alle deine Plätzchen gebacken? Die erste Kostprobe, die du mir geschickt hast, war wunderbar. Vielen Dank noch einmal. Wie geht es Papi?“

„Dem geht es gut. Der hat bereits Weihnachtsferien und genießt die Ruhe. Dein Vater hatte in den letzten Wochen auch viel zu tun. Die Schule hat ihn sehr in Anspruch genommen. Ist Ansgar schon aus Amerika zurück?“

„Nein. Er muss über Weihnachten arbeiten und weiß noch nicht einmal, ob er vor Silvester zurück sein kann.“

„Aber das ist doch schrecklich. Dann bist du zu Weihnachten allein in Berlin. Das geht doch nicht. Komm zu uns und wir feiern Weihnachten in der Familie.“

„Ich weiß nicht“, Ruth zögerte, „dann muss ich Edeltraut allein lassen, das möchte ich eigentlich nicht. Das täte mir sehr leid.“

„Aber mein Kind. Jetzt denke doch einmal nur an dich. Der Gedanke, dass du zu Weihnachten quasi allein bist, stimmt mich traurig. Ruth, gib dir einen Ruck, steig in den nächsten Zug und komm einfach. Wenn Ansgar sich meldet, kannst du ja jederzeit wieder zurückfahren. Ich zahle dir die Fahrkarte.“

Ruth zögerte wieder. „Mami, du bist ein Schatz. Aber ich möchte noch einmal darüber schlafen, ja? Ich sage dir bald Bescheid. Bitte grüße alle sehr herzlich. Ich liebe dich, meine Mami, und umarme dich.“

Sie war gerührt, wie schnell und selbstverständlich ihre Mutter sie nach Hause eingeladen hatte. Damit hatte sie gar nicht gerechnet. Sie empfand Glück und Beschwingtheit, die sie nach ihrem Mantel greifen und die Treppenstufen zur Haustüre springen ließen. „Ich gehe auf den Weihnachtsmarkt“, rief sie Edeltraut durch den Flur zu.

Als sie aus dem U-Bahnschacht stieg, hob sich ihre Stimmung. Der Duft von gebrannten Mandeln war verlockend, die Musik aus dem Lautsprecher des Karussells rief die Kinderlein zum Kommen, es roch nach Bratwurst und Glühwein und die Besucher drängten sich an den Weihnachtsbuden vorbei. Ruth entschloss sich zu einem Pfannkuchen mit Nutella. Sie hatte das Bedürfnis, sich zu verwöhnen, und überlegte sich, ob sie sich nicht ein Paar Wollhandschuhe kaufen oder sich von ihren Eltern zu Weihnachten schenken lassen sollte.

Ihr Blick fiel auf die Kaiser-Wilhelm-Gedächtniskirche. Durch die Glasbausteine leuchtete verhalten Licht, das sie anzog. Sie leckte sich die restliche Schokolade von den Fingern und ging sodann über den Platz zur Kirche. Es waren viele Menschen, die ein und aus gingen und sich von der Orgelmusik weihnachtlich einstimmen ließen.

Ruth betrat die Kirche und suchte sich einen Stuhl am äußersten Rand des Raums. Von der Decke hing ein großer Adventskranz, dessen vier Kerzen hell leuchteten. Und vor der großen blauen Glaswand schwebte der übermenschlich große gekreuzigte Jesus. Sie fühlte sich einsam und verlassen. Das muss Heimweh sein, sagte sie sich. Ihr Entschluss, zu Weihnachten nach Hause zu fahren, war gefasst.

Als Ruth vor der Wohnungstüre ihrer Eltern stand, wurde ihr bewusst, dass sie das erste Mal als Gast und nicht wie selbstverständlich als Mitbewohner ihren Finger auf die Klingel setzte. Sie hatte damals ihren Schlüssel bei der Abreise symbolisch auf das Garderobentischchen gelegt, das in der Diele unter dem Spiegel stand. Damit hatte sie einen endgültigen Schlusspunkt unter die monatelange Diskussion über ihr

Auswärtsstudium in Berlin setzen wollen; Paderborn hatte nun mal bis auf die Theologische Fakultät der Hochschule keine Universität, und Hannover schien ihr nicht attraktiv.

Sie hörte die Schritte ihrer Mutter. Nicht ganz so flott, wie sie diese in Erinnerung hatte, aber unverwechselbar in ihrem verhaltenen Rhythmus. Die Türe öffnete sich und die beiden fielen sich in die Arme. So freudig und innig hatte ihre Mutter schon lange nicht mehr ihren Namen gerufen, und sie schämte sich nicht, als ihre Mutter sie anblickte und Tränen in ihren Augen entdeckte.

„Komm herein, Ruth. Herzlich willkommen daheim. Wir warten schon alle auf dich." Sie kam gerade noch dazu, ihr einen Kuss auf die Wange zu setzen, als schon Sarah herbeilief und ihre große Schwester stürmisch umarmte.

Sie gingen zum Wohnzimmer und als sie die Türe öffnete, erhob sich der Vater aus seinem Sessel und schritt ihr mit geöffneten Armen entgegen: „Da ist ja mein Kind. Komm in meine Arme." Ruth genoss die leicht kratzenden Barthaare ihres Vaters und den Geruch seines herben Rasierwassers.

„Papi, ich bin ja so glücklich, wieder zu Hause zu sein", rief sie und nahm dann ihren Bruder fest in die Arme. „Du schmückst ja schon den Tannenbaum", sagte sie, „das ist doch immer meine Aufgabe gewesen. Aber ich verstehe", sie küsste ihn auf die Wange, „du hast lange genug warten müssen und jetzt bist du dran. Vergiss nicht, als erstes den Engel auf die Baumspitze zu setzen, sonst kommst du vor all dem Schmuck nachher nicht oben dran."

Als dann am Heiligen Abend das Glöckchen im Wohnzimmer läutete und der Vater die Türe öffnete, um die festlich gekleidete Familie hereinzulassen, hatte Ruth das Gefühl, als sei die Zeit stehen geblieben. Die weihnachtliche Zeremonie hatte sich im Hause Winkler nicht verändert. Der Vater las die Weihnachtsgeschichte von Lucas, die von der Mutter am Flügel begleiteten Weihnachtslieder wurden in derselben Reihenfolge gesungen wie gewohnt, und die Kinder durften als erste ihre Geschenke öffnen.

Ruth hätte es mit Sicherheit beanstandet, wenn es zum Abendessen nicht Kartoffelsalat mit Wiener Würstchen gegeben hätte. Sie hatte von ihren Eltern einen neu erschienenen Bildband über die Geschichte der Stadt Paderborn mit der Bemerkung ihres Vaters erhalten: „Falls du mal Heimweh nach deiner Heimatstadt haben solltest."

Als Ruth glücklich in ihrem Bett in ihrem ehemaligen Zimmer lag, das nunmehr als Gästezimmer eingerichtet war, dachte sie über den erlebten Weihnachtsabend nach. Gerade diese traditionellen und, wie sie meinte, überholten spießigen Weihnachtsfeiern wollte sie eigentlich nicht mehr mitmachen. Das war einer der Gründe, weshalb sie erleichtert war, das Elternhaus verlassen zu können. Und jetzt war dieser Albtraum, wie sie ihn bezeichnet hatte, auf einmal traumhaft schön gewesen. Sie schüttelte über sich den Kopf, als sie einschlief.

Das Weihnachtsgeläut des Doms weckte sie sanft aus ihrem Schlaf. Sie dachte noch einmal über den gestrigen Abend nach. Die Eltern waren mit den beiden Geschwistern zur Messe gegangen und sie war nach einem Gang auf die Toilette noch einmal ins Bett gesprungen.

Die Mutter hatte gestern Abend zweimal ihre Gabel, als sie diese zum Mund führen wollte, fallen gelassen. Sie schlurfte auch etwas und ihre Bewegungen waren auffallend langsam. Der Vater versuchte, das Malheur herunterzuspielen und hatte gemeint, es sei für die Mutter eben ein anstrengender Tag gewesen. Aber Ruth sprach ihn, als die Mutter schon ins Bad gegangen war, auf die Auffälligkeiten an.

„Ja", sagte er, „das tritt in der letzten Zeit öfters auf, und Mutter hat mir versprochen, dass sie im Neuen Jahr gleich zu ihrer Ärztin geht und sich untersuchen lässt. Auch beim Klavierspielen arbeiten ihre Finger, ihre Hände nicht mehr flüssig. Weiß der Teufel, was dahinter steckt. Mach dir keine Sorgen, das wird nichts Ernsthaftes sein."

Nachdenklich schob Ruth die Bettdecke zur Seite und stand langsam auf. Sie machte sich schon Sorgen.

– 13 –

Der Bischof hatte in seiner Weihnachtspredigt die Gläubigen gemahnt: Sie sollten dieses Jahr auf ihr Neujahrsfeuerwerk verzichten und das Geld lieber der notleidenden Bevölkerung Palästinas und anderer Länder spenden. Aber sein Appell an die Vernunft hatte nicht geholfen. Die unzähligen Raketen hatten das verschneite Paderborn wieder einmal in eine bunte Zauberwelt verwandelt.

Ruth verbrachte den Silvester-Abend bei ihrer Familie, sie spielten Monopoly und gossen anschließend Blei. Die ganze Familie Winkler stand in der Küche vor dem Herd, über dessen Gasflamme jeder in dem großen Löffel ein Stück Blei erhitzen und dann in den Topf mit kaltem Wasser gießen durfte. Sarah erkannte in dem erkalteten Blei einen Hund, den sie sich schon lange gewünscht hatte, und sah ihren Wunsch jetzt in Erfüllung gehen. Die Figur, die Ruth goss, deuteten alle einstimmig als Ansgar, der bestimmt bald aus Amerika zurückkommen werde.

Keinem in der Familie war entgangen, dass Ruths gute Laune getrübt war, und alle vermissten ihre ansteckende Heiterkeit, die sie sonst so selbstverständlich ausstrahlte.

Als sie am Neujahrstag still vor dem Fenster stand und scheinbar ziellos in die Ferne blickte, legte ihr ihre Mutter den Arm um die Schulter, streichelte sie und sagte: „Gell, du hast Sehnsucht nach Ansgar."

Ruth lehnte ihren Kopf an ihre Mutter und schluckte an ihrem Kummer. „Ja, Mami", sagte sie, „ich höre gar nichts von ihm. Das Schlimme ist, dass ich nicht einmal weiß, was er tut und was er denkt. Er hat mir zu Weihnachten keinen Brief geschickt und nicht einmal angerufen. Ich weiß überhaupt nicht, ob er mich noch liebt."

„Aber Schätzchen, sag das nicht. Vergiss nicht, dass er noch schläft, wenn bei uns Tag ist, und er zu arbeiten beginnt, wenn bei uns der Tag schon bald rum ist. Es steht auch nicht überall ein Telefon auf der Baustelle, es ist halt schwierig."

„Dann könnte er doch wenigstens ein paar Zeilen schreiben, einmal die Woche würde mir schon reichen." Sie wandte ihren Kopf wieder zum Fenster: „Das wird er mir büßen. Ich fahre morgen nach Berlin und leiste Christa und Edeltraut Gesellschaft. Ich habe schon mit ihnen telefoniert. Darf ich ihnen ein paar von den köstlichen Silvester-Krapfen mitbringen, die übrig geblieben sind?"

„Na klar. Ich verpacke sie in eine große Dose, damit sie die Reise gut überstehen."

Auch in Berlin hatte es in den letzten Tagen viel geschneit. Ruth zog ihre Winterstiefel aus, bevor sie die Wohnung betrat. Die dicken Schneeballen unter den Schuhsohlen hatte sie schon vor der Haustüre abgeklopft. Sie schloss die Türe auf und hatte auf dem Weg in ihr Zimmer ihren Wintermantel noch nicht ganz aufgeknöpft, als Christa aus der Küchentüre trat:

„Ansgar hat angerufen. Er ist gerade angekommen und du sollst schon um sechs Uhr in den Hühner-Hugo am Kurfürstendamm kommen. Du weißt schon, Ecke Brandenburgische Straße. Er wartet dort auf dich."

„Juhu", rief Ruth, „das ist ja eine Überraschung. Hat er sonst noch was gesagt?"

„Nö, er schien mir aber guter Laune. Also viel Spaß heute Abend. Ich habe einen Aushilfsjob in einer Kneipe bekommen. Heute wird's spät. Nur Edeltraut ist mit ihrem Schätzchen noch da. Mach's gut!"

Ruth putzte sich die Nase. Sie tropfte ihr immer, wenn sie aus dem Kalten ins Warme kam. Sie schmiss sich aufs Bett und weinte vor Glück. Damit hatte sie nun wirklich nicht gerechnet. Er hätte ja mal bei ihren Eltern anrufen können. Aber egal. Wie sollte sie die verbleibenden drei Stunden hinter sich bringen, bis sie Ansgar umarmen konnte? Eine Weile sah sie sich das Muster auf den Holzdielen in ihrem

Zimmer an. Als sie genug davon hatte, kochte sie sich einen Tee, trank dann aber nichts davon. Dann schnitt sie eine Scheibe Brot ab, aß aber nicht. Ein warmes Bad, dachte sie. Das wäre das Richtige.

Sie sagte noch Edeltraut guten Tag, die sie fragte, was denn passiert sei, sie sehe aus, als hätte man ihr ein Haus an der See geschenkt. „So ähnlich", sagte sie, „Edeltraut, so ähnlich!" Dann verschwand sie im Badezimmer.

Ruth hatte die U-Bahn bis zum Adenauerplatz genommen und wäre beinahe ausgerutscht, als sie auf die schneeglatte Straße trat. Sie war früher schon einmal in dieser Gaststätte gewesen, in der es die besten Brathähnchen in Berlin gab. Als sie die Türe aufstieß, schlug ihr der warme Duft gegrillter Hähnchen entgegen. Sie schaute sich um und entdeckte Ansgar am hinteren Ende des Lokals, der schon aufgestanden war und ihr winkend entgegenkam. Sie stürzte ihm in die Arme. „Ach Ansgar, ich bin ja so glücklich, dich wieder zu sehen", rief sie ihm zu. Sie schlang ihre Arme um seinen Nacken und beide pressten ihre Lippen so fest aufeinander, dass sie schmerzten – sie spürten die Zähne des anderen.

„Ruth, mein Schatz, endlich kann ich dich wieder in die Arme nehmen", sagte er, während er ihr eine Träne aus dem Augenwinkel wischte, „komm, gib mir deinen Mantel."

Er nahm ihr den schneenassen Mantel ab, schmiss ihn auf die Sitzbank und zog sie an den Tisch. „Setz dich ganz nahe zu mir, meine Liebste. Ich bin ja so glücklich, dich wiederzuhaben. Ich hatte so eine Sehnsucht nach dir, du glaubst es nicht." Er hatte seinen Arm um Ihre Schultern gelegt und sie fest zu sich gezogen, als er sie küsste.

„Ansgar", sagte sie, „ich habe dich schrecklich vermisst. Ich war so einsam ohne dich. Du darfst nie wieder weggehen, das musst du mir versprechen."

„Das wird zwar nicht so einfach sein, aber ich tue mein Bestes. Jedenfalls muss ich die nächste Zeit nicht nach Amerika, das steht schon einmal fest. Denn mein Praktikum ruht jetzt erst einmal und ich kann wieder studieren, studieren und nichts als studieren. Darauf freue ich mich schon. Ich war genauso traurig wie du, dass ich über Weihnachten dortbleiben musste und erst im Neuen Jahr wieder zurückkommen konnte. Aber die Bauarbeiten hatten sich durch ei nen frühen Wintereinbruch verzögert. Von Norden war ein starker Blizzard mit viel Schnee hereingebrochen, der lange anhielt. So mussten wir warten, bis ein wichtiger Bauabschnitt wenigstens im Rohbau abgeschlossen werden konnte. Jetzt bin ich erst einmal hier. Erzähl mal, wie ist es dir in der Zwischenzeit ergangen? Aber da ist der Kellner und wir bestellen uns erst einmal etwas zu trinken. Zwei Bier vom Fass", rief er ihm zu. „Also", sagte er, „was hast du die ganze Zeit gemacht?"

„Ach, ich habe kräftig gearbeitet, intensiv studiert. Die Biologie macht mir richtig Spaß und ich freue mich schon auf das erste Seminar im nächsten Semester. Der Prof. ist prima und der Hörsaal auch nicht mehr so voll. Alles bestens."

„Und zu Weihnachten?"

„Ich habe auf dich gewartet und war tottraurig, dass du nicht einmal angerufen hast. Ich war so einsam und ich bin dann nach Paderborn."

„Schatz, das Baubüro hatte keine Auslandsverbindung und man musste für ein Ferngespräch immer erst die Vermittlung einschalten. Entweder hatte ich nicht genug Münzen, die man im Voraus einwerfen muss, dann klappte das nächste Mal die Verbindung nicht und bei allem musst du auch noch an die Zeitverschiebung denken. Es war wie verhext. Die Nachricht für dich an mein Büro habe ich dann schließlich auch nur per Fernschreiber über den Teich gekriegt. Verzeih mir, es ging nicht anders. Glaube mir."

Der Kellner hatte in der Zwischenzeit das Bier gebracht und beide bestellten sich ein Brathähnchen mit einem Brötchen und mit ungarischem Salat.

„Weißt du, es ist einfach blöd. Dazusitzen, auf den Anruf seines Geliebten zu warten und es passiert nichts. Aber

OK. Ich habe also Weihnachten und dann auch Silvester bei meinen Eltern verbracht. Es war schön, mal wieder zu Hause zu sein."

„Das freut mich, mein Schatz. Und jetzt mach einmal die Augen zu. Ich habe dir was mitgebracht."

Er griff in seine Hosentasche und holte ein kleines Päckchen heraus. „Hast du auch die Augen zu? Gib mir deine Hand."

Er zog sie zu sich und legte das Päckchen in ihre ausgestreckte Hand. „Jetzt darfst du deine Augen wieder aufmachen", sagte er ihr. Er zog seine Hand von dem in weißem Seidenpapier verpackten Geschenk herunter und rief: „Hokus pokus!" Dabei lachte er über seine Vorstellung.

Ruth wog das kleine Stückchen Etwas in ihrer Hand, drehte es um, nach rechts und nach links. „Was kann das nur sein, Ansgar", sagte sie, während sie versuchte, den Klebestreifen vorsichtig von dem Papier zu lösen. Sie faltete es auseinander und vor ihr lag ein silbern glänzender Ring. Er war mit Ornamenten verziert und umfasste einen großen grünen Stein in der Form eines Rhombus.

„Nein, ist der toll, Ansgar, ich bin sprachlos." Sie wog den Ring in ihrer Hand. „Der ist ja wunderbar. Zieh ihn mir an." Er nahm ihre rechte Hand, schätzte den Umfang ihrer Finger ab und streifte den Ring dann über ihren Zeigefinger.

„Das ist ein indianischer Zauberring, mein Darling. Wenn du einen Wunsch hast, schließt du die Augen, drehst den Ring einmal um deinen Finger und dein Wunsch geht in Erfüllung. Aber das funktioniert nur einmal. Du musst dir also gut überlegen, ob du den Zauber nutzen oder besser aufschieben solltest, bis du noch einen größeren Wunsch hast, der in Erfüllung gehen soll. Er kann dich auch aus einer Not retten, vergiss das nicht."

Ruth legte ihre Arme um seinen Hals und küsste ihn innig. „Danke, vielen lieben Dank, mein Schatz", sagte sie, „wo hast du denn den Ring her?"

„Ich habe den Ring bei den Hopi gekauft. Das ist ein Indianerstamm, der für seinen schönen Schmuck bekannt ist.

Die Frauen tragen die Ketten, Ringe und Armreifen mit den grünen oder dunkelblauen Steinen als Fetisch, und ich muss schon sagen, er steht dir zauberhaft."

„Also vielen Dank, mein Liebling", sagte sie und streichelte ihn mit dem Ring am Finger über seinen Arm.

Die Hähnchen schmeckten köstlich. Sie nahmen die Beinchen und die Schenkel mit ihrer knusprigen Haut in die Hände und unterhielten sich mit vollem Mund.

„Erzähl", sagte Ansgar, „was in der Zwischenzeit alles in Berlin passiert ist. In den USA steht nichts über Deutschland in den Zeitungen und für das TV existiert Europa offensichtlich nicht. Die Sendungen haben alle lokale oder nationale Inhalte. Von dem Geschehen im Ausland erfährst du nichts."

Er bestellte sich ein zweites Bier. „Sag mal, was ist aus dem Teufel-Prozess geworden. Das war unsere letzte Demo, die vor dem Gerichtsgebäude in Moabit, an der wir teilgenommen haben. Hat er nun bei der Demo gegen den Schah einen Stein gegen die Polizei geworfen oder nicht?"

„Natürlich nicht, sie haben ihm das nicht beweisen können und er ist dann schließlich auf Kosten der Staatskasse freigesprochen worden. Da blieb selbst dieser Klassenjustiz nichts anderes übrig. Und es ist vor allem Rudi Dutschke zu verdanken, dass während jeder Verhandlung hunderte von Studenten vor dem Gericht demonstrierten und den Freispruch von Fritz gefordert haben. Das hat gewirkt."

„Na also, diese Anklage war auch idiotisch. Dahinter steckte mal wieder die Springer-Presse, die mit ihren falschen Behauptungen die Stimmung gegen uns Studenten weiter anheizt, vor allem gegen die Aktivisten im AStA der FU. Der Spiegel hat das vor einiger Zeit in einem Interview mit Dutschke sehr gut herausgearbeitet."

„Aber noch viel informativer finde ich <konkret>. Ich mag zwar nicht alles, was Ulrike Meinhof da von sich gibt, aber sie trifft immer wieder den Nagel auf den Kopf. Und die Behauptung, dass die Zeitschrift von der DDR finanziert wird, ist reine Diffamie." Sie strich sich mit beiden Händen ihre Haare hinter ihre Ohren: „Ich hätte jetzt gerne zum Abschied noch ein Apfelmus."

„Das ist eine gute Idee." Er schaute nach dem Kellner. „So was gibt es zum Beispiel in Amerika nicht. Jedenfalls nicht in San Antonio, Texas."

„Ansgar", sie ergriff seine Hand und schaute in seine blauen fragenden Augen, „bevor wir jetzt zur mir gehen, muss ich dir was sagen." Ihr Blick war fest und sicher. „Als du in Italien fragtest, ob wir nicht zusammenziehen sollten, war ich sehr überrascht. Das kam unerwartet und etwas plötzlich. Deswegen habe ich auch ziemlich schnell ‚Nein' gesagt."

Und für einen Augenblick dachte sie an ihr Erlebnis mit Klaus, der ihr nicht aus dem Kopf ging. Wenn sie jetzt weiterredete, sagte sie sich, dann habe ich eine schwere Entscheidung getroffen, die ich nicht mehr rückgängig machen kann.

Sie hielt einen Moment mit ihren Gedanken inne, holte tief Luft und sagte dann: „Ansgar, ich hatte in den letzten Wochen, als ich so allein war, viel Zeit, über uns nachzudenken." Sie strich sich erneut die Haare hinter ihre Ohren, griff dann nach Ansgars Händen und sagte in ernstem Ton: „Ich würde gerne in deiner Nähe sein und mit dir zusammenleben. Ich fühle mich oft so einsam und brauche dich."

„Ruth – Ruth, mein Schatz", rief er und umarmte sie fest, „das darf doch nicht wahr sein. Das habe ich ja gar nicht mehr zu hoffen gewagt", er küsste sie mehrfach fest auf ihre geöffneten Lippen, die seinen Mund suchten, „mein Gott, ich habe so oft in Amerika darüber nachgedacht, ob ich dir noch einmal den Vorschlag machen sollte, den du damals abgelehnt hattest. Aber ich hätte jetzt nicht den Mut gehabt. Ein zweites Nein hätte ein Nein für immer bedeutet und diese Gefahr wollte ich vermeiden. Dann hätte ich dich womöglich ein und allemal verloren. Und das wäre für mich unerträglich. Ach, Ruth – ich bin ja so glücklich. Ja, das machen wir." Er hielt sie weiter im Arm und beide drückten sich noch fester und inniger.

„Wie wollen wir das nur anstellen?“, sagte sie, „in meine WG lassen die Mädchen dich nicht rein, und in deine WG will ich nicht. Warum, haben wir ja schon besprochen, da geht es mir zu wild zu – ich will dich allein.“

„Nein, da hast du Recht. Wir hören uns um. An der Uni, überall. Wir machen einen Zettel ans schwarze Brett beim AStA. Es muss doch eine WG geben, die noch Platz für uns hat.“

„Eine gemeinsame Wohnung geht jedenfalls nicht. Da reicht mein Geldbeutel nicht. Ich weiß nicht, wie es bei dir aussieht, aber mit meinem Monatsgeld kann ich mal so gerade ein Zimmer finanzieren.“

„Und ich mit meinem BAföG kann mir schon gar nicht eine Wohnung leisten. Also bleibt uns nur eine WG. Wir müssen uns beide viel umhören und hoffen, dass wir bei unserer Suche bald Glück haben.“

– 14 –

Als sie heute Morgen das Haus verließ, schwebten nur wenige harmlose Schneewolken am Himmel und machten der matten Wintersonne immer wieder Platz. Zunehmend starker Wind blies durch die Berliner Straßen und Ruth zog ihren Wollschal über ihr Kinn.

Sie war gerade am Wittenbergplatz angekommen und suchte erst einmal Schutz vor dem Schneegestöber in der U-Bahn-Station. Ihr Ziel war eigentlich die Hardenbergstraße, wo sie sich mit den Studenten, die vor dem Amerika-Haus gegen den Vietnamkrieg demonstrierten, solidarisch zeigen wollte. Das grässliche Wetter ließ sie zögern. Sie schritt die schneeglatten Stufen hoch in Richtung Tauentzienstraße und flüchtete in eine Telefonzelle.

Die Telefonnummer von Ansgars Büro hatte sie im Kopf. Mit klammen Fingern drehte sie die Wählscheibe. Die Leitung war frei und sie bat die Telefonistin am anderen Ende, sie mit Ansgar zu verbinden.

„Ja, wer ist da?“

„Ich bin es“, rief sie und wechselte den Hörer auf ihr anderes Ohr. „Ansgar, Liebling, eigentlich wollten wir uns ja bei der Demo treffen, aber bei dem Sauwetter habe ich Lust auf etwas Heißes. Wollen wir uns im Aschinger auf eine Erbsensuppe treffen?“

„Warte mal, wir haben jetzt gleich halb eins. Also kurz nach ein Uhr könnte ich da sein. Würde dir das passen?“

„Aber klar. Ich wollte sowieso noch ins KaDeWe reinschauen und mir eine warme Mütze kaufen. Das schaffe ich in einer halben Stunde. Bis gleich, ich freue mich.“

Sie fand im Kaufhaus eine passende Mütze zum Schal. Das Norweger-Muster würde Ansgar bestimmt gut gefallen. Sie erreichte die Gaststätte am Bahnhof Zoo noch vor Ansgar und fand einen letzten leeren Tisch hinten rechts ziemlich in der Ecke.

Lange musste sie nicht warten. Ansgar betrat die Gaststätte, schaute um sich und setzte seine Brille ab, die sich in der warmen Wirtshausluft beschlagen hatte. Sie rief ihn mit Namen und wedelte mit den Armen, bis er sie erkannte. Er kämpfte sich durch das Tischgewirr zu ihr und umarmte sie.

Sie bestellten sich zwei Erbsensuppen „mit Würstchen zur Feier des Tages", sagte er zu dem Kellner, „und ein Körbchen mit Schrippen."

Er wandte sich zu Ruth: „Das ist das Schöne an dieser Gaststätte, dass man so viel Brötchen essen kann, wie man will."

„Dürfen wir uns dazu setzen?", fragten zwei junge Männer, die an den Tisch getreten waren, „es ist kein anderer Tisch mehr frei."

„Ja, natürlich", sagte Ansgar. „Wo kommt ihr denn her?", fragte er die beiden, die sich den Schnee aus ihren Kleidern klopften.

„Wir sind seit zwei Stunden auf der Demo am Amerika-Haus und müssen uns mal etwas aufwärmen."

„Ich wollte eigentlich auch mitmachen", sagte Ruth, „aber draußen ist es verdammt kalt."

„Das ist doch kein Grund, die Revolution nicht zu unterstützen. Wenn man einmal überlegt, wie dreckig es den Menschen dort geht, die von den Amis ausgehungert und ausgerottet werden, dann macht das bisschen Kälte mal gar nichts aus", sagte der Blonde, nahm seinen Kaugummi aus dem Mund und klebte ihn unter die Tischkante.

Der Schwarzhaarige fügte hinzu: „Da gibt es keine Pause, keine Waffenruhe, um mal schnell ne Erbsensuppe zu essen und ein paar Schrippen zu verdrücken. Wer da nicht den Kopf einzieht, wird abgeknallt." Er schnipste mit dem Zeigefinger einen Krümel von der hölzernen Tischplatte und sagte: „So geht das. Patsch – und das Licht ist aus."

„Vom Protest zum Widerstand, das ist die Parole", sagte der Blonde, „und auf den Sieg der vietnamesischen Revolution!" Er hob das Glas Bier, das der Kellner vor ihm abgestellt hatte, und nahm einen tiefen Schluck.

„Das fordert der afroamerikanische Studentenverband in den USA auch“, sagte Ansgar, „ich komme gerade von dort. Der Widerstand gegen den Vietnamkrieg und gegen die amerikanische Kriegsmaschine wächst.“

„Siehst du, das ist gut“, sagte der Schwarzhaarige, „wir müssen auf die Straße und wenn wir nicht gehört werden, müssen wir lauter und heftiger werden. Wir müssen die Völker wachrütteln und die Welt mobilisieren. Wisst ihr schon, dass der SDS für Mitte Februar einen internationalen Vietnamkongress veranstalten wird, zu dem alle deutschen, aber auch ausländischen politischen Größen der freien Welt kommen und sich und die Bevölkerung mobilisieren werden?“

„Das finde ich toll, da bin ich dabei und Ansgar auch, gell?“ sagte Ruth und hängte sich bei ihm ein.

„Klar“, sagte er und brach ein Brötchen, „die knacken wir.“

„Das ist leichter gesagt als getan“, sagte Ruth, „manchmal habe ich das Gefühl, die Leute hätten etwas gegen einen. Seit Wochen suchen wir ein Zimmer, möglichst in einer WG, aber wenn man endlich eine Adresse hat und sich vorstellt, wird man gleich als Revoluzzer betrachtet, bloß weil man sich gegen das imperialistische Establishment äußert, das für harmlose Studenten keinen Platz hat.“

Der Kellner brachte die Suppenteller und der Schwarzhaarige warf dem Blonden mit dem roten Halstuch einen Blick zu. Der zog die Augenbrauen hoch und meinte dann zögernd: „Es ist ja als Vermieter auch nicht so einfach, die richtigen Leute zu finden – gerade in einer WG mit mehreren Menschen, die alle eine eigene Meinung haben. Wir haben das gerade in unserem Haus erlebt, als die beiden Männer übereinander hergefallen sind, weil sie für und gegen den Einsatz von Molotow-Cocktails waren.“

„Das geht nicht gut, sage ich dir“, meinte der Schwarzhaarige. „Vater hatte ja gleich davon abgeraten, die beiden Typen aus Ost-Berlin ins Haus zu nehmen. Jetzt haben wir die am Bein und müssen sehen, wie wir sie wieder rauskriegen.“

„Also, wenn ich euch recht verstehe“, sagte Ansgar, „ihr habt ein Haus, das ihr an eine WG vermietet, oder wie ist das?“

„Nein“, sagte der Blonde, „das ist das Haus unseres Vaters. Unsere Mutter ist tot und unser Vater hat eine andere Frau gefunden, mit der er ins Ruhrgebiet gezogen ist. Er hat uns das Haus überlassen, damit wir es vermieten können. Er lässt uns da freie Hand, solange wir von der Miete unseren Lebensunterhalt decken können und wir ihn finanziell in Ruhe lassen. Eine saubere Regelung, wie ich meine.“

„Und jetzt“, Ansgar grinste, „müssen wir uns nur noch einfallen lassen, wie wir die beiden Rowdies aus dem Haus kriegen.“

„Na, na, nicht so schnell“, meinte der Schwarzhaarige, schob den inzwischen geleerten Teller von sich weg und zündete sich eine Roth-Händle an. „Wir wissen ja nicht einmal, wer ihr seid. Macht mal halblang.“

Ruth lächelte die beiden Jungen an: „Mein Freund studiert Bauingenieurwesen an der TU und ich Erziehungswissenschaften an der Uni, Biologie und Germanistik, wenn ihr es genau wissen wollt – im ersten Semester. Und Ansgar ist Praktikant in einem Architekturbüro in Charlottenburg.“

„Und wo lebt ihr jetzt?“

„In zwei verschiedenen WGs und wollen zusammenziehen.“

„Habe ich es mir doch gedacht, Nicki“, sagte er zu dem Blonden, „das Pärchen sucht Unterschlupf.“

Sie lachten. „Meinst du, wir hätten noch Platz für die Vögelchen?“

Nicki trommelte mit den Fingern auf den Tisch, als würde er einhändig Klavier spielen. Er schaute den beiden in die Augen – erst Ansgar, dann Ruth. Dann sagte er: „Mir gefallen die zwei eigentlich ganz gut, Moritz. Und wenn diese Schlägertypen nicht ausziehen sollten, müssen wir halt den Dachboden ausräumen. Der ist ausgebaut und hat zwei Zimmer, ein kleines und ein großes“, wandte er sich an Ruth und Ansgar. „Allerdings sind die Zimmer nicht an die Zentralheizung angeschlossen, da müsste man mit Radiatoren arbeiten. Ist machbar“, überlegte er und setzte fort, „das Gerümpel unter dem Dach müsstet ihr wegräumen. Von mir aus könntet ihr es auch auf dem Flohmarkt verkloppen.“

Sein Bruder nickte zustimmend und zeigte auf die beiden: „Das Wichtigste ist aber die Knete, nicht zu vergessen. Wir müssen uns das erst einmal überlegen und eine Sicherheit brauchen wir auch. Darüber könnt ihr euch schon mal Gedanken machen.“ Er drückte seine Zigarette im Aschenbecher aus. „Das alles ist aber noch reine Theorie, habt ihr verstanden? Zunächst kommt ihr zu uns. Das ist in Lichterfelde. S-Bahn Süd. Nahe der Lilienthal-Gedenkstätte, wenn euch das was sagt. Schaut euch unsere Hütte erst mal an, bevor wir uns in Einzelheiten verlieren.“

Er ließ sich von dem Kellner einen Kugelschreiber und ein Blatt Papier geben, schrieb eine Telefonnummer auf, die er Ansgar über die Tischplatte schob, und sagte: „Ruft uns an, wenn ihr wirklich Interesse habt, wir machen dann einen Termin aus.“ Er drehte sich zu seinem Bruder: „Auf, Nicki, wir gehen wieder rüber, sonst meinen die anderen, wie wären desertiert.“ Die beiden Brüder knöpften ihre Winterjacken zu und riefen „Tschüss“. Nicki warf Ruth eine Kusshand zu.

Sie hatten für den übernächsten Tag einen Termin vereinbart und fanden das Haus der beiden Brüder mit Hilfe eines Stadtplans ziemlich bald. Es lag in einem großen Garten direkt an der Zonengrenze. Der elektrisch geladene Zaun war unmissverständlich. Als Ansgar sie mit dem Heben seines Kinns darauf hinwies, wehrte sie ab: „Das stört mich nicht“, sagte sie, „sieh die vielen Bäume. Wenn die in einigen Monaten blühen und alles grün ist, schauen wir über dieses Ärgernis hinweg.“ Sie blickte auf ihre Uhr. „Wir sind ja pünktlich wie die Maurer“, sagte sie und drückte auf den Klingelkopf neben dem Namen Schumacher.

Nicki begrüßte sie. „Kommt rein. Moritz ist noch etwas erledigen.“ Er schloss die Wohnungstüre. „Es ist ganz schön kalt geworden. Aber in der Stube ist es warm.“

Am Ende des Flurs angekommen, öffnete er die Glastüre und bat seine Gäste herein. Der kalte Zigarettenrauch, der sie empfing, störte beide. Auch die alten Stil-Möbel waren nicht ihr Geschmack. Mit einem schnellen Blickabtausch verständigten sie sich jedoch, besser nichts zu sagen.

„Setzt euch", sagte Nicki, „wisst ihr, dass ihr ein saumäßiges Glück habt. Wir hatten mit den beiden Jungens gestern Abend einen heftigen Streit. Die wurden richtig aggressiv und beleidigend. Sie beschimpften uns als Faschisten und drohten mit Gewalt. Wir haben sie schließlich vor die Türe gesetzt. Bis Ende nächsten Monats müssen sie ausgezogen sein. Sonst gibt es wirklich Ärger."

„Da können wir ja nächsten Monat einziehen. Mensch, Ansgar", rief sie, „ist das toll!"

Er hatte ihre Hand ergriffen und sagte. „Ja, das wäre sagenhaft. Aber jetzt müssen wir erst einmal das Finanzielle besprechen. Was kostet die Miete, Nicki?"

„Solange wir heizen müssen, kostet das Zimmer mit Bad- und Küchenmitbenutzung 135,- DM und im Sommer ab Mai 120,-. Es ist recht groß. Wir schauen es uns mal an, die beiden Rowdies sind gerade nicht da. Lasst uns hochgehen."

Das Zimmer war wirklich groß. Es hatte zwei Fenster mit Blick auf den Garten und genug Stellwände. Ruth und Ansgar schauten sich an und sagten dann ohne zu zögern: „Das nehmen wir. Ja, gerne."

„Und mit drei Monaten Kaution seid ihr auch einverstanden, das ist üblich und ihr spart den Makler."

„Ja, klar", Ruth lachte, „bar auf die Hand."

„Das will ich aber auch hoffen", sagte Moritz, der gerade die Treppe hochkam, „und jetzt machen wir gleich mal den Mietvertrag – das muss alles seine Ordnung haben."

Ruth war gestern Abend mit Ansgar ins Kino gegangen. Sie hatten danach noch ein Bier in ihrer Lieblingskneipe getrunken. Als sie am nächsten Morgen wach wurde und auf die Uhr schaute, war es schon halb neun. Sie griff nach ihrem Bademantel, ging auf die Toilette und betrat dann die Küche. Die Mädels begrüßten sie mit einem lauten „Morjn“.

„Wir haben schon überlegt, ob du heute überhaupt noch wach wirst“, sagte Ingrid. „Ist wohl spät geworden, oder?“, meinte Christa, „da hilft nur ein starker Kaffee.“

Sie griff nach der Kaffeekanne, goss einen Becher voll und schob ihn Ruth rüber. „Danke“, sagte sie und rümpfte dann die Nase: „Der riecht aber komisch.“

„Wie soll der schon riechen“, sagte Karin, die den Kaffee gekocht hatte, „der schmeckt doch wie immer.“

Ruth nahm vorsichtig einen Schluck. „Nein, da habe ich mich geirrt. Der Kaffee ist ganz OK. Und jetzt habe ich Lust auf ein Nutella-Brot.“ Sie schmierte sich gleich zwei Scheiben, aß dann aber nur eine und hob sich die zweite für später auf.

„Wer von euch wird übermorgen auf den Vietnam-Kongress gehen?“, fragte Ruth, „ich bin auf jeden Fall dabei.“

„Ich kann Steffi nicht allein lassen“, sagte Edeltraut. „Es sei denn, einer von euch bleibt hier. Aber ich sehe schon, das klappt nicht.“

Die anderen Frauen hatten bereits abgewunken. „Nee“, sagte Ingrid, „da machen wir alle mit. Wir müssen übrigens rechtzeitig da sein, denn die TU wird ganz schön voll sein. Also hopp, wer hat heute Küchendienst, der Tisch wird jetzt abgeräumt. An die Arbeit.“

Die Frauen verließen bald die Wohnung und ließen Edeltraut mit Ruth in der Küche zurück. „Komm, wir trinken noch eine Tasse Kaffee, ich lasse uns noch einen durchlaufen.“

Ruth stimmte zu. Sie fühlte sich irgendwie schlapp und sagte: „Noch ne Tasse Kaffee könnte mir helfen, wieder auf die Beine zu kommen. Aber sag doch auch mal, riecht der Kaffee nicht irgendwie muffig, sauer würde ich sogar sagen?“

„Ach wo“, sagte Edeltraut, „der riecht doch wie immer. Das ist auch derselbe Kaffee, den wir jeden Morgen trinken. Komm, probiere ihn halt mal.“

Ruth hielt ihre Nase über die Tasse. Sie schnüffelte und der Bitterton des Kaffees ekelte sie fast an.

„Also komm“, sagte Edeltraut, „versuch mal einen Schluck.“

Ruth nahm zunächst einen kleinen Schluck und meinte dann: „Du hast Recht, der ist in Ordnung.“

Sie nahm einen weiteren Schluck, der ihr warm die Kehle herunterlief, dann aber auf Widerstand stieß. Sie musste aufstoßen und sie spürte, wie der Kaffee wieder hochkam. Sie sprang auf und rannte ins Bad. Sie konnte gerade noch den Deckel des Klosetts hochklappen, als ihr der Kaffee in den Mund schoss und sie sich gegen das Erbrechen nicht mehr wehren konnte. Sie spürte Schweißperlen auf ihrer Stirne und wischte sich mit dem Toilettenpapier mehrfach den Mund ab, bis sie ihren Magen von ihrem Frühstück geleert hatte.

Edeltraut stand in der Türe, als sie wieder aufschaute. „Kann ich dir helfen?“, fragte sie, „nimm einen Waschlappen und erfrische dich, du armes Stück, das wird schon wieder. Leg dich noch mal ins Bett und ruhe dich von der Anstrengung aus.“

Ruth nickte. Sie schleppte sich in ihr Zimmer und war so schwindelig, dass sie beinahe über Steffi gestolpert wäre, die den Flur entlang krabbelte.

„Komm rein“, rief sie, als Edeltraut nach einer halben Stunde an die Türe klopfte.

„Ich habe Steffi zum Schlafen gelegt“, sagte sie und setzte sich auf die Bettkante. Sie streichelte Ruths Hand und fragte: „Hast du gestern vielleicht etwas gegessen, was du nicht vertragen hast?“

„Nein“, sagte Ruth, „nicht, dass ich wüsste. Ich habe nach dem Kino zum Bier ein Solei, nein zwei gegessen und eine Schrippe. Das kann es nicht gewesen sein.“

„Und was macht deine Periode?“

„Na ja, ich vermisse schon seit Tagen mein Monatsbluten. Ich habe da sonst keine Probleme mit.“

„Oh je, mir schwant was. Hast du vielleicht gelegentlich ein Ziehen in der Brust?“

„Ja, schon“, Ruth zögerte, „wenn du mich jetzt so fragst, dann hast du Recht. Seit einigen Tagen habe ich in beiden

Brüsten immer wieder so ein Ziehen. Sag bloß", Ruth richtete sich in ihrem Bett auf, „ich bin doch nicht schwanger."

Sie griff nach Edeltrauts Hand und warf sich an ihre Brust: „Das darf doch nicht wahr sein. Bitte nicht!", rief sie und die Tränen schossen ihr in die Augen.

„Jetzt mach einmal langsam. Das muss ja gar nicht gesagt sein." Edeltraut hatte sie an den Schultern gefasst und schüttelte sie: „Das kann doch einen ganz anderen Grund haben. Vielleicht waren die Soleier nicht mehr frisch oder was auch immer – ein Infekt oder eine Aufregung."

„Nein, gewiss nicht. Mir geht es doch sonst gut. Wir haben sogar ein Zimmer in einer WG gefunden und es läuft doch alles so perfekt."

„Also, dann musst du dich halt weiter beobachten und wenn du in den nächsten Tagen deine Periode nicht bekommst, wirst du mal zum Arzt gehen und einen Froschtest machen lassen. Der bringt Klarheit."

Ruth warf sich wieder auf ihr Bett und weinte hemmungslos. Sie hatten doch beide immer so gut aufgepasst. Gut – vielleicht hat Ansgar auch mal zu lange gezögert, bis er das Präservativ übergezogen hatte, aber das kann doch nicht gleich zu einer Schwangerschaft führen, sagte sie sich.

„Ich gratuliere Ihnen", sagte der Frauenarzt, den sie konsultiert hatte, „sie erwarten ein Baby." Ruth hatte diese Worte nur wie durch einen Schleier gehört und sie wiederholten sich als Ohrwurm. „Ich gratuliere Ihnen ..." Das konnte doch nicht sein Ernst sein. Ihr zu ihrem Unglück auch noch zu gratulieren. „Was für ein Typ!"

Sie hatte ihren Weg nach Hause nur noch halb im Schwindel gefunden. Ihr war es weiterhin schlecht und sie nutzte jede Gelegenheit, um sich abzustützen. Bis auf Rosi und Karin saßen alle ihre Freundinnen in der Küche, als sie die Türe aufstieß. Sie ließ sich ohne einen Gruß auf den nächstbesten Stuhl fallen und sagte ruhig und resigniert: „Ich bin schwanger."

Keiner sagte ein Wort. Edeltraut drückte sich ihre zur Faust geballte Hand in den Mund, Ingrids Gesicht wurde blass und Christa schüttelte immer wieder den Kopf. „Nein, aber nein", sagte sie schließlich, „so ein Mist."

Ruth hatte ihren Kopf auf ihre verschränkten Arme gelegt, die sie auf den Tisch gestützt hatte. Sie weinte still vor sich hin, nur ihre Schultern zuckten immer wieder, und auch Edeltrauts Hand, die über ihren Rücken streichelte, konnte nichts bewirken.

„So ein Schwein!", sagte Ingrid mit ruhiger Stimme, „das habe ich dem gleich angesehen, dass der nichts anderes kann, als Frauen zu schwängern."

„Lass Ansgar in Ruhe", sagte Ruth, „der kann genauso viel dafür wie ich, das ist nicht gerecht." Sie hatte ihren Kopf erhoben: „Nur, wie soll ich ihm das beibringen?"

„Genau das ist es ja, der muss doch nicht geschont werden. Wer trägt denn das Kind aus, wer bringt es denn zur Welt und wer kümmert sich um das Balg? Bestimmt nicht die Männer. Sie lassen vielmehr uns Frauen darauf sitzen, wir müssen es ausbaden, während die Männer nichts als Spaß hatten."

„Nun höre doch auf", sagte Christa, „du siehst doch, wie sie leidet. Du musst es doch nicht noch schlimmer machen."

„Der einzige vernünftige Weg wäre eine Abtreibung", Ingrid ließ nicht locker, „da muss sich die Frau zu helfen wissen. Der Paragraph 218 dient nur zur Unterdrückung der Frau und muss abgeschafft werden. Dafür müssen wir uns alle einsetzen und uns durchsetzen."

„Das schon mal gar nicht", wehrte sich Ruth, „Abtreibung kommt bei mir nicht in Frage, nie und nimmer nicht. Komme, was wolle."

Ratlosigkeit beherrschte den Raum.

Ansgar hatte pünktlich um sieben Uhr zweimal an der Haustüre geklingelt, einmal lang, einmal kurz. Es war das mit Ruth vereinbarte Klingelzeichen, wenn er sie abholte. Sie kam dann immer die Treppe herunter und respektierte damit den Wunsch ihrer Mitbewohnerinnen, keine Männer in die Wohnung zu lassen.

Heute aber trat sie ins Treppenhaus, nachdem sie den Türöffner gedrückt hatte. Sie hörte, wie unten die Türe geöffnet wurde, beugte sich über das Geländer und rief: „Ansgar, magst du wohl einen Moment heraufkommen? Bis auf Edeltraut sind alle weg." Sie hörte seine erst zögernden, dann immer lauter werdenden Schritte an der langgezogenen Treppe, sah erst seinen Kopf mit den Schneeflocken im Haar und ihn dann näherkommen. Sie klammerte sich mit ihren Händen an das Holzgeländer – heute würde sie es ihm sagen – aber wie sollte sie es angehen, fragte sie sich. Sie hatte x-mal darüber nachgedacht, aber keine vernünftige Lösung gefunden. Sie umarmte ihn und wischte ihm die getauten Schneeflocken von seiner Brille.

„Komm rein, mein Schatz", sagte sie und zog ihn in den Flur. „Deinen Mantel kannst du an der Garderobe aufhängen und dann gehen wir in die Küche. Ich habe uns eine Kleinigkeit zu essen gemacht."

„Wir wollten uns doch mit Gesine und Wolfgang treffen", sagte er, „wieso hast du etwas zum Abendessen gemacht. Was sagen denn die Mädchen dazu?"

„Die sind in einem Teach-in an der TU, bevor morgen der Vietnam-Kongress beginnt, und bleiben sicherlich bis Mitternacht. Bis auf Edeltraut. Die hat sich mit Steffi zurückgezogen und auch schon gegessen."

„Na gut, dann darf ich mal ausnahmsweise eure heiligen Hallen betreten. Hee, ihr habt ja auch noch ein Plakat von Fidel Castro neben seinen Mitkämpfer Che Guevara gehängt. Jetzt fehlt nur noch Mao Zedong."

„Das kann auch noch passieren", lachte sie, „das sind halt die einzigen Männer, die wir Mädels akzeptieren, vielleicht noch Ho-Chi-Minh. Aber", sie schob ihm einen Stuhl hin, „riechst du nicht, wie herrlich es aus dem Ofen duftet?"

Sie nahm zwei der mit Liebe von ihrem Schwesterchen gehäkelten Topflappen, die an einem Haken neben dem Herd hingen, öffnete die Ofentüre und zog mit Vorsicht das Backblech heraus, auf dem drei Toast Hawaii dampften. „Zwei für dich und einer für mich“, lachte sie. „Achtung, die sind heiß“, rief sie, als ihr Ansgar helfen wollte, und stellte das Blech auf den Herd.

„Was willst du trinken? Milch, Wasser, Bier – alles ist da.“

„Also, ein Bier wäre jetzt gerade das Richtige“, antwortete er, „das kann ich jetzt gebrauchen. Ich brauche kein Glas, ich trinke gerne aus der Flasche.“

Ruth hatte inzwischen die Teller und das Besteck auf den Tisch gestellt. Sie nahm für jeden einen Toast von dem Blech und sagte: „Guten Appetit, lass es dir schmecken.“

Sie schaute ihm über ihre Gabel in die Augen. So gerne hätte sie sich mit ihm ungezwungen unterhalten, doch bedrängte sie die Sorge, wie sie ihm ihre Schwangerschaft vermitteln sollte.

„Hast du eigentlich schon einmal Steffi gesehen, Edeltrauts kleine Tochter? Sie ist allerliebst, sage ich dir. So ein kleines Mädchen macht Freude. Leider schläft sie jetzt, sonst würde ich sie dir einmal zeigen.“

„Nein, ich hatte noch nicht die Ehre, das Fräulein kennenzulernen. Kleine Kinder sind mir auch irgendwie so fremd. Ich kann mit ihnen eigentlich nichts anfangen.“

„Aber weißt du, so ein kleiner Wurm, den man in den Arm nehmen und richtig knuddeln kann – also, mir würde das gefallen. Ich kann mir schon vorstellen, eines Tages eine Familie zu haben und auch Kinder. Und du?“

„Ich weiß nicht. Das ist mir alles so fern. Ich studiere, komme in der Welt herum, habe einen Beruf als Architekt vor mir und so viele Dinge im Kopf. Ich kann mir das alles nicht vorstellen. Und du“, sagte er, „du hast doch auch das ganze Leben vor dir und willst dich doch nicht gleich mit Kindern zu Hause anbinden lassen. Als Lehrerin wirst du schon genug mit Kindern zu tun haben.“

„Das ist doch nicht dasselbe – fremde Kinder, eigene Kinder, das sind zwei ganz unterschiedliche Situationen.“

„Das mag sein. Aber das soll uns jetzt mal nicht beschäftigen. Das ist doch alles nur Theorie."

Ruth hatte im Gegensatz zu Ansgar, der bereits den ersten Toast vertilgt hatte und auf den anderen schielte, gerade mal drei Bissen gegessen. Vor allem um die in der Mitte liegenden Ananas herum hatte sie geschnippelt. Deren penetranter süßlich-herber Geschmack widerte sie an. Sie spürte eine starke Abneigung und fragte Ansgar: „Ich habe keinen Appetit mehr, magst du meine Ananas?"

„Nur her damit", sagte er und holte sich das Stück von ihrem Teller. „Und den anderen Toast esse ich auch noch, die sind einfach wunderbar."

Die Milch, die sie sich zunächst eingeschenkt hatte, ekelte sie auch an. Sie holte sich ein Glas Wasser und trank behutsam.

„Wenn wir erst einmal unser Zimmer bei den Schumacher-Jungs haben, fängt das Leben richtig an. Ich kann es kaum abwarten. Ich freue mich schon so sehr darauf. Du doch auch, meine Liebste." Er schob seinen inzwischen geleerten Teller von sich und fasste nach ihren Händen. „Dann haben wir endlich unsere Liebeshöhle", sagte er, „ganz für uns und ich muss nicht dauernd befürchten, gleich geht die Türe auf und es kommt eines der Mädchen herein."

„Ich auch, Ansgar, es wird ein schöner Frühling, der schönste, den es je gegeben hat."

Sie schaute in seine blauen Augen, die sie hinter der Brille freudig anblitzten, erwiderte den Druck seiner Hände und sagte unvermittelt: „Ansgar, was würdest du sagen, wenn ich schwanger bin."

„Wie bitte?" Er lehnte sich zurück und schaute an die Decke. „Das ist nicht dein Ernst – du machst Spaß. Ich finde, du übertreibst es etwas."

„Nein, Ansgar, der Arzt ist sich ganz sicher und hat mir sogar gratuliert." Sie spürte, wie ihr Herz bis zum Hals klopfte.

Er stieß ihre Hände von sich. „Ruth, du spinnst. Du willst mich auf die Probe stellen. Du übertreibst. Hör auf mit diesem Quatsch."

„Ansgar, Liebling, du musst mir das glauben. Es wird unser Kind sein. Ich werde ..."

„Nein!", schrie er, „du kannst mir erzählen, was du willst. Das kannst du mit mir nicht machen. Dann musst du es abtreiben."

„Nie werde ich mein Kind töten", schrie auch sie jetzt, „du hast immer gesagt, du würdest alles für mich tun und nur für mich da sein. Und kaum gibt es ein Problem, ziehst du die Reißleine."

Sie sprang auf, griff nach ihrem Messer und warf es an die Wand. Es fiel in das Spülbecken. „Ich brauche dich nicht, ich will dich nicht. Mach, was du willst. Dann trage ich eben das Kind alleine aus." Sie warf ihre Gabel hinterher.

„Ja, kannst du nicht sicher verhüten? Hättest du doch die Pille genommen, dann wäre das nicht passiert. Aber jetzt soll das an mir hängenbleiben."

„Ich brauche dich nicht. Wir Frauen brauchen euch Männer mal überhaupt nicht. Mach, dass du rauskommst, verschwinde. Ich will dich nicht mehr sehen." Sie lief zur Türe, zerrte ihn am Ärmel und zog ihn zur Wohnungstüre.

„Nein", versuchte er sich zu wehren, „nun komm doch zu dir. So habe ich das doch nicht gemeint."

„Doch, du liebst mich nicht wirklich, ich ..."

Edeltraut hatte ihre Zimmertüre einen Spalt geöffnet: „Hört auf, so kann man miteinander nicht umgehen." Aus dem Zimmer drang das Schreien ihrer Tochter. „Seid doch vernünftig, kommt zu euch."

Ansgar hatte sich inzwischen von Ruth gelöst, sie trommelte mit ihren Fäusten auf seine Brust und schrie: „Du mieser Kerl, du Drückeberger, du ..."

Er hatte sie mit einem Arm umfasst und hielt ihr mit der anderen Hand den Mund zu. „Hör jetzt auf", rief er, „komme zu dir!"

Sie waren an ihrer Zimmertüre angekommen. Ruth wehrte sich mit allen Kräften gegen seine feste Umklammerung. Als er sie nicht loslassen wollte, biss sie ihn in den Oberarm, so fest, dass ihr die Zähne schmerzten.

Ansgar schrie auf. Er ließ sie los und griff mit seiner anderen Hand nach seiner Wunde. „Bist du verrückt geworden?", schrie er.

„Du willst unser Kind töten", sagte sie schluchzend. Spucke trat aus ihren Mundwinkeln: „Wie kannst du so etwas verlangen!"

Sie drehte sich blitzschnell um, öffnete die Türe zu ihrem Zimmer, sprang durch den Türschlitz und schlug, so schnell sie konnte, die Türe hinter sich wieder zu.

Ansgar schlug mit beiden Händen gegen die Türe. „Lass mich rein, spinnst du, los, mach auf!"

Ruth empfand so viel Wut und Verzweiflung, dass sie kaum noch richtig denken konnte. Sie stemmte sich gegen die Türe. Das Trommeln seiner Fäuste dröhnte in ihren Ohren. „Hau ab, geh weg, ich will dich nicht mehr sehen. Nie, nie will ich noch was mit dir zu tun haben. Ich bring dich um, weg mit dir, du Versager!"

Sie hörte Edeltrauts Stimme: „Jetzt ist aber Schluss. Verschwinden Sie so schnell wie möglich. Sie haben Hausverbot, schreiben Sie sich das hinter die Ohren."

Ruth warf sich auf ihr Bett, sie hatte keine Kraft mehr und hörte nur noch von weitem, wie die Wohnungstüre ins Schloss fiel.

Sie konnte sich nicht beruhigen. Sie weinte hemmungslos und rief nach ihrer Mutter: „Mami, Mami, hilf mir!"

Ruth hatte eine schlaflose Nacht. Mit so einer heftigen und ablehnenden Haltung von Ansgar hatte sie nicht gerechnet. Sie hatte sogar gehofft, er würde sich auf das Kind von ihr freuen. Wenn sie zusammen waren und über ihre gemeinsame Zukunft sprachen, hatte er zwar nie von Kindern gesprochen, das war richtig. Doch war sie in ihren Gedanken immer davon ausgegangen, dass sie einmal Kinder haben würde und ganz ohne Zweifel von Ansgar. Eine Ehe ohne Kinder war für sie einfach undenkbar.

Nein, mit so einem Mann könnte sie unmöglich zusammenleben. Dass ihre tiefe Liebe zu Ansgar, ihre erste richtige Liebe, so schnell enden würde, hätte sie nie gedacht.

Ruth schloss sich die nächsten Tage in ihr Zimmer ein. Wenn sie auf die Toilette huschte, war sie genauso schnell wieder im Bett. Wie sollte es weitergehen? Sie hatte den Vater ihres Kindes rausgeschmissen und würde es auch alleine auf die Welt bringen, dazu war sie fest entschlossen.

Die nächsten Tage waren die Mädchen auf dem Vietnamkongress und sowieso kaum zu sehen. Nur Edeltraut und Steffi mit ihrem vergnüglichen Lachen waren in der Wohnung, was irgendwie beruhigend war. Wenigstens ein vernünftiger Mensch in der Nähe, dachte sie sich, als sie langsam die Türe aufschloss und zur Küche schlich, um sich etwas Wasser zu holen.

„Mein Gott, wie siehst du denn aus?", rief Edeltraut, als Ruth auf den Flur trat. „Du siehst ja gespenstisch aus, mit deinem geschwollenen Gesicht. Komm doch mal in meine Arme", sagte sie und ging auf Ruth zu. „Du bist ja ganz kalt – und wie du zitterst."

Sie streichelte ihr über den Kopf: „Kannst du immer noch keine Ruhe finden, du Ärmste?"

Ruth schüttelte den Kopf. „Nein, ich bin so unglücklich", sie konnte ihr Schluchzen nicht zurückhalten, „mein ganzes Leben ist kaputt. Mein Studium ist dahin, und mit einem Kind werde ich auch nie einen Mann finden. Weißt du, ich überlege mir schon die ganze Zeit, ob ich das Kind überhaupt noch will. Es bringt nur Unglück."

„Aber Ruth", sagte Edeltraut, „du warst doch ganz entschieden gegen eine Abtreibung. Du hast immer argumentiert, menschliches Leben dürfe man nicht vernichten, auch nicht als Embryo. Und auf einmal …" Sie schaute sie kopfschüttelnd an.

„Ja, ich weiß. Und wenn meine Eltern von meinen Gedanken wüssten, würden sie mich verstoßen. Aber ich frage mich, warum soll ich mein ganzes Leben zerstören, bloß weil ein Mann bei einem Beischlaf mit mir nicht aufgepasst hat? Ich glaube, ich muss da durch."

„Ich kann dich ja irgendwie verstehen. Ich hatte mich damals auch mit dem Gedanken getragen, mein Baby abzutreiben. Aber schau dir mal meine süße Steffi an, nie könnte ich auf sie verzichten, nie – gell, mein Schatz“ Sie nahm ihr Kind auf den Schoß und drückte es an sich.

„Eines steht jedenfalls fest“, sagte Ruth, „diesen Kerl will ich nie mehr in meinem Leben wiedersehen. Zur Hölle mit ihm, der bringt nur Unglück.“

Am nächsten Abend war WG-Besprechung. Ingrid hatte Ruth aus ihrem Zimmer geholt: „Komm zu uns“, sagte sie, „wir verstehen dich doch alle und leiden mit dir.“

Die Mädels saßen am Küchentisch, Edeltraut und Ingrid nahmen sie in ihre Mitte und hakten sich bei ihr ein. Sie besprachen zunächst die Anschaffung von zwei Kochtöpfen und einem Bohner-Block, denn das abgenutzte Parkett bedurfte dringend einer Aufarbeitung.

Karin ergriff das Wort: „Ruth, wir fühlen alle mit dir und Edel hat uns von eurem Gespräch berichtet. Das ist ganz schwer für dich. Wir alle verstehen dich, und ich besonders.“

Sie schaute um sich und von einer Frau zur anderen, dann auf ihre Hände, die sie um ihre Knie geschlungen hatte. Als sie wieder ihren Kopf hob, blickte sie Ruth an: „Ich habe auch schon einmal abgetrieben. Ingrid weiß das. Sie hat mir damals eine Hebamme in Spandau genannt, die das erledigt hat. Danach fühlst du dich ganz leer, fertig und müde. Aber nach zwei, drei Tagen fängst du wieder an zu leben, fühlst dich wieder frei. Bis zur Liebe zu einem anderen Mann ist allerdings ein langer Weg, glaube mir, das braucht ganz schön Zeit.“

Ruth sagte kein Wort. Sie nickte, atmete tief durch und stand auf, fast schlafwandlerisch. Sie ging in ihr Zimmer, ließ sich auf ihr zerwühltes Bett fallen und weinte stumm vor sich hin. Sie war ja so allein.

Es vergingen weitere Tage und Nächte. Nächte, in denen sie viele Stunden wach lag. Sie spürte aber, wie sie langsam ruhiger wurde. Ihre Entscheidung zu dem schweren Schritt reifte und sie konnte langsam auch an etwas anderes denken, ihr Kopf wurde wieder frei.

Sie hatte gerade ihre Haare gewaschen und stand mit dem Föhn in der Hand im Badezimmer, als Christa anklopfte und ihr ein kleines Päckchen mit einer großen roten Schleife herein reichte. „Ich glaube", sagte sie vorsichtig, „draußen im Treppenhaus steht Ansgar. Er wollte nicht reinkommen."

Ruth spürte, wie sich ihr ganzer Körper versteifte. Sie wollte das Päckchen nicht annehmen. Sie war viel zu überrascht, um einen vernünftigen Gedanken zu fassen. Was sollte das jetzt, fragte sie sich, als sie das Präsent in ihren Händen hin und her drehte. Es war ihre Neugierde, die ihre Finger die Schleife aufziehen ließ. Sie schlug das Einpackpapier auseinander und hielt ein weißes, fein gestricktes Baby-Jäckchen in den Händen.

Christa stand in der Türe und beobachtete ihre Freundin. Sie zögerte zunächst, ging dann aber raus und kam mit Ansgar zurück, der vorsichtig Abstand zu den beiden Frauen hielt. „Ich habe ihn mal reingeholt", sagte sie, „und lass euch jetzt alleine."

Ruth hielt das Jäckchen noch immer wortlos in ihren Händen, als sie zu Ansgar aufschaute. Ihre Augen fragten, wie soll ich das verstehen?

„Ich habe viele Tage gebraucht und habe ganz viel über uns nachgedacht. Ruth, ich liebe dich, ich will unser Kind und will mein ganzes Leben mit dir zusammen sein. Ich schwöre dir." Er machte einen Schritt auf sie zu. „Bitte verzeih mir, ich habe mich unmöglich benommen. Das wird nie mehr vorkommen. Auch das schwöre ich dir."

Ruth fühlte, wie das Blut aus ihrem Kopf wich. Ihr wurde schwindelig und sie setzte sich auf den Rand der Badewanne. Ungläubig hielt sie das Jäckchen in ihren Händen.

„Ansgar, du hast mich so verletzt und seit Tagen bezweifle ich mehr und mehr, ob ich das Kind überhaupt behalten will."

„Doch mein Liebling, um Gottes willen, ich bitte dich, das ist unser Kind und wird unsere Freude. Aber du musst mich bitte verstehen, das hat mich so unvorbereitet getroffen. Du servierst mir Toast-Hawaii und erzählst mir praktisch im gleichen Atemzug, dass ich Vater werde. Das muss man erst mal fassen. Da kann ich dir doch nicht vor Freude um den Hals fallen." Er fuhr sich mit seinen Händen durch die Haare. „Ich lass dich nicht sitzen. Ich liebe dich doch, glaube mir."

Ruth spürte, wie sich seine Hand näherte und sich auf ihren Oberarm legte. Unschlüssig betrachtete sie sein Geschenk. „Ich habe weiß gewählt, da wir nicht wissen, ob es ein Junge oder ein Mädchen wird", sagte er. „Ich lass dich nicht allein."

„Aber was sollen wir denn jetzt machen?", sagte sie leise, „du musst mich nicht heiraten. Ich komme auch so zurecht."

„Bestimmt", sagte er, „ich will vor allem nicht, dass das Kind unehelich geboren wird. Da gibt es so schreckliche Schicksale. Dann heiraten wir eben und kriegen das schon hin."

Ihr schossen die Tränen in die Augen. „Oh Ansgar, wirklich?" Sie drehte sich zu ihm um und umarmte ihn zärtlich, „lass mich nicht allein, bitte." Sie wunderte sich nur ein wenig über sich selbst, als ihre Lippen seinen Mund suchten, und sagte dann: „Ich bin dir ja so dankbar. Ich habe so eine Angst vor der Zukunft. Halte mich fest."

„Ist ja gut. Wir haben doch jetzt bald ein gemeinsames Zuhause." Er zog sie an sich, fasste nach ihren Händen und küsste sie ganz fest auf ihre Stirne.

Erst jetzt wurde ihr bewusst, dass sie mit ihren ungekämmten, vom Föhn zerzausten Haaren keinen guten Eindruck auf ihn machte. Sie schubste ihn aus dem Bad: „Geh rüber in mein Zimmer, ich bin gleich bei dir."

– 15 –

Sie bereute es nicht, sich heute früh für ihre Jeans entschieden zu haben, die sie sich in ihre schwarzen Stiefel gesteckt hatte. Seit Wochen herrschte in Berlin der Winter und sie war ihrer Mutter im Stillen dankbar, dass sie ihr bei ihrem letzten Besuch in Paderborn noch einen Pullover in den Koffer geschmuggelt hatte. Er reichte ihr bis zum Po und schmiegte sich an ihren Oberkörper, der sich nach Wärme sehnte.

Mit ihrem Wintermantel, mit Schal und Mütze war sie gut gegen die Kälte gewappnet, als sie vor dem Henry-Ford-Bau in einer großen Gruppe von Studenten stand, die darauf warteten, dass die Eingangstüre geöffnet werde, um in die Hörsäle zu gelangen.

Für die Germanisten stand die Schlussvorlesung des Wintersemesters an und der Kommilitone neben ihr meinte: „Sind die vier Monate seit Semesterbeginn nicht schnell vergangen?“

„Sie haben Recht“, antwortete Ruth und schaute zu ihrem Nachbarn auf, „wie im Flug.“ Sie blickte in ein schwarzes Gesicht mit zwei fast runden Augen, einer flachen Nase und vollen Lippen. Im starken Kontrast zu seiner dunklen Hautfarbe thronte eine schneeweiße Mütze auf seinem Kopf, die er sich über die Ohren gezogen hatte.

„Haben Sie die Vorlesungen regelmäßig besucht oder haben Sie sich auch einmal freigenommen?“

„Nein“, sagte sie, „an und für sich habe ich keine Vorlesung ausgelassen. Ich finde das Thema,<Hölderlin in unserer heutigen Literatur>, spannend. Auch wenn die Vorlesung schon recht früh um 9 Uhr morgens beginnt. Und Sie?“

„Ja, das Thema ist interessant, aber alle Vorlesungen habe ich nicht besucht. Vor allem, wenn der Vorabend lang war.“

„Aha!“, sie lachte.

In die Menschenmenge kam Bewegung und die Studenten drängten in die Hörsäle. Jeder versuchte, einen Sitzplatz zu bekommen und nicht auf den Treppenstufen sitzen zu müssen.

„Wollen wir uns zusammensetzen?“ Er blickte über seine Schulter zu ihr.

„Na klar“, sagte sie und hielt sich hinter dem großen Mann. Bis sie einen Platz nebeneinander gefunden hatten, hatte sie so manchen Ellenbogen zu spüren bekommen.

Während der Vorlesungen schweiften ihre Gedanken immer wieder ab. Wo hatte sie ihren Nachbarn das erste Mal gesehen? Er war ihr während der Vorlesungen durch seine Hautfarbe aufgefallen. Daran konnte sie sich erinnern. Aber wann und wo war es das erste Mal? Es wollte ihr nicht einfallen.

„Wollen wir noch einen Kaffee in der Cafeteria trinken?“, fragte er sie am Ende der Vorlesung und sie stimmte gerne zu. „Wie trinken Sie ihn?“, fragte er sie, nachdem sie einen Tisch gefunden hatten, „ich hole uns den Kaffee.“

„Bitte schwarz.“

„Pfui Teufel“, sagte er und stellte sich in die Schlange der Wartenden.

Sie musste lachen, als er die beiden Tassen zu ihrem Tisch balancierte. Seine rosa leuchtende Zunge, die er dabei über seine dicken Lippen tanzen ließ, schien ihm dabei geholfen zu haben, dass er nichts überschüttete.

„Jetzt fällt es mir ein, wo ich Sie das erste Mal gesehen habe.“ Er hob eine Augenbraue und wartete auf eine Erklärung.

„Das war bei der SDS-Veranstaltung in der TU zum Semesterbeginn. Sie haben von der Verleihung des Friedensnobelpreises gesprochen, von Martin Luther King, und haben ihn zitiert mit seinem Ausspruch ‹I have a dream›. Alle haben gejubelt und geklatscht.“

Er nickte. „Yeah“, sagte er, „ich habe von dem Unrecht gesprochen, das auch heute noch unverändert den Black People angetan wird, ich habe von den Studentendemonstrationen in Memphis erzählt und von Johnson, unter dessen Präsidentschaft sich nichts geändert hat.“

„Und aus welchem Bundesstaat der USA kommen Sie?"

„Aus keinem", grinste er.

„Wie soll ich das verstehen?"

„Ich bin ein Berliner."

„Jetzt machen Sie mal keine Scherze."

„Doch glauben Sie mir, ich bin in Berlin geboren."

„Das müssen Sie mir näher erklären."

„Ja, ich bin schwarz, weil auch mein Vater schwarz ist. Er war GI in der US-Army und hier stationiert, als er meine Mutter kennenlernte. Die ist eine waschechte Berlinerin und lebt in Tegel."

„Und ich habe mich gewundert, wieso Sie so perfekt deutsch sprechen. Wollen wir uns duzen?", schlug sie ihm vor, „ich heiße Ruth."

„Ja, sehr gerne. Ich heiße Joe."

Sie musste lachen. „Und du studierst auch Germanistik?"

„Ja, außerdem Geschichte."

„Klasse, dann sehen wir uns ja noch öfters."

„Bestimmt. Warst du schon mal in den Staaten?"

„Nein, niemals."

„Das solltest du unbedingt mal tun. Mein Vater lebt mit seiner Familie in Utah, einem wunderbaren Land mit vielen Monuments."

„Das glaube ich gerne. Hat er denn deine Mutter nicht geheiratet?"

„Nein, er hatte es ihr zwar versprochen. Aber als er zurück in die USA musste, hat er es vergessen." Er lachte. „Meine Mutter ist mit einem anderen Mann verheiratet und seitdem habe ich zwei Schwestern."

Er winkte einem anderen Mann zu, der mit seiner Kaffeetasse in den Händen einen Platz suchte. „Komm doch hier herüber, setz dich zu uns." Er schob ihm den leeren Stuhl zu und sagte zu Ruth: „Das ist Bill, ein guter Freund von mir." Und zu ihm gewandt: „Das ist Ruth, wir sind im selben Semester Germanistik."

„Was studieren Sie?", fragte sie den Mann.

„Ich studiere Jura im fünften Semester."

„Und wo kommen Sie her?"

„Ich bin Amerikaner und bin aus Massachusetts."

„Das muss ein schönes Land sein", sagte sie. „Ich kenne von Amerika nur Texas vom Erzählen. Mein Freund war dort."

„Ist er Amerikaner?"

„Nein, er ist von hier", sie lachte, „er will Bauingenieur werden und war als Praktikant in den USA, in San Antonio."

„Interessant", sagte Joe, „in Texas bin ich noch nie gewesen. Lebt ihr zusammen?"

„Nein, aber wir werden zusammenziehen. Ab April wohnen wir in Lichterfelde. In einer WG."

„Das finde ich klasse." Er wechselte einen Blick mit Bill, der zu Ruth gewandt sagte: „Habt ihr zu Silvester auch das riesige Feuerwerk hier in Berlin erlebt? Das war großartig, nicht wahr."

„Nein, ich war bei meinen Eltern in Paderborn. Ich war sehr traurig, dass mein Freund zu den Festtagen nicht zurückkommen und mich noch nicht einmal anrufen konnte. Das scheint in Amerika sehr schwierig zu sein."

Joe schaute Bill an. „Nee", sagte er, „das kann man nun wirklich nicht sagen. An bald jeder Ecke steht eine Telefonsäule, selbst mitten auf dem Land. Wenn du ein paar Münzen hast, verbindet dich die Telefonistin mit der ganzen Welt."

Bill lehnte sich zurück. „Dann hat er zwischen den Jahren aber diesen schrecklichen Schnee-Blizzard erlebt. Es hat da viele Tote gegeben. Ganze Landstriche waren ohne Strom und Telefon."

„Nein, davon hat er mir nichts erzählt." Ruth dachte nach. „Vielleicht lag es an diesem Blizzard, dass es mit dem Telefon nicht geklappt hat. Aber was soll es. Hauptsache, er ist wieder da."

Sie blieb jedoch nachdenklich. Jedenfalls nahm sie sich vor, Ansgar gelegentlich nach dem Blizzard zu fragen. Sie fand es merkwürdig, dass er ihr nichts davon erzählt hatte.

„Also, meine Herren“, sagte sie und blickte auf ihre Uhr, „es war nett, euch kennenzulernen. Aber ich habe jetzt meine Vorlesung in Bio und muss ‚Tschüss‘ sagen.“

„Machen Sie es gut“, sagte Bill. „Vielleicht sieht man sich mal wieder.“

Und Joe fügte hinzu: „Ja, das fände ich gut. Kannst du mir vielleicht deine Telefonnummer geben, damit wir uns mal verabreden können?“

„Ja“, Ruth zögerte, „warum nicht. Ich schreibe sie dir auf. Gib mir mal den Bierdeckel.“

Sie nahm den Kugelschreiber von Bill entgegen, schrieb die Telefonnummer auf und reichte Joe den Deckel: „Das ist die Nummer von meiner WG.“

Sie schaute ein zweites Mal auf ihre Uhr. „Jetzt muss ich aber los, sonst bekomme ich keinen Platz. Tschüss.“ Sie griff nach ihrer Tasche und nach ihrem Mantel und eilte Richtung Ausgang.

Der Umzug nach Lichterfelde verlief problemlos. Ansgar hatte möbliert gemietet, und Ruth hatte ihre Möbel aus dem Sperrmüll zurückgelassen, denn sie hoffte, dass ihre Nachmieterin sie ihr vielleicht abkaufen werde. Beide hatten also nicht viel zu packen.

Zunächst half er ihr, ihren Koffer zum S-Bahnhof zu tragen. Sie hatte ihren Rucksack geschultert und war auch nicht beleidigt, als er sich darüber mokierte, dass sie die aufblühende blaue Hyazinthe nicht auf dem Fensterbrett ihres Zimmers stehen lassen konnte und unbedingt unter ihrem Arm geklemmt mitnehmen musste.

„So riecht es wenigstens angenehm in der S-Bahn“, lachte er.

Sie hatte ihren Koffer bereits ausgepackt und sich in ihrem neuen Zimmer schon eingerichtet, als Ansgar nach einigen Stunden endlich mit seinem Koffer die Treppe hochkam.

„Ich habe schon befürchtet, du würdest überhaupt nicht mehr kommen“, sie umarmte ihn. „Herzlich willkommen in unserem neuen Heim. Ich bin ja so glücklich, mit dir zusammen zu sein, mein Schatz."

„Und ich erst, mein Liebling." Er schlug seine Arme noch fester um sie, nahm ihren Kopf in seine große Hand und drückte ihn an seine Schulter: „Ach, wie schön. Das ist das erste Mal, dass ich mit einer Frau zusammenlebe."

Sie stellte sich auf seine Füße und gab ihm einen langen Kuss: „Und ich mit einem Mann. Ich werde dich verwöhnen", sagte sie und küsste ihn mit einem Mund, der sich ihm immer mehr öffnete.

Sie hatten eine von Leidenschaft erfüllte Nacht. Erschöpft schlief immer nur einer von ihnen, während der andere ihn streichelte und liebkoste.

Nachdem sie geduscht hatten, tranken sie in der Küche den restlichen Kaffee, den die Jungens in der Thermoskanne übriggelassen hatten.

„Hast du gesehen, dass draußen der Kirschbaum die ersten Blüten hat?", fragte Ruth, „und die Aprikose an der Spalierwand öffnet auch schon ihre Knospen." Sie blickten aus dem Fenster auf eine grüne Frühlingswiese mit Löwenzahn, der überall gelbe Punkte setzte.

„Mach mal das Radio an. Es ist gleich 9 Uhr. Mal hören, wie das Wetter heute wird."

Nach wenigen Minuten meldete sich Rias Berlin mit den Nachrichten: „Frankfurt am Main. Heute Nacht sind auf zwei Kaufhäuser auf der Zeil, der Haupteinkaufsstraße in der Innenstadt Frankfurts, Brandanschläge verrichtet worden. Die Feuerwehr konnte einen Großbrand verhindern und die drei Brandherde löschen. Die Ursache der Brände ist noch nicht bekannt. Die Kriminalpolizei vermutet einen Brandanschlag. Bonn ..."

„Das ist ein Ding", sagte Ansgar, „aber irgendwie muss auch mal ein Zeichen gesetzt werden. Vor allem gegen dieses ausufernde Konsumverhalten der Bevölkerung, für die die Kaufhäuser zu Tempeln geworden sind."

„Ich meine auch“, sagte Ruth, „wenn du den Ku’damm siehst, ein Edel-Shop neben dem anderen, und dann die Tauentzienstraße mit all den Menschen, die in die Kaufhäuser drängen, dann fasst du dich an den Kopf.“

Sie ging ans Fenster und schaute ins Grüne. „Jedenfalls bin ich glücklich, dass der Frühling ausgebrochen und der Schnee verschwunden ist.“ Sie dachte nach. „Sag mal, mir hat ein Kommilitone von einem schrecklichen Blizzard in den Staaten während der Weihnachtszeit erzählt, davon hast du mir noch gar nichts gesagt. Wie hast du den Schneesturm erlebt?“

„Überhaupt nicht. Ich kann mich an keinen Blizzard erinnern. Vielleicht war das mehr im Norden.“

„Wohl nicht. Der Amerikaner sprach ausdrücklich von Texas und den Rocky Mountains.“

„Na ja, die sind lang. Die ziehen sich vom Norden nach Süden durch ganz Amerika. Das muss woanders gewesen sein.“

„Ich freue mich jedenfalls schon sehr auf Ostern, dann gehen wir in den Grunewald.“ Sie klatschte in die Hände und lief in den Garten.

Sie hörte das Telefon läuten und eilte in das Wohnzimmer. „Bei Schumacher, Ruth Winkler am Apparat“, meldete sie sich.

„Bingo“, rief es am anderen Ende der Leitung, „da habe ich aber Glück gehabt. Hier ist Joe. Ich habe deine Telefonnummer von einer Karin aus deiner WG. Kannst du dich noch an mich erinnern? Wir haben uns in der Uni kennengelernt.“

„Na, klar. Schön, dass du mal anrufst.“

„Ich habe das nicht vergessen. Ich meine, bevor die Semesterferien rum sind, sollten wir uns mal treffen. Wie wäre es morgen oder besser übermorgen um 11 Uhr in der Cafeteria. Bill wollte auch dabei sein. Er hat etwas zu erzählen, was dich interessieren könnte.“

„Ja, das müsste klappen. Also bis Freitag. Tschüss.“

Als Ruth die Cafeteria betrat, saßen die beiden bereits an dem Ecktisch vor dem Philodendron und winkten, bis Ruth sie erblickt hatte. Sie standen auf und begrüßten sie.

„Das ist ja prima, dass es geklappt hat. Bill, hol uns doch einen Kaffee, aber nimm ein Tablett, damit nichts schiefgeht." Er drehte sich zu ihr: „Du bist umgezogen. Wohnt ihr jetzt zusammen? Ist das in Lichterfelde, wie ihr das vorhattet?"

„Genau", sagte sie, „zusammen mit zwei netten Jungens. Wir sind da gut untergekommen."

„Das freut mich", und als Bill mit dem Kaffee erschien, sagte er: „Es ist etwas Furchtbares passiert. Erzähl du es ihr", forderte er ihn auf.

„Es ist ganz schrecklich. Gestern auf heute Nacht haben sie Martin Luther King umgebracht, hinterrücks erschossen. Diese gemeinen Hunde. Wer das war, weiß man noch nicht. Entweder ein Südstaatler oder irgendein Irrer. Ich fass es nicht."

„Wir haben es erst heute früh erfahren und wollen uns gleich mit anderen amerikanischen Freunden treffen. Aber wir wollten das Treffen mit dir auch nicht absagen, können aber nicht so lange bleiben. Wir wollten dir sagen, dass wir uns freuen, dass ihr ein gemeinsames Zuhause gefunden habt. Wie geht es Ansgar?"

„Gut geht es ihm." Sie stutzte. „Woher kennst du seinen Namen?"

Bill räusperte sich. „Ich kenne Ansgar aus unserer Zusammenarbeit im SDS, musst du wissen. Ich habe mit ihm zwischen Weihnachten und Neujahr zwei- oder dreimal telefoniert, wegen der Vorbereitung des Vietnam-Kongresses. Was mich nach unserem ersten Gespräch verwundert, ist, dass er in Kiel und nicht in Amerika war, wie du uns erzählt hast."

„Wie bitte?" Ruths Hände umfassten die Tischkante. „Das kann nicht sein, da haben Sie sich geirrt. Weshalb soll er denn in Kiel gewesen sein?"

Joe schaute angespannt zu Bill und zündete sich eine Camel an, nachdem er ihr vergeblich eine Zigarette angeboten hatte. „Können wir dir vertrauen?“, sagte er, „da gibt es nämlich ein Problem.“

Ruth beschlich das Gefühl, sie sollte die Unterhaltung abbrechen. Irgendwie witterte sie Gefahr. Andrerseits war ihre Neugierde geweckt. Was sollte das Gespräch, weshalb baten die beiden Männer um Vertraulichkeit? Geheimnisse vertraut man eigentlich einem anderen nur dann an, wenn man ihn näher kennt und sich auf sein Versprechen, das Geheimnis für sich zu bewahren, verlassen kann. Sie hatte die beiden Männer aber erst gerade kennengelernt und schon wollten sie ihr ein Geheimnis anvertrauen. Was sollte das Ganze? Auf der anderen Seite, sagte sie sich, was kann schon viel passieren.

„OK“, sagte sie sehr entschieden, „ich höre.“

„Also gut.“ Joe griff in seine Hosentasche und hatte ein kleines Etui in der Hand. „Kennst du diese Marke?“, fragte Joe. Er klappte das kleine Mäppchen auf und präsentierte ihr eine bunte Medaille. „Bill und ich sind von der CIA und beobachten Ansgar schon lange. Hat er dir nicht erzählt, dass er verheiratet ist und zwei Kinder hat?“

Ruth schoss das Blut in den Kopf. „Nein, das ist nicht wahr. Du lügst!“, schrie sie. Sie griff nach ihrer Tasche und wollte sich erheben. „Ihr könnt mir viel erzählen, das glaube ich euch nicht.“

Rechts und links legten sich die Hände der beiden Männer auf ihre Unterarme. „Entschuldigung“, sagte Joe. „Wir wollten dich nicht verletzen. Tut mir leid.“

Und Bill fügte an: „Das ist für Sie bestimmt ganz schwer und wir haben lange überlegt, wie wir Ihnen das sagen sollten. Aber irgendwann hätten sie es doch erfahren. Ich weiß, dass Sie diese Information sehr verletzt. Tut mir auch sehr leid.“

Ruth befürchtete, keine Luft bekommen zu können. Sie griff nach ihrem Hals, auf dem sich rote Flecken gebildet hatten. „Ansgar würde mich nie belügen, das glaube ich alles nicht. Was wollt ihr eigentlich von ihm, warum erzählt ihr mir das?“

„Bill“, sagte Joe, „hole uns mal eine Flasche Wasser. Ruth, das tut uns sehr, sehr leid, dass wir dich so verletzen müssen, aber das Ganze hat einen wichtigen Aspekt. Wir ...“

Ruth erhob sich ganz plötzlich und eilte zur Toilette. Sie knallte die Türe hinter sich zu und konnte ihre Tränen nicht zurückhalten. Sie weinte hemmungslos, sie schluchzte und sagte sich immer wieder: „Nein, nein, das ist nicht wahr, warum soll Ansgar mich belogen haben?“

Ja, er hatte damals, als sie sich so heftig liebten, einen anderen Frauennamen geflüstert, das fiel ihr jetzt wieder ein. War das etwa der Name seiner Frau oder nur eines anderen Mädchens, mit der er angebändelt hatte. Sie fand keine Antwort.

Ihr schlackerten die Beine, sie konnte nicht mehr stehen. Sie ging in eine Kabine und setzte sich auf den Toilettendeckel. Was sollte sie machen? Einfach weglaufen? Das wäre keine gute Lösung. Joe hatte eben von einem noch ganz anderen Gesichtspunkt gesprochen. Aber ihr fehlte die Kraft, noch weitere schlechte Botschaften zu ertragen.

Sie atmete tief durch, ging zu einem Waschbecken und erfrischte ihr Gesicht mit kaltem Wasser. Sie schaute in den Spiegel, rieb sich die Tränen aus den Augen und sagte zu ihrem Spiegelbild: „Ruth, bleibe stark.“ Sie bekreuzigte sich. Das machte sie nur, wenn sie vor schweren Aufgaben stand.

Bill erhob sich, als sie an den Tisch zurückkehrte. Höflich war er ja schon. Als sie sich gesetzt hatten, sagte sie: „Ich kann heute keine schlechten Nachrichten mehr ertragen. Ich muss erst mit Ansgar sprechen. Wenn er bestätigt, dass Sie die Wahrheit gesagt haben, dann bin ich bereit, Ihnen Glauben zu schenken und ein weiteres Gespräch mit Ihnen zu führen. Rufen Sie mich in vierzehn Tagen an. Dann ist Semesteranfang, und Joe sehe ich dann ja sowieso.“

„Das ist OK“, sagte Bill. „Wir verstehen das voll und nochmals: es tut uns leid, dass wir Sie so quälen müssen. Aber wir haben noch eine große Bitte: behandeln Sie unser Gespräch bitte vertraulich. Sagen Sie vor allem Ansgar nicht, woher Sie von seiner Familie wissen. Es ist besser, wenn er von uns nichts weiß – generell. Das verstehen Sie bitte auch, ja? Sonst ist unsere Monate lange Ermittlungsarbeit vergeblich gewesen.“

„Sie verlangen ganz schön viel von mir, aber versprochen. Ich halte dicht. Und jetzt ade, ich kann nicht mehr.“

Die beiden Männer verabschiedeten sich und gaben ihr die Hand.

Sie hatte sich vom S-Bahnhof nur mit Mühe nach Hause geschleppt. „Mein armes Kind“, ging ihr immer wieder durch den Kopf, „noch so klein und ohne Vater.“ Ansgar hatte sie angelogen, als er ihr erklärte, er würde sie heiraten. Er hatte ihr was vorgemacht, wie sollte sie ihm überhaupt noch trauen? Oder logen diese beiden Männer? Warum erzählten sie ihr die ganze Geschichte? Warum waren sie hinter Ansgar her, der amerikanische Geheimdienst! Da musste es doch noch eine ganz andere Erklärung geben. Aber welche nur?

Sie fror am ganzen Körper und genoss die Wärme ihres Zimmers, als sie endlich zu Hause angekommen war.

Ihr war schwindelig und sie quälten starke Kopfschmerzen. Sie war sich sicher, dass sie bei ihrem Auszug aus der Mädchen-WG ihre Baldrian-Tropfen, die ihr in ähnlichen Situationen immer geholfen hatten, mitgenommen hatte.

Sie durchsuchte den Spiegelschrank im Badezimmer vergeblich. Vielleicht hatte Ansgar ein Aspirin in seinem Hygiene-Beutel, der vor ihr an einem Haken hing. Sie öffnete den Reißverschluss, hielt den Beutel mit beiden Händen offen und spähte hinein. Keine grüne Packung zu sehen. Sie griff in ein Fach weiter und hatte einen Briefumschlag in der Hand.

Sie wollte ihn schon wieder zurückstecken, als ihr Blick auf den Absender fiel: der Name eines Rechtsanwaltes.

Das ging sie nichts an, sagte sie sich. Aber Neugierde kam bei ihr auf, als sie die Anschrift las: Der Brief kam aus Kiel, aus der Stadt, in der angeblich Ansgars Familie lebte, wie Bill gesagt hatte.

Wenn es ihr auch widerstrebte, für sie nicht bestimmte Briefe zu lesen, so wunderte sie sich über sich selbst, als sie mit wachsender Neugierde den Brief vollends aus dem Beutel herausnahm. Sie setzte sich auf den Badewannenrand und las ihn mit zunehmendem Herzklopfen.

Ansgar kam gegen 7 Uhr nach Hause. Es war immer ein langer Weg von Charlottenburg nach Lichterfelde, aber mit der U- und dann der S-Bahn ging es verhältnismäßig schnell, auch zur Hauptverkehrszeit. „Guten Abend", rief er, als er die Türe öffnete, nachdem er einmal kurz dagegen geklopft hatte.

Er ging auf Ruth zu und runzelte die Stirn. „Was ist los?", fragte er, „wie siehst du denn aus?"

Ruth blieb auf ihrem Stuhl sitzen und schaute ihn kopfschüttelnd an. Sie wehrte seine Hände ab, die er auf ihre hängenden Schultern legen wollte. „Lass mich", sagte sie. Sie stand auf und drehte sich von ihm weg.

„Ruth, jetzt sag doch, was ist denn passiert? Um Gottes Willen, rede doch!"

„Geh weg", rief sie, „du Lügner, du Scharlatan, wie kannst du mich nur so betrügen. Du weißt genau, was du verbrochen hast, du gemeiner Kerl."

„Ich habe keine Ahnung, worum es geht." Er fuhr sich durch die Haare, zögerte aber, sie anzufassen.

Ansgar zog einen Stuhl heran und setzte sich. „Bitte sag mir, was passiert ist."

Sie schaute in seine Augen und verstand nicht, wie er so ruhig bleiben konnte. Sie rang nach Worten: „Du hast mich auf das Erbärmlichste belogen", sagte sie. „Du bist gar nicht zu Weihnachten in Texas geblieben. Du warst in Kiel. Du hast dich verleugnen lassen und ..."

„Wie bitte?", er wurde bleich, „so ein Quatsch."

„Doch, du hast der Wahrheit zuwider behauptet, du hättest mich telefonisch nicht erreichen können, obwohl es gar kein Problem ist, von den USA nach Deutschland zu telefonieren. Du Lügner. Aber der Blizzard hat dich verraten, den hat es sehr wohl in Wirklichkeit gegeben, das weiß ich zuverlässig und … lass mich ausreden", sagte sie, als er mit der Hand wedelte und protestieren wollte, „du bist in Wahrheit bei deiner Familie in Kiel gewesen, du bist", sie schnappte nach Luft, „du bist nämlich verheiratet."

Ihre Knie wurden weich und sie sank auf ihr Bett. Während sie mit der einen Hand ihre Tränen aus den Augen wischte, fasste sie mit der anderen Hand nach ihrem Unterleib. Dieses Ziehen verspürte sie nicht das erste Mal. Seit der erschreckenden Nachricht der beiden Männer wiederholte sich der Schmerz bei jeder Aufregung.

Ansgars Gesicht war erstarrt. Seine sonst lebhaften blauen Augen strahlten Kälte aus und bewegten sich nicht. „Wie kommst du denn auf so was? Das ist doch barer Unsinn."

„Jetzt kommst du mir auch noch auf diese Weise, du gemeiner Hund. Gib es doch zu, gib es einfach zu", sagte sie eindringlich.

„Ich habe nichts zuzugeben. Wer hat dir denn dieses Märchen erzählt?"

„Dann erkläre mir mal, warum ein Rechtsanwalt aus Kiel von dir Unterhalt für deine Frau und deine beiden Kinder verlangt." Sie war jetzt froh, dass sie den Brief gelesen hatte und nicht ihr Gespräch mit den beiden Männern offenbaren musste.

Ansgar wurde rot im Gesicht. „Aha", rief er, „du schnüffelst in meinen Sachen herum. Jetzt verstehe ich. Dir darf man nicht den Rücken zukehren, schon missbrauchst du mein Vertrauen."

„Bist du verrückt geworden, dein Vertrauen soll ich missbraucht haben? Im Gegenteil, du hast mein Vertrauen ausgenutzt, du hast mir was vorgespielt, du hast mich hintergangen."

„Also gut", Ansgar schlug mit der Hand gegen seine Stirne. „Ich hätte dir das von vornherein sagen müssen. Ja, du hast Recht. Aber als wir uns kennenlernten, habe ich nichts gesagt, weil ich befürchtet habe, dass du unsere Freundschaft gleich wieder beendest. Meine Ehe ist schon längst kaputt und ich wollte mich sowieso scheiden lassen. Also habe ich erst gar nichts gesagt. Verstehe."

„Nein, ich verstehe gar nichts. Das sagst du jetzt nur so, und wenn du ehrlich wärst, hättest du mir das gleich gesagt. Ich glaube dir nichts. Du hast unsere Liebe zerstört. Hau ab, raus mit dir, raus!"

„Ruth, ich liebe dich doch. Sei nicht so hart mit mir, bitte."

Er wollte sich vor sie knien, aber sie stieß ihn von sich: „Mach, dass du rauskommst. Ich kann mit dir nicht mehr in einem Bett schlafen. Sieh zu, wo du unterkommst, aber verschwinde!" Sie warf ihre Schuhe hinter ihm her, als er die Türe schnell hinter sich zuknallte.

Es war Gründonnerstag und schon dunkel, als Ruth nach Kreuzberg fuhr. Sie musste unbedingt mit einer ihrer Freundinnen sprechen. Die beiden Schumacher-Jungs waren für sie nicht die richtigen Gesprächspartner für ihr Problem, das sie besser mit einer Freundin besprechen sollte.

Karin war kurz vor ihr in die Wohnung gekommen. „Stell dir vor", rief sie, nachdem sie die Wohnungstüre geöffnet hatte, „ich komme gerade vom Ku'damm. Sie haben vor der SDS-Zentrale mehrfach auf Dutschke geschossen. Kein Mensch weiß, ob er noch lebt. Ich bin ja so aufgeregt."

„Um Gottes Willen. Das kann doch nicht wahr sein. Bist du dir sicher?"

„Ruth! Ich habe wenigstens drei Schüsse gehört. Aber es waren dann ganz schnell so viele Menschen um ihn herum, dass ich gegangen bin, als der Sani mit ihm wegfuhr."

Sie hatten inzwischen ihre Mäntel ausgezogen und Karin sagte: „Wie kommst du denn hierher. Mit dir habe ich mal gar nicht gerechnet."

„Karin", Ruth fiel ihr in die Arme, „hilf mir, Ansgar hat mich betrogen."

„Wie bitte?", sagte Karin. „Das kann doch nicht wahr sein. Jetzt komm doch erst einmal herein und beruhige dich."

Sie setzten sich in der Küche an den Tisch. Ruth zog schweigend und hilflos an den Ecken des Wachstischtuches. „Ja", sagte sie, „er ist verheiratet und hat sogar zwei Kinder. Schlimmer konnte es gar nicht kommen."

„Das gibt es ja nicht", Karin schlug mit der Faust auf den Tisch, „dieser Drecksack, dieser gemeine Kerl. Der war mir von Anfang an zu nett, ein falscher Hund."

„Karin, so darfst du das auch nicht sagen. Ich habe ihn geliebt, innig geliebt, und ich liebe ihn auch heute noch. Aber ich weiß nicht, wie ich mich verhalten soll. Er will sich scheiden lassen, hat er gesagt."

„Ach, glaub ihm nicht, der erzählt dir viel, wenn der Tag lang ist. Der nutzt dich nur aus und versucht zu retten, was zu retten ist."

„Aber er ist der Vater meines Kindes. Wenn ich ihn jetzt rausschmeiße, wird mein Kind unehelich sein. Wenn er sich wirklich scheiden lässt, wäre das ja auch eine Lösung."

„Meinst du denn, du könntest ihm seine Verlogenheit wirklich verzeihen? Verzeihen heißt vergessen. Bei jeder heiklen Situation wird dir jedes Mal in Erinnerung kommen, wie schwer er dich bereits belogen und hintergangen hat. So etwas vergisst man nicht. Wie willst du ihn noch unbefangen lieben können, wenn du daran denken musst, dass er zwischendurch auch mit seiner Frau geschlafen hat? Mach Schluss, ich sage dir, daraus wird nichts mehr."

Als Karin das aussprach, empfand Ruth wieder dieses Ziehen in ihrem Unterleib. „Ich muss was trinken, sagte sie, und legte eine Hand auf ihren Bauch.

„Ich mache dir jetzt einen Früchtetee. Der ist immer gut für Schwangere. Und dann erzählst du mir mal der Reihe nach."

Karin legte ihren Kopf in beide Hände und stützte ihre Ellenbogen auf den Tisch. Sie hörte Ruth zu, ohne sie auch nur einmal zu unterbrechen.

Als ihre Freundin geendet hatte, sagte sie: „Nein, das geht nicht. Du musst dich von ihm trennen. Vielleicht wird bei uns ein Zimmer frei. Komm zu uns und wir sorgen für dich."

„Du hast gut reden. Noch bin ich nur schwanger und noch beweglich. Aber wenn mein Kind erst einmal auf der Welt ist, bin ich vollends angebunden. Kann nicht mehr in die Uni und Arbeit finde ich auch nicht. Ich habe schon überlegt, ob ich nicht nach Hause fahre."

„Mach mal langsam. Nimm dir ein Vorbild an Edel. Die hat schon davon gesprochen, einen Kinderladen aufzumachen. Im Zentrum gibt es schon einen für Kinder von berufstätigen Müttern. Und so etwas ließe sich in Kreuzberg auch aufziehen."

Sie rückte Ruth näher. „Ihr und ein paar andere Mütter wechselt euch bei der Betreuung der Kinder ab. Du könntest zur Uni, könntest arbeiten gehen oder sonst was tun. Ich kenne einen Laden, der schließen will und der dafür geeignet wäre. Es ist der ehemalige Tante-Emma-Laden hinter der Markthalle, vorne das Geschäft, hinten die Wohnung. Ideal für einen Kinderladen. Da müsst ihr mal mit dem Hauseigentümer sprechen."

Sie schenkte heißen Tee nach und setzte dann fort: „Du musst es ihn spüren lassen, was du von ihm hältst. Du musst ihn fertigmachen. Das soll er sein Leben lang nicht vergessen. Mach ihn kaputt, diesen Schuft."

„Karin, das ist leichter gesagt als getan. Er ist immerhin der Vater meines Kindes."

„Was soll das heißen, wenn er sich so benimmt? Er hat keine Gnade verdient, das musst du dir immer wieder sagen."

Während dieses Gesprächs kam Ruth in Erinnerung, dass die beiden Männer bei dem zweiten Gespräch noch von einem anderen Problem sprachen. Jetzt wollte sie es wissen, jetzt war sie bereit dazu. In ihr reifte der Gedanke, dass sie ihre endgültige Entscheidung über ihre Zukunft treffen würde, wenn sie alles über Ansgar erfahren haben würde, und zwar lückenlos. Das Sommersemester hatte begonnen und sie würde sicherlich bald Joe begegnen. Sie gab Karin einen Kuss. „Ich danke dir sehr", sagte sie leise.

Es war reiner Zufall, dass der Tisch neben dem Philodendron frei war, als sie mit Joe die Cafeteria betrat. Es roch verlockend nach Kaffee und Kuchen. „Bill wird jeden Augenblick kommen“, sagte er. „Kann ich uns einen Kaffee holen?“

„Nein, danke, jetzt bin ich mal dran.“ Sie ging zum Schalter und sah Bill gerade zur Türe reinkommen. Mit drei Tassen dampfenden Kaffees kehrte sie zurück. „Hey, Bill“, sagte sie, „schon sehen wir uns wieder. Was macht Ihr Jura-Studium?“

„Gut“, antwortete er, „ich bin ja schon einige Semester weiter als ihr und stehe vor dem ersten Staatsexamen. Da gibt es einiges zu tun, einschließlich Repetitor. Und Sie, geht es bei Ihnen vorwärts?“

„Auf alle Fälle. Ich freue mich schon auf das zweite Semester und vor allem auf mein erstes Seminar in Germanistik. Jetzt wird es spannend. Aber“, sie schlug die Beine übereinander, „ich bin froh, dass Sie heute auch kommen konnten, Bill. Wir hatten das letzte Mal unser Gespräch unterbrochen, weil ich mich erst einmal von dem Schrecken erholen musste, den mir eure Informationen gemacht hat.“

„Das war hart für Sie, das glaube ich Ihnen gerne, und es tut uns immer noch leid. Haben Sie inzwischen mit Ansgar gesprochen?“ Als sie nickte, fragte er: „Hat er Ihnen die Wahrheit gesagt?“

„Das hat er. Ich wollte euch zunächst nicht glauben und hatte gehofft, das alles wäre ein böser Traum. Es kam aber hinzu, dass ich bei ihm einen Brief von einem Anwalt gefunden habe, in dem dieser von Ansgar Unterhalt für seine Frau und seine Kinder fordert. Er hat schließlich alles zugegeben und ich habe ihn seitdem nicht mehr gesehen.“ Sie schluckte. „Ich weiß auch nicht, ob ich ihn überhaupt noch einmal sehen will.“

Joe rührte in seiner Tasse und Bill bot ihr eine Zigarette an. „Nein, danke“, wehrte sie ab, „ich rauche nicht mehr, seitdem ich schwanger bin.“

„Ach du lieber Gott“, sagte Joe, „das haben wir nicht gewusst.“ Er kratzte sich mit dem Kaffeelöffel am Hinterkopf.

„Jedenfalls hätten wir uns überlegt, ob wir dich nicht besser zu einem anderen Zeitpunkt hätten ansprechen sollen. Tut mir leid."

„Nein", sagte Ruth, „das ist schon OK. Besser jetzt als gar nicht. Außerdem", sie schnäuzte sich die Nase, „hattet ihr das letzte Mal von einem zweiten Problem gesprochen. Wenn das auch Ansgar betrifft, muss ich es wissen. Ihr braucht mich nicht zu schonen. So schlimm wie die Geschichte mit seiner Ehe wird es schon nicht sein."

„Na ja", sagte Bill, „ich weiß nicht. Wo soll ich anfangen?"

Er schaute Joe an, der mit den Schultern zuckte. „Es ist nämlich so: Als wir noch nichts von Ihrer Schwangerschaft wussten, hatten wir darüber nachgedacht, ob Sie uns gelegentlich über Ansgar und sein Verhalten berichten könnten. Wir stecken nämlich mit unseren Beobachtungen irgendwo in einer Sackgasse und kommen mit unseren Ermittlungen nicht weiter."

„Was sind das für Ermittlungen, warum geht es da? Ich verstehe rein gar nichts mehr, was hat das mit mir zu tun?"

Bill spürte ihre Entrüstung. „Ansgar ist nicht nur sehr links orientiert, sondern hat schon als Jugendlicher sehr starke Tendenzen zum ostdeutschen Sozialismus gezeigt. Er hat seine jetzige Frau, die damals in Rostock lebte, auf einer olympischen Segelregatta kennengelernt und ist seitdem informeller Mitarbeiter des Staatssicherheitsdienstes der DDR. Er bekam den Einsatz in Berlin nicht nur, um als Mitglied des SDS zu berichten, sondern ist als Praktikant in das Architekturbüro in Charlottenburg geschleust worden, das auch Sie kennen."

„Kennen ist zu viel gesagt", warf Ruth ein, „ich habe ihn dort zwei- oder dreimal abgeholt. Drin war ich nie."

„Ja, das wissen wir. Also, was sollte er in diesem Unternehmen? Es ist nämlich so: Die da drüben haben Schwierigkeiten mit ihrem Fernsehturm, an dem sie seit Jahren bauen. Besonders die Konstruktion der Kuppel mit dem Restaurant und der damit verbundenen Technik macht kaum überwindbare Schwierigkeiten. Nun ist das Architekturbüro in Charlottenburg mit demselben Thema beim Bau eines ähnlichen Turms in San Antonio beschäftigt und hat auch eine Lösung gefunden, die genial ist. Ansgar hat deswegen den Auftrag, die Konstruktionspläne zu kopieren und die technische Umsetzung vor Ort zu beobachten, um seine Auftraggeber in Ost-Berlin mit diesen Informationen zu versorgen. Wir haben ihn hier und in Texas observiert, dort meine Kollegen, hier ich. Wir sind uns da absolut sicher."

Ruth hatte an ihren Fingern gekaut und sich zwingen müssen, ihm nicht ins Wort zu fallen. Jetzt schüttelte sie ihren Kopf: „Warum sollte er das denn machen? Das hat er doch gar nicht nötig. Also wisst ihr, das ist doch alles Quatsch." Sie haute mit der flachen Hand auf den Tisch.

Joe sagte: „Dass er Geld bekommen hat, vermuten wir, wissen es aber nicht genau. Immerhin hat er Schulden, wie den Unterhalt für seine Familie. Umsonst hat er den Verrat bestimmt nicht begangen, zumal er weiß, welche große Bedeutung seine Tätigkeit für Ost-Berlin hat. Wirtschaftsspionage wird gut bezahlt."

„Hört auf damit. Das klingt wie ein schlechter Krimi. Und warum erzählt ihr mir das?"

„Wir kennen die Kontaktperson von Ansgar nicht", sagte Bill. „Sie aber leben mit ihm zusammen und könnten ein kritisches Auge auf ihn werfen. Vor allem wissen wir nicht, wann und wo er die Unterlagen und Informationen übergeben wird. Wenn wir hinter diese Einzelheiten kämen, könnten wir zuschlagen."

„Was heißt das", fragte Ruth, „zuschlagen?"

„Wir würden ihn verhaften und ihn wegen Spionage den deutschen Behörden übergeben."

„Ruth", sagte Joe verschwörerisch, „dann kannst du Rache üben und dir Genugtuung dafür verschaffen, dass er dich belogen und betrogen hat."

Sie schaute die beiden Männer ungläubig an: „Das ist also euer Spielchen. Das ist ja ekelhaft. Da mache ich nicht mit, das sage ich euch. Ich für die CIA arbeiten, ihr spinnt ja!"

„Nicht so laut, bitte“, fiel ihr Bill ins Wort, „das muss ja nicht jeder mitbekommen.“ Und nach einigem Zögern: „Wir würden uns auch erkenntlich zeigen.“

„Das ist ja die Höhe. Ihr wollt aus mir eine Spionin machen. Und das auch noch für den amerikanischen Geheimdienst, der in Vietnam agiert und die Menschen umbringt. Seid ihr denn verrückt geworden? Nicht mit mir!“

Ruth war das Blut in den Kopf gestiegen und sie zeigte beiden den Vogel. Sie sprang auf, ergriff ihre Tasche und eilte zu dem Garderobenständer, von dem sie ihren Mantel holte.

Noch während sie sich zwischen den Tischen durchschlängelte, versuchte sie, in den Mantel zu schlüpfen. Aber sie verhedderte sich, drückte mit der Schulter die Pendeltüre auf und trat dann erst mit dem einen und dann mit dem anderen Fuß auf den Mantelgürtel.

Sie stolperte, versuchte das Treppengeländer zu erreichen, schaffte es aber nicht, weil sie bereits das Gleichgewicht verloren hatte. Sie stürzte kopfüber die Treppenstufen hinunter. Das letzte, woran sie sich noch erinnern konnte, war der Aufschlag ihres Beckens auf die Treppenkante und ihren Aufschrei: „Mein Kind!“

– 16 –

Ihm war die Zeit davongelaufen. Vor allem die vielen und nicht aufschiebbaren Telefongespräche hatten nicht enden wollen. Morgen ist auch noch ein Tag, sagte sich Klaus und verließ sein Büro im Eiltempo.

Sie hatten heute Abend Gäste und er wollte unter keinen Umständen zu spät zu Hause sein. Aber nach den erschreckenden Bränden in den Kaufhäusern auf der Zeil war der Verkehr in der Innenstadt fast zusammengebrochen. Die Feuer waren, so die Nachrichten im Radio, zwar im Laufe des Vormittags gelöscht worden, doch hielten zahlreiche Polizeikontrollen den Feierabendverkehr auf. Von der Hauptwache stauten sich die Straßenbahnen durch die Fressgasse bis in die Bockenheimer Landstraße, und er musste einen Umweg über die Friedrich-Ebert-Anlage zum Bahnhof nehmen, um an das andere Mainufer zu gelangen.

„Mein Gott, siehst du gut aus", rief er, als Marie ihm die Türe öffnete. Sie begrüßte ihn in ihrem rot karierten Minikilt, aus dem ihre geraden schlanken Beine bis in die schwarzen Ballerinas reichten. Der Wonderbra unter dem weißen Jersey-Pullover betonte ihre von ihm so geliebten runden Brüste. Er umarmte sie innig.

„Können wir nicht einfach alle wieder ausladen und einen wunderschönen Abend miteinander verbringen? Dein Maiglöckchenparfüm macht mich schwindelig."

„Du bist verrückt, Darling", antwortete sie und warf ihre schulterlangen schwarzen Haare schwungvoll in den Nacken. „Jetzt komm erst einmal herein und wechsle noch dein Hemd, bevor die ersten Gäste kommen. Du bist eh schon zu spät dran und ganz verschwitzt."

„Es riecht ja so verführerisch", sagte Klaus. Mit wenigen Schritten war er in der Küche und noch bevor sie ihn zurückhalten konnte, hatte er den Deckel des großen Kochtopfes gelüftet.

„Ist ja toll, dein sagenhaftes Gulasch, das du immer so köstlich machst. Ich habe auf Anhieb Hunger. Hoffentlich geht es bald los."

„Jetzt mach mal, dass du weiterkommst. Du musst dich noch um die Getränke kümmern. Dein Töchterlein sitzt in der Badewanne und möchte mit dir und den Entchen spielen. Also los, mein Schatz. Die Nacht ist noch lang."

Es waren kaum zehn Minuten verstrichen, als es bereits schellte. „Marie", rief Klaus aus dem Schlafzimmer, „machst du bitte auf, ich muss mir noch die Krawatte umbinden."

„Kommt herein, seid willkommen. Mensch, Leoni", sie klatschte in die Hände, „du siehst ja großartig aus. Diese schwarzen Karées auf dem kurzen Kleidchen, dreh dich doch mal um. Und dann noch die schwarzen Stiefel dazu. Das ist ja ein großartiges Ensemble."

Leoni drehte sich lachend im Kreis und rief: „Ich bin Mary Quant, und nicht die Leoni. Ich hatte Mühe, die Friseuse dazu zu bringen, meine Haare hundertprozentig original zu schneiden. Gell, das ist ihr gut gelungen, Horst", sagte sie zu ihrem Mann, der inzwischen lachend eingetreten war und an dem Papier herumnestelte, in das die Blumen eingewickelt waren.

„Guck mal, Marie, ganz gerade der Schnitt der Haare über der Stirne und dann auf beiden Seiten im rechten Winkel über die Backenknochen nach unten bis zum Kinn – der klassische Bubikopf."

Klaus kam jetzt hinzu, küsste Leoni und drückte Horst die Hand. „Was haltet ihr von einem Gin-Tonic?"

„Das ist eine gute Idee", antwortete Horst.

„Aber wir wollen den Abend nicht im Flur verbringen", meinte Marie. „Kommt ins Wohnzimmer und unterhaltet euch mit Klaus. Ich muss gerade noch die Kleine bettfertig machen."

Horst und Leoni machten es sich auf den blauen Panton-Sesseln bequem, während Klaus die Getränke zubereitete. „Darf ich euch gerade mal schnell die Drinks reichen", sagte er, „es hat schon wieder geschellt. Ich muss mal eben die Türe aufmachen. Entschuldigt mich."

Er öffnete die Türe. „Hey, ihr beiden. Kommt herein, die Hartmanns sind schon da."

Er umarmte Theresa in ihrem langen schwarzen Spitzenkleid und begrüßte Ralf, der in das Wohnzimmer drängte und meinte: „Ich habe einen Riesendurst, das war ein staubiger Tag heute." Er lachte Klaus an: „Spare nicht mit Gin, ich kann einen kräftigen Drink gebrauchen. Aber mit einem Eiswürfel, bitte."

„Und dir, Theresa", sagte Klaus, „kann ich wie immer nur ein Glas Wasser anbieten, oder wie wäre es mit einem Tee?"

„Ja, bitte, schwarzer Tee wäre gut." Sie steckte sich mit ihren kleinen Fingern geübt eine filterlose Zigarette in ihre schwarze Zigarettenspitze, die sie sich aus ihrer mit Perlen besetzte Handtasche geholt hatte, und ließ sich von Klaus Feuer reichen.

„Danke, mein Lieber", sagte sie zu ihm mit ihrem nicht zu überhörenden englischen Akzent. Sie drehte sich zu Leoni: „Ist das nicht schrecklich mit diesen Brandanschlägen. Man kann ja gar nicht mehr in die Stadt zum Einkaufen, ohne Gefahr zu laufen, gleich in die Luft zu fliegen. Wer sind denn diese Chaoten? Klaus, du musst das als Anwalt doch wissen, du bist täglich bei Gericht."

„Man hat die Täter schon gefasst. Die kommen aus der politischen Gewaltszene. Der eine soll Baader heißen und die Frau heißt Ensslin, in der linken Studentenbewegung bei allen Gewalttaten immer dabei. Die anderen zwei oder drei, alles Studenten, sitzen auch in U-Haft."

„Und warum zünden die Kaufhäuser an?", fragte Leoni. „Haben die nichts Besseres zu tun?"

„Na ja", sagte Horst, „das sind diese Antikapitalisten, die uns Unternehmer am liebsten ausrotten würden. Sie versuchen uns zu schaden, wo sie nur können. Das Ganze hat mit Marx und Engels angefangen und wird noch bös enden."

„Da steckt noch mehr dahinter", sagte Ralf, „so einfach ist das nicht. Die Brandanschläge richten sich nicht nur gegen die Kapitalisten, sondern gegen die ganze Konsumgesellschaft. Das Konsumverhalten unserer Bevölkerung ist langsam furchterregend. Unsere Auftraggeber verlangen, dass wir aus der Werbewirtschaft den Konsum weiter einheizen. Ja, wir verdienen auch gut daran. Aber dieser gedankenlose Konsum, den unsere Gesellschaft inzwischen betreibt, kann doch nicht der Sinn des Lebens sein."

„Ralf und ich geraten uns bei diesem Thema immer wieder in die Haare", schaltete Theresa sich ein, „und ich frage mich, wie er es moralisch vertreten will, weiter in der Werbung tätig zu sein. Irgendwann muss er diesen Job schmeißen."

„Du hast gut reden", Ralf wurde laut. „Wie soll ich denn den ganzen Schotter verdienen, den du für deine Kleider, für Kunst und Reisen ausgibst? So einen guten Verdienst wie jetzt in der Werbeagentur werde ich woanders schwerlich erzielen, so einen guten Job musst du erst mal finden."

„Ach, du malst immer gleich so schwarz", sagte sie, „es gibt so viele gute Jobs, das kriegst du hin. Ein guter Head-Hunter macht das."

„Das denke ich auch", sagte Klaus und nahm einen Schluck Gin-Tonic, „aber um beim Thema zu bleiben: Ich frage mich wirklich manchmal, was der Sinn des Lebens ist. Wir kaufen und kaufen um die Wette. Schlussverkäufe, Ausverkäufe und Totalverkäufe prägen das Leben unserer Mitmenschen." Er ließ die Eiswürfel in seinem Glas kreisen.

„Wir konsumieren alles, was sich nur bietet. Wir werfen weg, was uns nicht mehr gefällt. Man spricht heute nicht nur von der Konsumgesellschaft, sondern auch von der Wegwerfgesellschaft. Und die Schnelllebigkeit unserer Bevölkerung ist ein ebenso bekanntes Phänomen. Also frage ich mich: Wofür lebe ich eigentlich? Wozu hat mich der Herrgott auf die Erde gesetzt? Kann mir das mal einer erklären?"

„Jedenfalls bestimmt nicht, um nur zu konsumieren", sagte Ralf, „vielleicht aber, um dir die Chance zu geben, das Beste aus dir, aus dem alltäglichen Geschehen für dich, ja, auch für deine Mitmenschen zu machen."

„Aber dafür bist du doch nicht auf die Welt gekommen", sagte Horst, „das kann mir keiner erzählen. Soll der Sinn des Lebens darin bestehen, dich oder andere Menschen glücklich zu machen? Nicht wirklich, oder?"

Er griff in seine Westentasche, holte ein Etui heraus, das er auseinanderzog und sagte mit einem Blick auf die Uhr: „Eines weiß ich jedenfalls: Marie würde mich mit ihrem Abendessen, dessen Düfte bereits aus der Küche in meiner Nase kitzeln, glücklich machen."

Sie lachten. „Das ist zwar nicht die Lösung des Problems", meinte Klaus, „aber wir sollten die Diskussion ein andermal fortsetzen, meine ich. Ein gutes Gulasch ist nur eine Zwischenlösung und gehört ebenfalls zum Thema Konsum."

Er wandte sich an Theresa: „Wie ist das eigentlich, du wolltest noch einen Gast mitbringen, und Marie hat für ihn auch eingedeckt."

„Ja, ich vermisse ihn auch schon längst. David Brown ist Deutsch-Amerikaner und Jude. Von Beruf ist er Reporter und seit zwei Jahren immer wieder in Vietnam. Er ist ein engagierter Kriegsgegner und ein interessanter Tischgenosse. Deshalb habe ich Marie gefragt, ob ich ihn mitbringen darf. Wir sollten schon mal anfangen, der kommt bestimmt noch. Horst ist ja schon am Verhungern."

Sie erhoben sich und gingen durch die Schiebetüre in das weitläufige Esszimmer, in dessen Mitte Marie den großen langen Tisch gedeckt hatte. Das Kerzenlicht spiegelte sich in dem grünen Lack der umlaufenden Holzvertäfelung. Die langen braunen Vorhänge waren zugezogen und die ebenso braune Tischdecke bildete einen guten Kontrast zu dem weißen Porzellan und den silbernen Kerzenleuchtern. Klaus hatte die Schallplatte mit den Beach-Boys aufgelegt, und sie setzten sich beschwingt an den Tisch, jeweils ein Mann und eine Frau gegenüber, die Ehepaare getrennt.

„Ich hätte gerne gleich zwei Klöße", sagte Horst und leckte sich die Lippen. „Apropos Bälle, wollen wir nicht einmal wieder Tennis spielen?", fragte er. „Das Doppel letztes Mal hat richtig Spaß gemacht."

„Oh ja", rief Marie, „das ist eine gute Idee. Soll ich uns für nächsten Sonntagvormittag einen Platz im Schwarz-Weiß buchen? Ja – und was ist mit euch Theresa?"

„Nein, danke. Ich halte es mit meiner englischen Mutter – no sports."

„Also gut", sagte Marie, „dann rufe ich euch an, sobald wir einen Platz haben. Und Ralf verbringt den Tag ja sowieso auf dem Golfplatz oder am neunzehnten Loch, wenn ich das richtig sehe." Sie lachten.

„Ihr seid gut", murrte Ralf, „ich bin eigentlich kein Golf-Fan. Für mich dient die ganze Veranstaltung sowieso nur der Kundenpflege. Du machst das ja auch nicht anders mit deiner Eintracht und deinen fußballhungrigen Mandanten, die du ins Waldstadion schleppst, oder, Klaus?"

„Das ist schon ganz schön mühsam, du hast Recht. Ich glaube", er stand auf, „eben hat es geschellt. Das könnte unser neuer Gast sein."

„How do you do?" begrüßte er den schlanken jungen Mann, der mit einem Blumenstrauß vor der Türe stand. „I am Klaus."

„How are you?" sagte sein Gegenüber. „Ich bin David Brown. Sagen Sie David zu mir."

„OK, sprechen Sie deutsch?"

„Certainly", antwortete er, „ich danke für Ihre Einladung und muss mich entschuldigen. In der Stadt ist die Hölle los, ein totales Chaos. Und kein Taxi in Sicht."

„Das macht nichts. Sie brauchen mir nichts zu erzählen. Ich bin auch gerade erst nach Hause gekommen. Herein mit Ihnen. Geben Sie mir Ihren Mantel."

Er führte seinen Gast in das Esszimmer und machte ihn mit Marie und seinen Freunden bekannt.

„Bitte nehmen Sie Platz. Sie übernehmen heute den Kopf der Tafel, dann haben wir Sie in unserer Mitte."

David war ein attraktiver Mann, der mit seinen roten Locken, seinem Oberlippenbärtchen und seiner sportlichen Figur vor allem die Frauen ansprach.

„Oh, Gulasch", rief er, als Marie ihm aufgab, „das ist ja phantastisch. Es riecht wie bei meiner Mutter, die Ungarin ist."

„Ich dachte, Sie seien Amerikaner", sagte sie, „und nicht Ungar."

„Ja, das stimmt. Das geht bei mir etwas durcheinander. Ich bin in München geboren. Mein Vater, von dem ich den leichten bayerischen Akzent geerbt habe, hat dort meine Mutter geheiratet, die aus Budapest kam. Mein Vater ist Arzt. Als Jude musste er nach meiner Geburt Deutschland verlassen und ist in die Staaten emigriert. Meine Eltern haben in Westport eine neue Heimat gefunden. Das ist in Neu-England, an der Ostküste. Und dort bin ich auch aufgewachsen. Auf Grund meiner Deutschkenntnisse bin ich in den fünfziger Jahren als GI-Dolmetscher im Headquarter in Frankfurt gewesen und deshalb war ich sehr glücklich, wieder hier sein zu dürfen, in meiner alten Heimat sozusagen."

„Dann haben Sie im I.G.-Farben-Haus gearbeitet, vermute ich mal. Haben Sie auch in Frankfurt gewohnt?"

„Ja, natürlich. Gleich oben an der Miquelallee." Er zerteilte seinen Kloß gründlich in der Gulaschsoße und meinte, nachdem er einen Schluck Wein getrunken hatte: „Was haben Sie denn da für einen herrlichen Rotwein?"

Er hielt das Glas gegen das Kerzenlicht. „Der hat ja eine wunderbare rote Farbe und nur wenig Säure. Lassen Sie mich einmal raten. Das könnte ein Rheingauer sein, vielleicht ein Aßmannshäuser?"

„Volltreffer! Jetzt bin ich aber überrascht, dass Sie das erraten haben. Das ist ein 59er Höllenberg aus den Staatsweingütern. Wie sind Sie den darauf gekommen?"

„Na ja, das ist gar nicht so schwer. Wir haben als GIs immer wieder gerne Ausflüge nach Rüdesheim gemacht, und einmal um die Ecke liegt Aßmannshausen. Das klappte allerdings nur an den Wochenenden, denn durch die Zeitverschiebung zwischen Washington und Europa mussten wir abends, wenn die Deutschen schon nach Hause fuhren, erreichbar sein. Schön war es trotzdem."

„Sie sprechen in der Vergangenheitsform", sagte Horst, „sind Sie nicht mehr in der Army?"

„Nein, schon seit einigen Jahren nicht mehr."

„Wieso?", fragte Ralf. „Das war doch sicherlich ein guter Job. Europa, der Rhein und die deutschen Mädchen", sagte er schmunzelnd, „sowas wirft man doch nicht einfach hin."

„Jetzt lasst den armen Mann doch erst einmal in Ruhe sein Gulasch essen", sagte Marie und drehte sich zu David, „darf ich Ihnen noch etwas aufgeben?"

„Ja, sehr gerne. Und bitte auch noch einen Kloß." Er machte ein nachdenkliches Gesicht. „Die Frage wird mir immer wieder gestellt. Natürlich hatte das einen guten Grund, weshalb ich meinen Dienst nicht verlängert habe."

Er nahm einen Schluck Wein. „Da muss ich etwas ausführlicher werden." Er wischte sich seinen Mund ab und schaute in die Runde.

„Ich verrate kein Geheimnis. Im Farben-Building befindet sich neben dem V. US-Korps vorrangig die Europazentrale der US-Streitkräfte. Alle Transporte nach Vietnam laufen über die Flughäfen Ramstein und Rhein-Main. Zurück kommen auf demselben Weg die verletzten und die gefallenen Soldaten, soweit noch Reste von Ihnen übriggeblieben sind. Die Toten werden auf Soldatenfriedhöfen in den Staaten verscharrt, die so abseits von aller Besiedelung angelegt sind, dass keiner die Gräber zählen kann. Es sind bis jetzt über 30 000 von mehr als 500 000 Soldaten, die in Indochina eingesetzt sind."

David legte sein Besteck auf den inzwischen geleerten Teller ab und rückte seinen Stuhl zurück.

„Sie müssen wissen, dass in dem Farben-Building auch die CIA ihren Sitz hat. Sie ist dort unter dem nichtssagenden Deckmantel‚Department of the Army Detachments' tätig. Von hier aus steuert er seine Einsätze in Vietnam. Als ich dort aushilfsweise als Übersetzer und Dolmetscher eingesetzt wurde, musste ich erfahren, mit welchen abscheulichen Mitteln der Krieg in Vietnam geführt und die Bevölkerung umgebracht wird. Das ist so grausam, so unerträglich, dass ich es erst selbst nicht glauben wollte."

Er ließ eine Packung Chesterfield die Runde machen und klopfte sich als Letzter eine Zigarette aus der Packung. Nachdem Klaus ihm Feuer gereicht hatte, fuhr er fort: „Ich habe meinen Job geschmissen, als ich erfuhr, dass Kennedy speziell ausgebildete Geheimkommandos in Nordvietnam einsetzte, die freie Hand hatten und Sabotageakte ausführten, die mit einer Kriegsführung nach dem Haager Abkommen nicht das Geringste zu tun hatten. Die Flugtransporte wurden geschickt getarnt und von erfundenen privaten Fluggesellschaften durchgeführt." Er lockerte seine Krawatte.

„Als das Bombardement mit Napal nicht den erwünschten Erfolg brachte, ließ dieser President, man möchte es nicht glauben, Dioxin belastete Herbizide herstellen, die die Landschaft entlaubten, die Ernten vernichteten und damit der Bevölkerung jeden sozialen Rückhalt nahmen. Johnson hat diese Kriegsführung fortgesetzt und die Ziele selbst festgelegt. Kein Wunder, dass selbst der Verteidigungsminister der USA diesen widerwärtigen Krieg nicht mehr aushalten konnte. McNamara ist ja nach der Tet-Offensive vor zwei Monaten aus Verzweiflung zurückgetreten."

Die Tischrunde schwieg betreten. Theresa ergriff Davids Hand und sagte: „Wie ich euch schon erklärt habe, hat David sich nach dem Ausscheiden aus der Army als Reporter selbständig gemacht und ist für große amerikanische Zeitungen in Vietnam gewesen. Er war mehrfach an der Front und ich bin froh, dass er außer einem Streifschuss", sie zeigte auf die Narbe seines linken Backenknochens, „nicht schwerer verletzt worden ist."

„Werden Sie trotz dieses Dilemmas noch einmal in das Kampfgebiet reisen?"

„Ich werde keine Ruhe geben und so lange von diesem Irrsinn berichten, bis endlich Frieden einkehrt."

„Aber wie soll der erreicht werden?" sagte Klaus. „Russland und China werden nicht lockerlassen, den Vietkong zu unterstützen, und Amerika wird alles tun, um eine Ausbreitung des Kommunismus in Indochina zu verhindern. Und ich muss sagen, darüber bin ich froh, denn es muss unter allen Umständen vermieden werden, dass Asien den Kommunisten in die Hände fällt."

„Grundsätzlich richtig", sagte David, „das muss aber mit anderen Mitteln geschehen und nicht auf die Art und Weise, dass man die Bevölkerung umbringt, die man vor sich über die verminten Felder jagt, statt die Minen selbst zu räumen, die man die ganze Härte des Krieges spüren lässt, während der Vietkong unter der Erde agiert und durch Tunnel den Soldaten in den Rücken fallen."

„Sie", er hob seinen Zeigefinger, „müssen mal bedenken, dass die B26 Bomber seit der Tet-Offensive bereits über 100 000 Bomben auf Vietnam abgeworfen haben, und wen treffen sie? Die armen hilflosen Menschen, aber keinen einzigen Vietkong, der sich solange nach Kambodscha zurückzieht."

Er griff nach seinem Glas. „Kann ich bitte noch einen Schluck von diesem köstlichen Wein haben?", sagte er. „Vergessen Sie nicht, wie die Amerikaner die Atombomben in Japan eingesetzt haben. Die trafen nur die Bevölkerung und nicht die japanische Armee, die, irrwitzigerweise, muss man heute sagen, neben Korea das heutige Vietnam besetzt hatten. Hätte die Army nur wenige Zeit mit konventionellen Waffen weitergekämpft, hätten die USA den Zweiten Weltkrieg auch ohne Atombomben gewonnen, die sie ohne Skrupel über Hiroshima und Nagasaki abgeworfen und dabei hunderttausende von Menschen getötet haben, von den Verletzten einmal ganz zu schweigen."

„Ich bin erschüttert, wenn ich das alles höre", sagte Marie, „gibt es denn keine Möglichkeit, das Problem politisch zu lösen? Da muss es doch einen Weg geben!"

„Das wird schwierig werden", sagte Horst, „solange China weiter seine Expansion in Asien betreibt, ist guter Rat teuer. Aber ich verstehe schon lange, dass die Menschen auf der Welt auf die Straßen gehen und gegen den Vietnamkrieg protestieren. Es gibt zwar keinen humanen Krieg, aber diese Grausamkeiten müssen als erstes enden. Wie steht denn die amerikanische Bevölkerung zu ihrer Regierung? Davon erfahren wir viel zu wenig, und die Berichte in der Wochenschau sind sowieso von der amerikanischen Propagandamaschine geschönt und verlogen."

„Da haben Sie Recht", sagte David, „deswegen versuchen wir Reporter ja nicht nur zu recherchieren, was wirklich in der Welt geschieht, sondern vor allem den Leser zu informieren. Aber die amerikanische Staatsmaschine findet immer wieder Wege, die oppositionelle Presse zu übertönen und alles schönzureden. In New York, zum Beispiel, zuckt man mit der Schulter, wenn sich in Kalifornien ein Pfarrer aus Protest gegen den Vietnamkrieg selbst verbrennt – da ist man zu weit weg von dem Elend, um nachhaltig gerührt zu werden. Und niemand erfährt, wie viele junge Männer, die zwischen 18 und 26 Jahren einberufen werden, ihre Wehrpässe verbrennen oder nach Kanada und andere Länder wie Schweden desertieren. Immerhin: President Johnson hat gestern erklärt, er wolle die Bombardements begrenzen, Nordvietnam Verhandlungen anbieten und nicht zur Wiederwahl antreten."

„Das ist schon was", meinte Klaus, „da kann man nur die Daumen drücken und hoffen, dass die Politiker zur Vernunft kommen, wenn es für die so etwas gibt."

„Zu viele Hoffnungen sollte man sich nicht machen." David machte ein nachdenkliches Gesicht. „Was nach Johnson kommt, wissen wir alle nicht. Amerika hat ja nicht nur das Vietnam-Problem, sondern es ist vor allem die Rassentrennung, die das Land teilt. Da macht man sich außerhalb der USA überhaupt keine Vorstellungen. Es herrscht totale Diskriminierung. Und in der Army gelten die Schwarzen sowieso als minderwertig und dienen als Kanonenfutter, so sagt man, glaube ich, bei euch."

„Genau“, sagte Ralf, „aber ihr habt da ja nicht nur diesen sagenhaften schwarzen Boxer, diesen Mohamed Ali, sondern diesen engagierten Martin Luther King, der eine große Anhängerschaft haben soll.“

„Das ist richtig, aber seine Verehrer sind nicht die Weißen, die ihn für viel zu aggressiv halten und beschimpfen. Allenfalls die jungen Leute, die Studenten, marschieren mit ihm durch die Straßen, und wir bangen immer wieder um sein Leben. Denn die Südstaatler schrecken nicht vor Gewalt zurück, nicht einmal vor Mord. Denkt an Kennedys Tod vor fünf Jahren und die Morde, die sich anschließend ereignet haben. In den USA greift man schnell mal zur Pistole.“

Diesmal ließ Klaus die Zigaretten rumgehen. „Und“, sagte er, „das klingt jetzt sehr ironisch, die Amerikaner sehen leicht über die Hautfarbe hinweg, wenn ein Farbiger als Sportler und Olympiasieger eine Medaille entgegennimmt und dabei die amerikanische Nationalhymne erklingt. Wie sieht es denn aus mit der Olympiade dieses Jahr in Mexiko, um das leidliche Thema Vietnam einmal zu beenden, welches Land wird wohl die meisten Medaillen gewinnen, USA oder Deutschland oder aber Russland – wie stehen die Wetten?“

„In der Leichtathletik sind wir gut drauf, Deutschland muss ja nicht nur im Weltfußball erste Klasse sein“, sagte Ralf, „da sind wir eine gute Konkurrenz zu Amerika und Russland. Das wird spannend im Oktober.“

„Na, da wäre ich mir nicht so sicher“, sagte David, „die USA haben immer noch die besten Chancen, immerhin haben wir“, er grinste verschmitzt, „die besten schwarzen Sportler.“

– 17 –

Sie war von Wasser umgeben, das ihren Körper streichelte und Wärme in ihr aufsteigen ließ. Wenn sie die Augen öffnete, schwirrte über ihrem Kopf in weiter Ferne weißes Licht, das sich in den Wellen spiegelte. Kreisende Blasen stiegen auf und sie rang nach Luft. Sie schwebte durch blaugrünes Wasser immer schneller nach oben, bis sie das immer greller werdende Licht erreichte und endlich atmen konnte.

Eine Hand streichelte ihre Stirne, dann ihre Hand mit einer Bewegung, die ihr bekannt vorkam. Sie versuchte, die Augen zu öffnen.

„Mami", flüsterte sie überrascht, „Mami", und versuchte nach ihr zu fassen.

„Ganz ruhig, mein Schatz, bleib ruhig, es ist alles gut", flüsterte sie ihr zu und wischte sich die Tränen aus den Augen. „Gott sei Dank bist du wieder aufgewacht, wir haben uns ja so große Sorgen gemacht."

Ruth schaute sich in dem Krankenzimmer um. „Wie komme ich hierher?", fragte sie. „Was ist denn passiert? Ich kann mich an nichts erinnern, mein Kopf ist so leer", sagte sie und griff unter die Bettdecke nach ihrem Gesäß. „Ich habe so Schmerzen, da im Becken", versuchte sie ihrer Mutter zu erklären. Sie legte ihren Kopf erschöpft zurück. „Sag mir, was ist passiert?"

„Schätzchen", ihre Mutter strich ihr eine Haarsträhne aus dem Gesicht, „du bist in der Mensa die Treppe heruntergefallen und hast dich sehr verletzt. Wenn du keine Erinnerung daran hast, dann ist deine schwere Gehirnerschütterung daran schuld. Du hast dir aber glücklicherweise keine Knochen gebrochen. Nur" sie zögerte, „du hast dir dein Becken sehr, sehr stark verzerrt. Deswegen hast du so schwere Schmerzen. Die Ärzte sprechen von der Islakranfuge oder so ähnlich, die sich durch den Sturz verschoben hat, und jetzt wird deine Muskulatur gezerrt. Das ist sehr schmerzhaft, ich weiß. Das lässt sich aber mit Therapie behandeln und heilen. Eines Tages denkst du nicht mehr daran, das verspreche ich dir, mein Kind."

Bei diesem letzten Wort stutzte Ruth. Ihre Augen weiteten sich, und auf einmal fiel es ihr wieder ein. Sie sah sich, wie sie stolperte und vergeblich versuchte, mit den Händen das Treppengeländer zu ergreifen und gleichzeitig ihren Bauch zu schützen, als sie stürzte. Sie durchzuckte ein tiefer Schmerz. „Mein Baby", schrie sie auf und griff nach ihrem Bauch, „was ist mit meinem Kind!?"

Sie warf sich ihrer Mutter an die Brust. Sie ahnte, dass sie eine ganz schlimme Nachricht erwartete und schüttelte ihren Kopf. Ihre Finger verkrallten sich in dem Oberarm ihrer Mutter: „Nein, Mami, nein – sag es nicht!"

Während sie sich noch an ihre Mutter klammerte, war der Stationsarzt eingetreten. Er griff nach ihrer Hand und maß den Puls. „Ich verstehe, dass Sie sich aufregen, Frau Winkler, wir haben Sie nach dem furchtbaren Schock in ein künstliches Koma versetzen müssen, damit Ihr Körper und Ihre Seele sich wieder erholen. Das erste Erwachen ist immer das schlimmste. Wir konnten Ihr Baby nicht retten, es wollte nicht mehr bei Ihnen bleiben. Wir mussten in Ihrem Gesundheitsinteresse handeln, so leid es mir tut. Wir haben Sie geröntgt, und Sie können von Glück sagen, dass Sie sich nichts gebrochen haben. Die Zerrung der Iliosakralfuge ist kein dauerhaftes Problem, das kriegen wir wieder hin. Über einen Tropf bekommen Sie ein Beruhigungsmittel, und heute Abend noch etwas zum Einschlafen, damit wieder Ruhe und Entspannung einkehren."

„Meine Liebste", sagte ihre Mutter, „ich wusste ja gar nicht, dass du ein Baby erwartet hast. Du hast mir gar nichts erzählt. Ich bin ja aus allen Wolken gefallen, als ich dies von den Ärzten erfuhr."

„Ich weiß, ich wollte zu Ostern zu euch fahren und es dir erzählen. Wie Papi darauf reagiert hätte, weiß ich nicht, aber dir wollte ich es sagen. Das Ganze ist erst zwei Monate her, und ich habe in dieser Zeit so viel erleben und durchmachen müssen, du glaubst es nicht. Am liebsten möchte ich jetzt zu euch nach Paderborn, aber das Sommersemester beginnt Mitte des Monats, und ich muss mich um ein Zimmer kümmern, denn ich habe mich von Ansgar getrennt."

„Was", rief ihre Mutter, „das hast du mir auch noch nicht erzählt, wieso denn das?"

„Mami, das ist ja alles auch ganz frisch. Ansgar hat mich auf das Schlimmste belogen und betrogen." Sie fing an zu weinen und schüttelte ihren Kopf: „Er ist verheiratet, stell dir das mal vor, und hat zwei Kinder. Außerdem", sie senkte ihre Stimme und suchte das Ohr ihrer Mutter, „er ist ein Spion."

„Was? Ich könnte den Kerl umbringen."

„Mami, ich bin so traurig. Er war meine große Liebe und ich war so glücklich. Ich hätte so gerne das Kind bekommen. Ansgar wollte sich scheiden lassen und wir wollten dann heiraten."

„Na, ich will dir den Traum nicht zerstören, aber wer einmal lügt, ja, so sehr lügt, den kann ich mir nicht als meinen Mann fürs Leben vorstellen. Aber gut. Passiert ist passiert, es ist eh nicht mehr zu ändern."

„Mami, ich spreche als erstes mit meinen Mädels in der WG, sobald ich hier raus bin. Vielleicht wissen die eine Lösung. Mal sehen." Sie versuchte, ihren Kopf etwas zu heben. „Wann wirst du wieder heimfahren?"

„Also, ich werde morgen noch hierbleiben, aber wenn sich dein Zustand wieder bessert, fahre ich übermorgen. Ich möchte Papi nicht alleinlassen. Er hat Osterferien und stellt sonst nur Unsinn an."

„Aber du erzählst ihm nichts von meiner Schwangerschaft. Bitte, liebe Mami, das muss unser Geheimnis bleiben."

„Also gut, das bleibt unter uns. Hauptsache, du kommst bald auf die Beine. Ich bin morgen früh wieder bei dir. Ich bin ja so glücklich, dass du aus dem Koma erwacht bist. Das ist wie eine zweite Geburt."

Ruth hatte eine unruhige Nacht. Sie war aus dem Tiefschlaf aufgeschreckt, weil die Bettnachbarin einmal aufgestanden und auf die Toilette gegangen war. Sie konnte lange Zeit keinen Schlaf finden.

Denken Sie an etwas Schönes, hatte der nette Arzt gesagt. Und sie versuchte, ihre schlechten Erinnerungen zu vertreiben und lenkte ihre Gedanken weg von Ansgar auf den Pfad der Götter. Die von ihm errichteten Türmchen ließ sie hinter sich zurück und folgte dem steinigen Weg bergan. Über ihr der blaue Himmel, und wenn sie sich umdrehte, erblickte sie die Inseln im Morgendunst des Meeres. Sie atmete ruhiger und sah vor ihren Augen diesen jungen Mann auf der Terrasse der Tenuta sitzen, zu dem sie sich vom ersten Augenblick an so sehr hingezogen gefühlt hatte. In ihren Gedanken legte sie ihren müden Kopf an seine nackte Schulter. Sie spürte die Wärme seines Körpers und atmete den Duft seiner Haut mit jedem Atemzug ein. Sie fühlte die Erinnerung an die leidenschaftliche Liebe aufkommen, mit der sie sich ihm so selbstvergessen hingegeben hatte.

Dieser Mann hatte neben seiner Männlichkeit vor allem Vertrauen und Zuverlässigkeit ausgestrahlt. Nie hätte er sie so betrogen, wie sie es jetzt mit Ansgar erleben musste. Mit diesem Gefühl großer Sehnsucht nach Klaus schlief sie erschöpft wieder ein.

Als sie mit kleinen Schritten von der Morgentoilette zurückkehrte, stand eine Frau an ihrem Bett. Sie war großgewachsen und trug einen langen bis zum Boden reichenden Rock. Ihr kastanienbraunen Haare fielen über ihre Schultern und betonten ihre schlanke Figur.

„Mensch, Karin“, rief sie, „das ist ja eine Überraschung, wie kommst du denn hierher?“

„Komm in meine Arme, du armes Stück“, antwortete sie und streichelte über ihr Gesicht. „Was haben sie denn mit dir gemacht? Du hast uns vielleicht erschreckt.“ Sie stützte Ruth und führte sie zu ihrem Bett.

„Jetzt leg dich erst mal hin, ich sehe ja, dass du Schmerzen hast. Was macht deine Hüfte, ist die ganz geblieben?"

„Sie ist nur angeknackst und wird wieder, sagen die Ärzte. Ich hoffe, dass ich zu Beginn des Semesters wieder so weit fit bin. Ich habe noch ein riesiges Glück gehabt, dass ich mir nichts gebrochen habe, als ich die Treppe heruntergestürzt bin." Und auf Karins fragenden Blick fügte sie hinzu: „Ich habe einfach nicht aufgepasst. Aber jetzt verrate mir mal, woher weißt du denn, dass ich hier bin?"

„Dieser Typ hat bei uns angerufen, Joe oder so ähnlich heißt der, nicht wahr. Du hättest einen schweren Treppensturz halbwegs überlebt und seist jetzt hier im Krankenhaus. Ich habe dann bei deinen Eltern angerufen."

„Meine Mutter war gestern schon bei mir. Das hat gutgetan. – Sag mal, ich werde morgen oder übermorgen entlassen und weiß nicht, wo ich hinsoll. Ich habe mich von Ansgar getrennt, ein für alle Mal."

Sie erzählte ihr von Ansgars Doppelleben und warf sich verzweifelt an Karins Brust. „Mein Gott", sagte sie, „und jetzt?"

„Ich weiß nicht."

„Ich hasse ihn."

„Ich weiß."

Sie lehnte sich auf ihrem Stuhl zurück und schlug ihre langen Beine übereinander. „Also, es ist ja bald Ostern und Rosi wollte sowieso ein paar Tage verreisen. Ich werde sie fragen, ob sie dir ihr Zimmer für diese Zeit zur Verfügung stellt. Allerdings wirst du dich dann um ihre Katze kümmern müssen. Das wäre das Geringste, oder?"

„Mensch, das wäre ja toll. Fragst du sie schon mal, bitte? Das würde mich sehr beruhigen, wenn das klappen würde. Und in der Zwischenzeit, bis sie wieder zurück ist, habe ich auch etwas anderes gefunden."

„Das schaffst du, das kriegen wir hin."

„Ja, ich will dann auch erst gar nicht nach Paderborn, sondern nehme mir Zeit, eine Unterkunft zu finden. Ich muss ja auch mit den Jungs in Lichterfelde reden und sehen, wie ich aus dem Vertrag rauskomme. Immerhin habe ich die Hälfte der Kaution gestellt. Ich hoffe nur, dass ich Ansgar nicht begegne.“

Sie lehnte sich erschöpft in ihrem Bett zurück und sagte: „Ich danke dir sehr, dass du gekommen bist.“

Ruth war zwei Tage später mit ihren Siebensachen in einem kleinen Köfferchen, das ihre Mutter in Lichterfelde abgeholt hatte, in ihrer ehemaligen WG angekommen. In der Küche im Kreis ihrer Freundinnen fühlte sie sich wie zu Hause.

„Mein Gott, bin ich glücklich, dass ich wieder mit euch zusammen sein kann“, sagte sie, als sie um den Küchentisch saßen. „Ich danke euch für den Willkommensgruß, dieses hübsche blaue Panama-Veilchen, über das ich mich sehr gefreut habe. Aber“, und sie deutete auf das neue Plakat an der Küchenwand, „jetzt habt ihr auch Martin Luther King unter euch.“

„Ja, weißt du denn nicht, sie haben ihn vor drei Tagen umgebracht – hinterrücks erschossen. Wenn alles anders gelaufen wäre, könntest du jetzt mit uns beim Schweigemarsch sein“, sagte Ingrid und atmete tief durch. „Lass uns das Thema wechseln. Du bist zwar von dir aus ausgezogen, aber wir wollen dich nicht hängenlassen.“

Sie nahm sich eines der von Edeltraud geschmierten Schmalzbrote und fuhr fort: „Um es gleich zu sagen. Es gibt da eine Chance. Dein Zimmer habe ich ab diesem Monat weitervermietet an Irma. Sie hat aber bis heute weder die Kaution gezahlt noch den Abstand für deine Möbel, die du zurückgelassen hattest. Auch die Miete für diesen Monat steht noch aus. Bevor sie nicht alles komplett auf Heller und Pfennig gezahlt hat, kriegt sie auch keinen Schlüssel.“

Ruth traute ihren Ohren nicht. Sollte sie so viel Glück haben und nicht nur ein Zimmer, ihr Zimmer wiederhaben, sondern auch in der WG bleiben können, im Kreis ihrer Freundinnen? Sie hörte Ingrid angespannt zu und nahm einen Schluck Tee.

Ihre Freundin fuhr fort: „Wenn du also zusagst, kannst du das Zimmer haben. Ich setze Irma jetzt die letzte Zahlungsfrist, sagen wir mal von einer Woche, und wenn dann das Geld nicht auf dem Tisch liegt, ist sie raus aus dem Spiel."

„Aber Ingrid, das wäre ja toll." Ruth wollte es nicht glauben, „ich wäre dir ja so dankbar, ich weiß nicht, was ich sagen soll."

„Und wenn dein Baby da ist, musst du mit Karin sprechen. Die hat ein größeres Zimmer und ihr könntet dann tauschen, ja, Karin?"

Ruth stürzten die Tränen aus den Augen. „Ich habe kein Baby mehr, ich habe beim Sturz mein Kind verloren", flüsterte sie in ihre Hände, die sie vor ihr Gesicht gepresst hatte.

Edeltraud war die erste, die nach einer scheinbar ewig langen Zeit reagierte. Sie stand zögernd auf und nahm Ruth zärtlich in die Arme. „Meine arme Ruth", sagte sie, „das tut mir ja unendlich leid. Das muss für dich überaus schmerzhaft sein, das kann keiner besser verstehen als ich."

Die jungen Frauen waren inzwischen aufgestanden und scharten sich um Ruth. Jede von ihnen hatte ein liebes, ein herzliches Wort des Trostes und Mitgefühls.

„Erst die Trennung von Ansgar und jetzt der Verlust deines Babys, das ist ja kaum auszuhalten", sagte Christa, und Karin fügte an: „Das kann keiner von uns bis zuletzt nachempfinden, wer kann denn das ertragen?"

„Und wer sitzt dann auf der Straße, frage ich mich, wer muss das ganze Elend ausbaden, natürlich die Frau." Ingrid scheuchte die Katze weg, die Ruth auf den Schoß springen wollte. „So geht das nicht weiter. Das Gerede der Männer, die immer nur ihr eigenes Interesse im Auge haben, kann ich nicht mehr hören. Wir müssen gegen diese männerdominierte Struktur unserer Gesellschaft vorgehen und nicht erst auf die Revolution warten. Deshalb haben wir jetzt auch einen Aktionsrat zur Befreiung der Frauen gegründet, im SDS in der Wielandstraße. Ihr solltet zur nächsten Sitzung mitkommen. Ihr wisst, Hausnummer 27."

„Da bin ich ganz auf deiner Seite“, sagte Karin. „So hart das jetzt klingt, Ruth, aber wer kein Kind haben will, soll das auch auf jede Weise selbst entscheiden können. Entweder durch Verhütung oder Abtreibung, und, lasst mich ausreden, wer ein Kind haben will, muss sich auch diesen Wunsch erfüllen können. Ich denke nur an unsere letzte Diskussion über Kinderbetreuung.“

„Ich bin da schon ein Stück weitergekommen“, sagte Edeltraud, „ich habe mit dem Vermieter von dem Kolonialwarengeschäft gesprochen. Der hat noch keinen neuen Mieter. Wir können den Laden haben, wenn wir die Kaution stellen und bar zahlen. Die warme Miete beträgt 400 DM mit Nebenkosten. Und wenn wir 10 bis 12 Kinder aufnehmen und jedes Kind 50 DM zahlt, müsste die Rechnung aufgehen.“

Ruth blickte auf. „Ich möchte da gerne mitmachen. Ich kann mir die Zeit einteilen und mit Edel und einer weiteren Mutter den Dienst aufteilen. Und“, sie wischte sich mit dem Handrücken die Tränen aus den Augen, „Ziel unserer Kindeserziehung muss auch sein, die Deformationen, die die Kinder aus den Kleinfamilien mitbringen, durch pädagogische und therapeutische Möglichkeiten so weit wie möglich zu beseitigen. Wir müssen die Kinder durch gemeinsames Spiel enthemmen und für ihre Zukunft fit machen.“

„Ja“, pflichtete Edeltraut ihr bei, „wir sollten die Kinder ganztägig betreuen, mit Mittagessen, Mittagsschlaf, und sie aus ihrem häuslichen Mief befreien. Schon in der frühen Lebensphase sollen sie sich frei entwickeln und frei ...“

Christa fiel ihr ins Wort: „Sie sollen machen können, was sie wollen, und dafür nicht bestraft werden. Das ist für die Entwicklung eines Kindes so wichtig. Ich denke da nur an zu Hause. Meine Geschwister und ich, wir sind von meinen Eltern geradezu dressiert und immer wieder hart bestraft worden, wenn wir unseren eigenen Weg gehen wollten. Das muss ein für alle Mal aufhören. Es ist unsere Aufgabe, das zu ändern und eine eigenverantwortliche Gesellschaft zu fördern.“

„Also“, sagte Ingrid, „wenn Rosi wieder zurück ist, solltet ihr mal mit der angehenden Betriebswirtin sprechen und eure Kalkulation durchrechnen lassen. Ich wäre da vorsichtig. Ich mache einstweilen im Aktionsrat Reklame für euren Kinderladen, die Nachfrage wird groß sein.“

– 18 –

Als er das Haus verließ, sog er in tiefen Atemzügen die morgenfrische Luft ein, die einen herrlichen Sommertag ahnen ließ. Es roch nach feuchter Erde, nach glitzerndem Tau und blauem Himmel.

Am Hauptbahnhof kämpfte er sich seinen Weg durch die aus den Nahverkehrszügen strömenden Berufstätigen und fand schließlich seinen schon bereitgestellten Zug. Bis zur Abfahrt nach Berlin war noch genügend Zeit und er lief den Zug ab, um sich ein angenehmes Abteil auszusuchen. Nicht zu nah am Zugende, überlegte er sich, weil in Bebra die dann furchtbar nach Braunkohlerauch stinkende Lokomotive der Reichsbahn den Zug in die umgekehrte Richtung ziehen würde. Und nicht zu weit vorne, weil in der Ostzone der Zug auf den maroden Gleisen am hinteren Ende besonders schlingern würde. Also wählte er die Zugmitte.

Er fand ein noch freies Abteil und wählte mit Rücken gegen die Fahrtrichtung seinen Platz an der Türe. Das hatte den Vorteil, dass er öfters aufstehen und sich die Füße auf dem Gang vertreten konnte, ohne den Mitreisenden über die Beine stelzen zu müssen. Außerdem musste er nicht unbedingt mit einem Gegenüber rechnen, weil die meisten Passagiere gern am Fenster sitzen und diese Plätze bevorzugt wählen.

Ein älteres Ehepaar klopfte an der Abteiltüre und deutete mit fragendem Blick auf die beiden Fensterplätze. Klaus hob den Daumen. „Ich habe sie für Sie freigehalten“, scherzte er, und zu dem Mann gewandt, „allerdings in der Hoffnung, dass Sie nicht Zigarrenraucher sind, was noch viel schlimmer ist als der Gestank der Lokomotive.“

Nein, wandte seine Frau ein, mehr als zwei Zigarren werde ihr Mann auf der gesamten Strecke nicht rauchen. Sie setzte sich in Fahrtrichtung.

Dann nahte eine junge Frau mit schwarzer Beatle-Frisur und kariertem Minirock. Sie wählte den Platz neben der Frau.

Der Zug füllte sich und leider setzte sich dann noch ein junger Mann auf den ihm gegenüberliegenden Platz, sodass Klaus seine Beine doch etwas einziehen musste. Die laut aufbrummende Diesel-Lokomotive zog an und man begann sich zu beäugen. Klaus registrierte, dass er die Reisegesellschaft bis Bahnhof Zoo aushalten könne, und holte sich seine FAZ aus der Aktentasche. Der ältere Mann zündete sich seine erste Zigarre an.

„Wir wollen rechtzeitig vor Bebra unsere Namen und unsere Adressen austauschen", sagte Klaus mit erhobener Stimme und fügte hinzu, „bevor es zu spät ist." Die beiden jungen Leute schauten ihn fragend an und er erklärte ihnen, es komme immer wieder vor, dass die Volkspolizei Mitreisende aus dem Zug heraus festnehme und tagelang gefangen halte, sodass die Festgenommenen als verschollen gelten würden. Hätte man die Namen und Anschriften notiert, könnten die Mitreisenden bei ihrer Ankunft in Westberlin sofort die Polizei benachrichtigen, sodass diese dann Nachforschungen bei den ostdeutschen Behörden anstellen würde. Das leuchtete ein und es begann ein Zettelaustausch.

Das Ehepaar und Klaus hatten bereits ihre Zettel vorbereitet und noch bevor der Schaffner zum Knipsen der Fahrkarten die etwas klemmende Abteiltüre öffnete, war der Zettelaustausch beendet.

In Bebra verließ Klaus während des Lokomotivenwechsels den Zug. Er fand den weiß gekleideten Mann mit seinem feschen Schiffchen auf dem Kopf, der wie gewohnt seinen Verkaufswagen den Bahnsteig entlangschob, am Kopfende des Zugs. Er kaufte sich zwei Paar Wiener mit drei Brötchen und verzierte das Ganze mit einem scharfen Senf, der ihn an einen Stadtbesuch in Köln erinnerte.

Der Zug setzte seine Reise fort und schlingerte auf ausgefahrenen Schienen gen Osten. Klaus hatte sich auf den Gang gestellt und genoss den Anblick der sommergrünen

Landschaft. Es war warm geworden und den kurzärmligen Pullover hatte er bereits ausgezogen. Langsam näherten sie sich dem Grenzübergang Gerstungen und sie fuhren über ein großes Gleisfeld, auf dem zahlreiche Vopos ihre Schäferhunde an der Leine führten. Aus den Luken der Wachtürme schauten Soldaten, ihre Ferngläser spiegelten die Sonne.

Ein wehendes Fahnenmeer in Schwarz-Rot-Gold mit Hammer und Zirkel sowie schmetternde Marschlieder, die aus zahlreichen auf den Bahnsteigen stehenden Lautsprechern dröhnten, begrüßten den einlaufenden Zug. Die Reisenden wurden in der DDR willkommen geheißen und die flüchtenden Westdeutschen in Thüringer Dialekt aufgefordert, sich in der Bahnhofshalle am dafür vorgesehen Schalter zu melden.

Auf dem Bahnsteig standen neben Mitarbeitern der Reichsbahn proper gekleidete Schwestern des Roten Kreuzes in strahlend weißen Schürzen und Häubchen. Weit und breit war kein Flüchtling zu sehen, auch stieg niemand in den Zug. Diesen hatten inzwischen Grenzbeamte und Vopos betreten, die die Reisenden aufforderten, ihre Plätze einzunehmen.

Es begann die Passkontrolle und die jungen Beamten leuchteten mit ihren Taschenlampen unter die Sitze, während die Passagiere die Beine hochziehen mussten.

Die viereckigen Taschenlampen, über deren Leuchten grüne und rote Gläser geschoben werden können, erinnerten Klaus an Modelle der ehemaligen Wehrmacht. Den gleichen Unwillen weckten in ihm die grünen Uniformen des Militärs, insbesondere ihre germanischen Runen gleichenden Kragenspiegel und silberfarbenen Uniformknöpfe.

Klaus konnte nur mit Mühe seinen Ärger über die penible Kontrolle der Volkspolizei unterdrücken. Am liebsten hätte er sich über das bürokratische Gehabe der Uniformierten laut mokiert. Er hatte jedoch Marie versprechen müssen, sich unbedingt zu beherrschen, was ihm umso schwerer fiel, als er beobachten musste, dass seine Weggenossen vor der drohenden Haltung der Vopos kuschten.

Als die Vopos dann jedoch vor Abfahrt des Zuges noch über die Türgriffe der Wagen Stahlklammern befestigten, damit keiner während der Fahrt durch die Ostzone die Türen öffnen und den Zug verlassen oder auch besteigen konnte, verlor er die Beherrschung.

„Haben Sie das gesehen?", rief er und schlug sich mit der flachen Hand an seinen Kopf. Er kam sich vor, als ob er ohne jegliche Schuld in einem Gefängniswagen befördert wurde, eingepfercht wie ein Tier. Sein gegenüber sitzender junger Mitreisender zog die immer noch klemmende Abteiltüre schnell zu, schaute Klaus wortlos mit großen Augen an und hielt den gestreckten Zeigefinger vor seine Lippen. Die Mitreisenden schwiegen. Die junge Frau kaute an ihren kurzen Fingernägeln.

Klaus zog aus seiner Hemdtasche eine Packung Roth Händle. Er klopfte das filterfreie Mundstück auf der Packung fest und bedankte sich bei dem älteren Mann, der ihm Feuer gereicht hatte. Er lehnte sich zurück und blies den Rauch nach einem langen Lungenzug Entspannung suchend aus. Der Zug nahm Fahrt auf und passierte nach einer Weile Eisenach und die grauen Fabrikhallen zur Linken, in denen der Wartburg hergestellt wurde, zur Rechten die gleichnamige Burg. Wie gerne hätte Klaus einmal die Geburtsstadt seiner Großmutter besucht.

„Ich bin vor einiger Zeit mit meinem Vater mit dem Auto nach Berlin gefahren und in Eisenach sind wir einfach von der Autobahn runter und in die Stadt abgebogen", erzählte Klaus seinen Reisegenossen. „Wir kamen aber nicht weit. Hinter der nächsten Hausecke lauerten zwei Vopos, die uns mit ihrer Polizeikelle anhielten und uns wieder zurückschickten. Es war nicht einfach, ihnen glaubhaft zu erklären, dass wir uns verfahren hätten."

Die Reisenden genossen die von blühendem Mohn rot gefärbten Getreidefelder. Sie zogen sich in die Weite der hügeligen Landschaft und verloren sich erst, als der Zug die grünen Kiefernwälder Brandenburgs und schließlich den Grenzübergang Giebelsee erreichte. Mit quietschenden Bremsen rollte er in den Bahnhof ein. In Vorfreude auf die frische Sommerluft schoben die Reisenden die Fenster herunter und begutachteten den langen überdachten Bahnhof. Enttäuscht mussten sie feststellen, dass der Bahnsteig wieder nur von Vopos mit ihren bellenden Hunden bevölkert und kein normal gekleideter Mensch zu sehen war.

Die Vopos entfernten die Türklammern und bestiegen die Waggons. Mit lauten und militärischen Befehlen „In die Abteile" scheuchten sie die Reisenden auf ihre Plätze und begannen mit ihrer Passkontrolle, obwohl kein Mensch seit der Kontrolle in Gerstungen ein- oder ausgestiegen sein konnte. Der Zug hatte nur einmal in Jena gehalten, um die Lokomotive mit Wasser zu versorgen, weit außerhalb des Bahnhofs.

Wortlos sichteten die Uniformierten die Pässe und beorderten die Reisenden auf den Gang, um in aller Ruhe auf die Sitzbänke zu steigen und das Gepäck zu kontrollieren und sodann wiederum mit ihren Taschenlampen unter die Sitze zu leuchten. Enttäuscht, nichts gefunden zu haben, wechselten die Beamten sodann zum Nachbarabteil.

Klaus hatte sich während dieser Prozedur sehr bemüht, gegenüber den Beamten keine bösartige Bemerkung zu machen. Er fühlte sich von ihnen vorgeführt, und er wehrte sich innerlich gegen das Gefühl, die Beamten mokierten sich über die westdeutschen Reisenden, die sich ohne Gegenwehr herumkommandieren ließen.

Seine Reisegenossen nahmen wieder ihre Plätze ein und Klaus holte sich eine Banane aus seinem Gepäck, die er sich auf dem Gang schälte. Er lehnte sich aus dem Fenster und beobachtete das Geschehen auf dem Bahnsteig.

Die Vopos waren mit der Kontrolle der Passagiere schließlich fertig. Einer der beiden drückte sich im Gang hinter Klaus vorbei, während der andere in einiger Entfernung stehen blieb – Klaus in der Mitte. Die Vopos griffen in ihre Taschen und holten jeder einen Vierkantschlüssel heraus, stiegen auf den unter den Fenstern entlanglaufenden Heizkörper, öffneten den Deckel in der Decke über Klaus und schauten in den Hohlraum.

Da stach Klaus der Hafer und er stieg ebenfalls hoch, um dann wie die Vopos in den Deckenkasten zu lugen. Er war sich bewusst, dass er seinen Kopf übertrieben hochhob und einige Male zu viel hin und her drehte.

„Was schauen Sie da?“, bellten die Stimmen der Vopos fast gleichzeitig.

„Ich schaue, was Sie schauen“, war die prompte Antwort von Klaus, während er wieder vom Heizkörper stieg und seine Banane weiter aß.

„Sie wollen uns provozieren“, sagte der eine der beiden Militärs. Und der andere befahl Klaus, sofort in sein Abteil zu verschwinden.

Klaus zögerte. Das war wieder dieser militärische Ton, der ihm verhasst war. Er hatte ihn noch aus einer anderen Zeit gut in Erinnerung und sein Widerspruchsgeist ließ ihn antworten: „Ich habe eine Fahrkarte und keiner kann mich an der Benutzung dieses Zuges hindern.“ Er blieb demonstrativ im Gang stehen und biss genussvoll in das Ende seiner Banane.

Das hielten seine Widersacher nicht aus. Mit rot angelaufenen Gesichtern ergriffen sie seine Oberarme. „Sie sind festgenommen, folgen Sie!“, schrien sie ihn an und zerrten ihn den Gang entlang zur Zugtüre. Klaus war klar, dass jeder Widerstand zwecklos war. Beim Aussteigen aus dem Zug versuchte er vergeblich, sich mit den Händen an den Griffstangen festzuklammern. Der Rest der Banane fiel ihm aus der Hand und durch den Spalt zwischen dem Trittbrett und der Bahnsteigkante auf das Gleis.

„Vorwärts!“, sagten sie. „Schneller!“, riefen sie und stießen ihn den Bahnsteig entlang. Die aus den Fenstern des Zugs lehnenden Leute beobachteten das Geschehen reglos. Sie blieben stumm und griffen nicht ein, wie Klaus es hoffte.

Die Vopos drängten ihn in Richtung eines in der Mitte des Bahnsteigs stehenden Gebäudes, das rundum mit Fenstern versehen war.

„Stehen bleiben", kommandierte der eine Vopo, der einen Stern mehr auf seiner Uniform trug als der andere. „Den Pass her." Als Klaus ihn aus seiner Tasche geangelt und ausgehändigt hatte, hieß es: „Bleib stehen", und zu seinem Kollegen gewandt: „Du passt auf ihn auf." Er verschwand durch die Türe, die er hinter sich zuzog.

Klaus verschnaufte und beobachtete, wie der federführende Vopo zu einem rechts im Raum stehenden Schreibtisch marschierte, hinter dem ein älterer Beamter saß. Er knallte den Personalausweis auf die Schreibtischplatte und redete auf seinen Vorgesetzten ein. Klaus konnte ihn nicht verstehen. Er blickte auf die über der Eingangstüre hängende Bahnhofsuhr: 16:32 Uhr. Er wusste zwar nicht, um wieviel Uhr der Zug weiterfahren sollte, aber die Uhr schien ihm drohend.zu vermitteln, dass es in nicht allzu langer Zeit passieren würde.

Und es geschah nichts. Der Minutenzeiger der Bahnhofsuhr rückte Minute um Minute weiter. Sein Bewacher sagte nichts und die Spatzen auf dem Bahnsteig stritten um die Brotkrumen, die ihnen Reisende aus dem Zugfenster zugeworfen hatten. Ihr Zwitschern ging Klaus langsam auf die Nerven.

Als er dann endlich reingerufen und zu dem Mann hinter dem Schreibtisch geführt wurde, überraschte Klaus laute westliche Musik, die aus einem Kofferradio tönte. Es stand auf der Fensterbank und sah so westlich aus, dass es nur einem Reisenden weggenommen worden sein konnte. Der Bewacher führte Klaus am Arm und befahl ihm, sich vor seinem Vorgesetzten aufzustellen. „Und geradestehen!", war das Kommando. „Maul halten!", setzt er hinzu.

Der ältere Beamte war in eine Akte vertieft, von der er nicht aufschaute. Lange nicht, unendlich lange Zeit schien es Klaus. Im Hintergrund telefonierte ein anderer Beamter und zündete sich, während er Klaus von der Seite einen gelangweilten Blick zuwarf, eine Zigarette an.

Der Diensthabende hob auf einmal unerwartet seinen Kopf, schenkte Klaus einen müden Blick, verwies ihn mit seinem etwas erhobenen Kinn auf den ihm gegenüberstehenden Stuhl. Klaus war erleichtert, sich setzen zu können.

Zwischen ihnen stand eine Schreibmaschine. Ein schwarzer hoher viereckiger Metallkasten in der Größe eines Persilkartons, hinter der der Diensthabende jetzt fast verschwand. Aus seiner aufgeknöpften Dienstjacke, die goldfarbene Knöpfe zierten, lugte ein runder fast haarloser Kopf. Die metallene Brille mit runden Gläsern war etwas von der dickporigen Nase gerutscht. Der Mund war groß und seine feuchten Lippen schmal. Sie bewegten sich nicht.

Klaus schaute auf seine Armbanduhr: 16:45 Uhr. Das konnte doch unmöglich so weitergehen. Und der Diensthabende hatte seinen Personalausweis noch nicht eines einzigen Blickes gewürdigt. Aus dem Lautsprecher des Kofferradios ertönte der singende Elvis Presley. Es war heiß. Und langsam begann Klaus der Schweiß an seinem Körper entlangzulaufen, erst unter den Achseln, dann auf der Stirne, dann am Hals.

Klar und deutlich klang es aus den Lautsprechern: „D-Zug 253 Richtung Berlin einsteigen, Türen schließen." Es folgte ein langgezogenes Pfeifen. Klaus rückte auf seinem Stuhl unruhig hin und her, was den Beamten offenkundig nicht berührte. Überflüssigerweise pfiff auch noch die Lokomotive, die letzten Zugtüren knallten zu, die Hunde bellten.

Mit einer langsamen Bewegung griff der Diensthabende nach dem Personalausweis und warf diesen in einer überraschend schnellen Bewegung Klaus an den Kopf. Dieser bückte sich, um das Ausweispapier aufzuheben und als er wieder hochkam, sagte ihm sein Widersacher mit leiser Stimme: „Lauf, lauf sonst kriegst du den Zug nicht mehr."

Klaus wollte sich daraufhin umdrehen und zur Tür laufen, als ihm blitzartig der Gedanke kam, dass er in eine Falle laufen könnte. Er stoppte seine Bewegung, drehte sich zu dem Mann um, der sich inzwischen von seinem Stuhl erhoben hatte und an dessen Gürtel ein Revolverhalfter hing. Mit verängstigter, aber noch recht fester Stimme beschwor Klaus ihn: „Nicht schießen!" Damit gab er deutlich zu verstehen, dass er den perfiden Plan seines Widersachers, über dessen Gesicht sich ein breites Grinsen zog, durchschaut hatte.

Und Klaus begann zu rennen. Der Zug fing an zu rollen. Klaus sah, wie die Räder sich langsam zu drehen begannen. Hinter sich hämisches Gelächter aus Männerkehlen, vor sich die nächste erreichbare Zugtüre. Angst vor dem noch ausbleibenden Schuss, nackte Arme, die sich ihm durch die geöffnete Türe Hilfe reichend entgegenstreckten, die Angst vor dem Stolpern, vor dem Hinfallen, und die Angst, die Stufe nicht mehr zu erreichen, auf die er mit seinem rechten Fuß sprang, und die tiefe Besinnungslosigkeit, in die er erschöpft fiel, als er auf dem stahlnackten Perron des Wagens zusammenbrach.

– 19 –

Regen- und Schneeschauer wechselten sich ab. Nur selten zeigte sich die Sonne. Ruth verbrachte den Tag regungslos auf ihrem Küchenstuhl und starrte still vor sich hin.

Ihr einziger Ansprechpartner war Rosis Katze, die jede Gelegenheit nutzte, auf ihren Schoß zu springen und es sich behaglich zu machen. „Du hast es gut", sagte Ruth und kraulte sie hinter ihren Ohren, „du bist kastriert und brauchst dir keine Sorgen zu machen. Du weißt zwar nicht, wie erfüllend das Gefühl einer Mutter ist, ein Kind unter ihrem Herzen zu spüren, brauchst aber auch keinem Kater aus dem Weg zu gehen. Hauptsache du bekommst deine Milch und dein Futter, muss ja nicht immer gleich eine Maus sein – oder? Bald kommt dein Frauchen wieder zurück. Mal sehen, ob sie dir etwas mitbringt. Komm mal runter von meinem Schoß, ich will mir einen Tee machen."

Sie setzte einen Kessel Wasser auf. Appetit hatte sie schon lange keinen, ihr war im Grunde alles zuwider. Sie hatte bisher noch nicht einmal ein einziges Schokoladenei aus dem bunten Osternest gegessen, das ihr ihre liebste Mutter letzte Woche geschickt hatte. Als der Wasserkessel pfiff, goss sie sich einen Pfefferminztee auf. Sie saß noch nicht auf ihrem Stuhl, als die Katze wieder auf ihren Schoß sprang.

„Weißt du, Rosa", sagte sie zu der schnurrenden Katze und kraulte sie weiter hinter den Ohren, „ich habe zu nichts mehr Lust. Ich würde am liebsten den ganzen Tag im Bett bleiben und mir die Decke über den Kopf ziehen. Am liebsten möchte ich nur weinen. Verstehst du das?"

Sie nahm einen Schluck Tee, der ihren Magen etwas wärmte. „Sag doch mal was – keiner will mit mir reden. Komm, wir gehen in Rosis Zimmer. Da ist dein Körbchen und ich lege mich etwas aufs Bett."

Zum Semesterbeginn waren die Hörsäle wieder überfüllt. Ruth hatte sich einen inneren Ruck gegeben und sich vorgenommen, keine Vorlesung ausfallen zu lassen und sich voll auf ihr Studium zu konzentrieren. Sie neidete ihren Kommilitoninnen die Heiterkeit und Unbeschwertheit, die von ihnen ausging und konnte nicht verhindern, dass ihre Gedanken immer wieder abschweiften.

Wo war Joe? So sympathisch er gewesen war, so war er doch ein mieser Geheimdienstler, der seine Freundlichkeit nur als Mittel zum Zweck vorgeschoben hatte. Bestand denn die Welt nur aus Unaufrichtigen, nur aus verlogenen Menschen? Die beiden Schumacher-Brüder waren die einzigen Männer, an die sie gerne dachte und die sie sowieso mal besuchen musste, um ihre restlichen Sachen, die ihre Mutter zurückgelassen hatte, bei ihnen abzuholen.

Als sie in Lichterfelde anrief, war Nicki am Apparat. „Hör mal“, sagte er, „Moritz kommt so gegen sechs, dann könntest du doch auch kommen und wir essen zusammen eine Stulle, was hältst du davon?“

„Ja, toll“, rief Ruth, „und ich bringe eine Flasche Wein mit, damit wir nicht verdursten. Ich freue mich. Bis dann.“

Moritz öffnete ihr die Türe. „Komm herein!“, rief er und umarmte Ruth. Es war das erste Mal, dass sie sich von einem anderen Mann umarmen ließ, nachdem sie sich von Ansgar getrennt hatte, auch wenn es nur eine Geste der Freundschaft war.

„Nicki ist in der Küche und schmiert schon die Brote. Und eine Dose Fisch in Tomatensauce habe ich auch aus der Stadt mitgebracht, die machen wir gleich mal auf.“

Ruth ging in die Küche, begrüßte Nicki und umarmte auch ihn. „Ihr seid ja prächtig. Ich freue mich, euch wiederzusehen.“ Sie zog ihre blaue Jacke aus und fragte zögernd: „Ist Ansgar noch einmal hier gewesen?“

„Ja, aber nur kurz. Er hat seine Siebensachen gepackt, sich die Hälfte der Kaution auszahlen lassen und ist verschwunden. Hast du ihn noch mal gesehen?“

„Nein, um Gottes Willen, ich möchte von ihm nichts mehr sehen und hören."

„Wir hatten versucht, dich anzurufen, weil du auf einmal weg warst und wir von dir nichts gehört haben. In deiner WG sagte ein Mädchen am Telefon, dass du im Krankenhaus bist, aber mehr wussten die auch nicht. Deine Mutter konnte uns auch nichts sagen. Was ist denn bloß passiert?"

„Ich bin in der Mensa die Treppe heruntergestürzt", antwortete sie, „habe nicht aufgepasst. Ich habe mir das Becken verletzt, aber es geht schon wieder."

Sie setzte sich auf einen Stuhl und entschied sich, den Jungs weder von ihrer Schwangerschaft noch von Joe und Bill zu erzählen. Sie hatte sich von den beiden Amerikanern bereits gedanklich verabschiedet. Dann brauchte sie auch mit anderen nicht darüber zu reden.

„Jungens", sagte sie, als sie sich um den Küchentisch gesetzt hatten, „ich muss das alles so schnell wie möglich vergessen. Bei euch ist es wunderschön. Aber in dem Zimmer da oben kann ich nicht leben. Da werde ich immer wieder zu sehr an die Vergangenheit erinnert. Diese Gedanken muss ich loswerden, und zwar so schnell wie möglich."

„Na ja, das war ja leider nur eine kurze Vorstellung, mehr ein Besuch als ein Zusammenleben. Dann können wir zum nächsten Monatsersten das Zimmer weitervermieten, oder?"

„Ja, klar – das wäre prima, dann würde ich kein Geld verlieren. Und wenn das zeitlich hinhaut", sie klopfte dreimal auf den Tisch, „toi, toi, toi – dann bekomme ich meine Hälfte Kaution von euch zurück."

„So ist das", meinte Nicki und hob sein Glas. „Lass uns darauf anstoßen, und du versprichst uns, dass wir uns nicht das letzte Mal gesehen haben."

„Und", sie blickte aus dem Fenster in den großen Garten, „wenn ihr mal im Sommer ein Fest machen solltet, müsst ihr mich unbedingt dazu einladen, ja?"

„Aber klar", sagte Nicki, „wir machen jedes Jahr eine große Sommerparty, und dann bist du dabei."

„Ich hoffe nur, dass ich dabei sein kann, und die mich nicht wieder einsperren, wie auf der letzten Demo", sagte Moritz, „dann könnt ihr mich im Karzer besuchen kommen."

„Wieso, was ist denn passiert?", fragte Ruth. „Erzähl mal."

„Also", begann er zögernd und schenkte sich ein Glas Wein ein, „nachdem dieser Typ, der vom Verfassungsschutz bezahlt wird, mehrmals auf Rudi Dutschke geschossen hatte, hatten wir uns in der TH versammelt und beschlossen, zum Springer-Hochhaus in die Kochstraße zu ziehen."

Er strich sich mit der Hand durch sein dichtes schwarzes Haar: „Wir haben versucht, das Haus zu stürmen. Die Polizei ist brutal gegen uns vorgegangen und wir haben die Gewalt erwidert. Und – das wissen wir jetzt – wir sind von Provokateuren animiert worden, damit die Springer-Presse Fotos in ihrem Sinne schießen konnte."

„Ich glaub es nicht", sagte Ruth mit bleichem Gesicht, „das kann doch nicht wahr sein."

„Doch, da waren Typen, die uns vormachten, wie man Autos so umwirft, damit Benzin austritt. Und auf einmal", er wischte sich mit dem Handrücken über den Mund, „da war da ein Typ, der Molotow-Cocktails verteilte."

„Nee!"

„Aber ja, das ist wahr, die haben nicht wir gebaut, das war ein Agent-Provokateur. Der hat mir so ein Teil in die Hand gedrückt und mich angeschrien, ich soll mich wehren und den Cocktail auf die Schupos werfen."

Moritz sprang auf und lief hin und her: „Die Blitzlichter der Reporter waren auf mich gerichtet und man hat mich verhaftet. Die Nacht in dem Polizeigewahrsam werde ich nicht vergessen. Das war ein Albtraum. Da habe ich alles zurückgekriegt, was die Aktivisten an dem Abend verteilt haben."

Er nahm sich eine Scheibe Brot und wedelte mit ihr durch die Luft: „Das Verfahren gegen mich läuft und die Beweise sind erdrückend, obwohl ich nichts gemacht habe. Das Teil hatte ich noch nicht einmal angezündet."

„Und du, Nicki, warst du dabei?“, fragte Ruth kopfschüttelnd.

„Na klar. Aber ich habe die Szene nicht mitgekriegt. Moritz war in dem Getümmel auf einmal verschwunden und ich habe ihn, als ich ihn aus den Augen verlor, stundenlang gesucht. Bin hin- und hergelaufen und habe die Polizeireviere abgeklappert. Aber die haben mir auf meine Fragen keine Auskunft gegeben, die haben mich nur ausgelacht und mir mit Verhaftung gedroht, wenn ich mich nicht verdrücke.“

„Das ist typisch für diese Bullen“, sagte Ruth, „gut, dass ich nicht dabei war. Ich wäre durchgedreht, kann ich euch nur sagen. Ihr würdet mich nicht wiedererkennen. Wenn mir einer mit Gewalt kommt, kratze ich ihm die Augen aus und trete ihm die Eier ein.“

„Dann bist du das nächste Mal dabei“, grinste Nicki, „solche wie dich können wir gebrauchen. Es sind überhaupt viel zu wenig Mädchen in unserer Gruppe, das sage ich immer wieder.“

„Das liegt aber auch daran, dass ihr unsere Interessen nicht mit vertretet. Ihr Männer tut so, als ob wir nichts zu sagen hätten, und wenn wir uns äußern, wisst ihr alles besser und meint, nur die Männer könnten die Welt verändern und die Interessen der Frauen könnten nur Männer erfolgreich vertreten, soweit ihr überhaupt bereit seid, welche zu erkennen.“

„Also weißt du“, sagte Moritz und rutschte auf seinem Stuhl nach hinten, „so ist das ja auch nicht. Wenn wir nicht gleich spuren und eure manchmal abstrusen Meinungen nicht gleich teilen, werft ihr mit Eiern und Tomaten. Das ist auch nicht die feine Art.“

Ruth lachte: „Und das ist erst der Anfang. Ihr werdet noch lernen, uns ernst zu nehmen und unseren Anspruch auf Gleichberechtigung anzuerkennen. Ihr seid wie unsere Väter, die ihre Frauen wie Hunde an der Leine führen.“ Sie zeigte mit ihrem ausgestreckten Zeigefinger auf die beiden

Männer: „Und wir warten nicht erst auf die Zeit nach der Revolution, wir sind die Revolution."

Diesen Satz fand sie noch immer gut, als sie in der S-Bahn saß und das Gespräch mit den beiden Männern an sich gedanklich passieren ließ. Ja, sagte sie sich, ich muss in dem Aktionsrat zur Befreiung der Frauen aktiv werden und pfeife auf diesen von Männern beherrschten SDS.

„Mensch, wo warst du denn?", rief Ingrid, als sie gegen Mitternacht nach Hause kam und die Küche betrat. „Heute ist die Frist für Ina abgelaufen. Ich habe nichts vor ihr gehört und von ihr auch keinen Pfennig gesehen. Das Zimmer ist dir, du kannst morgen einziehen. Du Glückspilz."

„Das kann ja nicht wahr sein!"

Ruth umarmte sie: „Ich habe mir da gar nicht so viel Hoffnung gemacht, um nachher nicht traurig sein zu müssen, wenn es nicht geklappt hätte. Ich kann es kaum fassen."

Sie griff nach der Teekanne, holte sich einen Becher und schenkte sich ein. „Weißt du, seit der Katastrophe mit Ansgar und der Fehlgeburt bin ich so mutlos und habe alle Hoffnung verloren. Ich weiß nicht, was aus mir überhaupt noch werden soll. Kennst du solche Situationen, Ingrid?"

„Doch, ich kenne das. Es gibt im Leben immer wieder Enttäuschungen. Sie haben die Angewohnheit, sich nicht anzumelden, und treffen einen immer unvorbereitet. Diese Niedergeschlagenheit, die dann eintritt, scheint nicht aufhören zu wollen – so meint man und verliert jeden Mut."

„Ingrid, ich bin so was von deprimiert, du glaubst es nicht. Ich kann mir nicht vorstellen, wie es weitergehen soll. Es hatte alles so schön angefangen. Ich habe Ansgar kennengelernt, ich habe ein Kind erwartet und wir wollten heiraten. Mein Studium hat mich fasziniert und ich habe mich auf meine Familie und meinen Beruf gefreut. Und es wäre genauso gekommen, wie ich es mir vorgestellt habe. Dann dieser Knall: Meine große Liebe hat mich betrogen und ich habe mein Kind verloren. Alles ist kaputt. Ich weiß nicht ein noch aus."

Sie warf sich Ingrid an die Brust und klammerte sich an sie. „Was soll ich machen? Hilf mir!" Ihre Lippen zitterten und sie wehrte sich nicht gegen ihre Tränen, die über ihre Wangen liefen.

Ingrid streichelte ihren Kopf. Ihre Hand glitt über Ruths Haare, schob eine Haarsträhne hinter ihr Ohr und fand den Weg zu ihrem schlanken Hals. Ruth empfand es als angenehm, dass Ingrids Hand ihre Schulter unter ihrer Bluse streichelte und ihr Kopf sich ihr näherte, ihr Mund ihre Stirne berührte und sie den warmen Atem ihrer Freundin spürte. Dann nahm sie Ingrids Hand und legte sie auf ihr Herz – nur kurz, um sie dann an ihren Mund zu führen, ihr einen Kuss aufzudrücken und Ingrid dann zart aber entschieden von sich zu schieben. Sie schauten sich in die Augen. „Jetzt beruhige dich erst einmal", flüsterte Ingrid, „das wird schon wieder werden, du wirst sehen."

„Aber wie? Mein ganzes Leben ist dahin, meine Pläne, die ich mir gemacht habe, haben sich zerschlagen. Jedem Mann begegne ich mit Abstand. Ich weiß nicht, was aus mir werden soll."

„Das wird schon wieder werden", sagte Ingrid mit fester Stimme, „du musst erst einmal Abstand von deinen furchtbaren Erlebnissen gewinnen."

Ruth hatte sich wieder von Ingrid gelöst und sich an den Tisch gesetzt. Sie schaute sie ungläubig durch ihre verweinten Augen an und schüttelte ihren Kopf. „Du bist so gut zu mir", sagte sie und legte ihre Hand auf Ingrids Knie. „Es tut mir so gut, mit dir zu sprechen. Ich lasse dich jetzt auch in Ruhe. Es ist schon spät und wir müssen ins Bett."

„Eines musst du mir aber zum Schluss noch versprechen", Ingrid griff ihren Arm, „vergiss die Männer und konzentriere dich nur noch auf dein Studium – nur noch darauf. Das ist dein Kapital von morgen. Das gibt dir Kraft und Halt, du wirst sehen. Und wenn du Sorgen hast und es nicht mehr aushältst, komme zu mir – ich bin immer für dich da."

„Was schenkt man denn seinem Vater zum Geburtstag?" fragte Ruth, als sie mit ihren Freundinnen am Frühstückstisch saß. „So ein Mann in dem Alter hat doch schon alles, was er sich wünscht – mir fällt einfach nichts ein."

„Ich weiß das auch nie, wenn mein Vater Geburtstag hat." Karin fuhr mit ihrem Zeigefinger über ihre Stupsnase. „Was kann man schon einem katholischen Oberstudiendirektor schenken? Wofür interessiert dein Vater sich denn außer Arsch trommeln und Kinder quälen?"

„Mach mal halblang, du kennst ja meinen Vater gar nicht, der ist nicht so, wie du denkst. Wir leben ja nicht hinterm Mond, bloß weil wir aus Paderborn sind und nicht aus München kommen."

„Jetzt hört auf", sagte Christa und warf ihren blonden Pferdeschwanz in ihren Nacken, „was hast du ihm denn das letzte Mal geschenkt?"

„Das war eine Münze, eine römische. Mein Vater interessiert sich als Lateinlehrer für die römische Geschichte. Das ist überhaupt die Idee. Er hatte sich zu Weihnachten über mein Geschenk sehr gefreut. Ich gehe noch einmal zu dem Antiquitätenhändler in der Fasanenstraße, der hat eine große Auswahl, ist auch nicht so teuer und weiß bestimmt, was meinem Vater gefällt. Von ihm habe ich ja schon die erste Münze für meinen Vater gekauft, und die hat ihn glücklich gemacht."

Ingrid nickte: „Na, da haben wir es ja. Aber erst beziehst du dein Zimmer und räumst Rosis Zimmer auf. Ich rechne mit ihr jede Stunde und sie ruft immer sehr kurzfristig an. Meistens ist sie dann schon am Bahnhof Zoo."

– 20 –

Der Duft von 4711 war ihm spätestens seit seiner Tanzstunde verhasst. Wenn die Mädchen sich nach einem Boogie-Woogie auf der Toilette erfrischt hatten, rochen sie fast alle gleich, und Klaus erinnerte sich an die Schweißflecken, die sich unter den Achseln der aufgeregten Mädchen gebildet hatten.

Er drehte seinen Kopf abwehrend zur Seite, als die dicke Mitreisende ihm ausgerechnet dieses Wässerchen, das sie auf ihr spitzengesäumtes Taschentüchlein gesprengt hatte, unter seine Nase hielt.

„Nein, bitte nicht!“ rief er und versuchte, ihre Hand wegzuschlagen.

„Er kommt wieder zu sich“, stellte ihr Mann fest und hob mit seiner nach Zigarre riechenden Hand das Kinn von Klaus in die Höhe.

„Es wird Zeit, dass Sie wieder auf die Beine kommen“, sagte er, „wir passieren gerade Potsdam, dann ist es nicht mehr weit zum Bahnhof Zoo.“

Klaus versuchte aufzustehen. Er hielt sich an dem Griff der Schiebetüre fest und ging mit kleinen Schritten auf den Gang. Er zog das Fenster herunter und ließ sich den Fahrtwind ins Gesicht wehen. Als der Zug Charlottenburg erreicht hatte, fühlte er sich wieder erstarkt.

Von dem hohen Bahndamm boten sich den Reisenden Ausblicke auf die immer näher zusammenrückenden Häuser und die langen Straßenzüge. Klaus konnte die ihm vertrauten Straßen erkennen und die Passanten beobachten, die über die Straße eilten. Zielstrebig näherte der Zug sich dem Zoologischen Bahnhof. Als sie die Fasanenstraße überquerten, erblickte er plötzlich unter den Menschen, die auf dem Bürgersteig liefen, eine junge Frau, die ihm durch ihren Gang auffiel. War das nicht Ruth, die mit nackten Mädchenbeinen und ihrem kurzen Rock gerade aus einem Geschäft herausgetreten war und sich in seine Richtung drehte. Noch bevor er ihren Namen aussprechen konnte, verschwand der Straßenzug hinter einer Backstein-Hauswand.

Das sind vom Bahnhof Zoo nur wenige Minuten hierher, schoss es ihm durch den Kopf, das schaffe ich. Er stürmte ins Abteil, ergriff sein Gepäck und eilte zur Türe, um als erster aussteigen zu können, sobald sie den Bahnhof erreichten.

Der Zug rollte noch aus, als Klaus den Türgriff herunterdrückte und auf den Bahnsteig sprang. Er eilte die Treppe hinab, nahm den linken Ausgang, überquerte bei Rot die stark befahrene Kantstraße und erreichte über das kurze Stück der Joachimsthaler Straße den Kurfürstendamm. Jetzt waren es bis zur Fasanenstraße nur noch wenige Meter, das auf der Ecke stehende Hotel Kempinski war zum Greifen nahe.

Jeder Fußgängerin warf er einen prüfenden Blick zu, auch die Passanten auf der anderen Straßenseite versuchte er nicht aus den Augen zu verlieren. Ich muss sie finden, sagte er sich unaufhörlich. Als er endlich rechts in die Fasanenstraße einbog und die Bahnüberführung erreichte, wurde ihm langsam klar, dass er Ruth nicht ausfindig machen konnte.

Er überquerte die Straße nochmals, lief wieder zurück zum Kurfürstendamm, wechselte die Straßenseite und fragte sich: „War die Frau, die ich soeben gesehen habe, wirklich Ruth?“ Er stellte seinen Koffer ab und überlegte. Was sollte er jetzt machen.

Das war Ruth, doch, ganz sicher, sagte ihm seine innere Stimme. Und sie lebte in Berlin. Aber wie sollte er sie unter den Millionen Menschen in dieser riesigen Stadt finden, ohne irgendeinen Anhaltspunkt zu haben, wo er mit der Suche beginnen sollte.

„Verdammt.“ Er schaute sich um. Die Pension, in der er sich eingemietet hatte, befand sich in der Uhlandstraße, also gerade mal um die Ecke, stellte er erleichtert fest.

Nachdem er mit Marie telefoniert und von seinem Erlebnis mit den Vopos auf dem Bahnhof erzählt hatte, stärkte er sich mit einem Bier und zwei Buletten in einer Kneipe, die gar nicht weit von seiner Pension entfernt war. Warum aber hatte er Marie nicht erzählt, dass er meinte, Ruth vom Zug aus gesehen zu haben, überlegte er sich.

Scheute er eine ironische Bemerkung seiner Frau, die manchmal verletzend sein konnte, oder wollte er nach dem unvergesslichen erotischen Abenteuer mit Ruth das Thema besser überhaupt meiden. Er fand keine überzeugende Erklärung und wischte seine unbequemen Gedanken beiseite. Vielleicht, tröstete er sich, hatte er sich ja auch getäuscht, und die Frau, der er nachgelaufen war, war gar nicht Ruth.

Seine Befürchtung, er werde nach den aufregenden Ereignissen des Tages eine unruhige Nacht haben, erfüllte sich nicht. Als der Wecker morgens um sechs Uhr läutete, fühlte er sich ausgeschlafen und unternehmungslustig. Er war sogar versucht, unter der Dusche ein Liedchen zu pfeifen, ließ es aber sein, um die Zimmernachbarn nicht zu wecken.

Müller hatte ihm telefonisch ausrichten lassen, dass er um acht Uhr am Grenzübergang Heinrich-Heine-Straße erwartet werde. Er nahm also nach einer Tasse Kaffee und einer Schrippe die U-Bahn bis zum Kottbusser Tor und lief die Heinrich-Heine-Straße nordostwärts bis zur Sektorengrenze zu Fuß.

„Guten Tag“, sagte der Westberliner Grenzbeamte freundlich, aber mit wachem Blick, „wohin am frühen Morgen?“

„Ich habe eine Verabredung auf der anderen Seite der Mauer.“

„Aha, bitte ihren Personalausweis und ihren Passierschein.“

„Hier“, Klaus griff in seine Brieftasche, „hier ist mein Personalausweis. Einen Passierschein habe ich nicht.“

„Dann werden Sie auch nicht reingelassen, sage ich Ihnen. Ohne den geht gar nichts.“

„Das wollen wir mal sehen.“ antwortete Klaus. Er schaute auf seine Armbanduhr. „Ich habe um acht Uhr eine feste Verabredung.“

„Auf Ihre Gefahr, Herr Angermann“, antwortete der Beamte und reichte ihm den Personalausweis zurück. „Die Türe da rechts im Gatter, die ist für Passanten. Kommen Sie gut zurück."

Klaus ging zum Zaun und wählte die ihm empfohlene Türe, die ihm keinen Durchblick auf die andere Seite gewährte. Als er sie öffnete, stand dort ein Soldat und hinter ihm ein Offizier. „Ihren Personalausweis", forderte er grußlos und schaute dann abwechselnd auf das Passbild und in Klaus' Gesicht. Dann reichte er den Personalausweis an den Soldaten weiter und sagte: „Der Genosse führt Sie zur Kontrolle."

Der Soldat rückte sein Gewehr zurecht und begleitete Klaus in das Kontrollgebäude. Sie wechselten kein Wort. Nachdem sie das Gebäude betreten hatten, winkte ihn eine Hand, die sich ihm aus einem offenen Schalter entgegenstreckte, heran und eine Frauenstimme befahl: „Sie bleiben hier stehen, bis die Leute vor Ihnen durch sind. Ihren Passierschein", forderte sie und öffnete die immer noch ausgestreckte Hand.

„Ich habe keinen Passierschein. Ich habe eine Einladung vom Ministerium für Außenwirtschaft."

„Dann auf den Tisch damit."

Klaus öffnete seine Aktentasche und zog das Schreiben heraus, das er vor einer Woche erhalten hatte. Er legte es auf den Tresen.

„Heiner", rief die Frau nach hinten in die Stube, „pass mal auf den Kerl auf, ich muss zum Chef."

Heiner trat auf den Flur und stellte sich vor Klaus auf. „Keine Bewegung, haben wir uns verstanden?" Er legte seine Hand auf dem Pistolenhalfter ab und grinste ihn an.

Klaus fühlte sich gar nicht wohl. Hinter ihm waren weitere Besucher eingetreten und begannen zu drängeln. Er war erleichtert, als schließlich rechts eine Türe aufging und zu seiner Überraschung Müller heraustrat, der ihm die Hand reichte: „Guten Tag, Herr Angermann, ich begrüße Sie in der Deutschen Demokratischen Republik. Folgen Sie mir."

Sie traten nach draußen, und während Herr Müller auf einen Wartburg-Pkw zusteuerte, reichte er Klaus den Personalausweis zurück: „Bevor ich den vergesse", sagte er.

Die nächsten zwei Schranken öffneten sich, ohne dass Müller ein Zeichen geben musste. Die Soldaten grüßten ihn durch Anlegen der Hand an ihre Mütze. „Wir fahren jetzt ins Ministerium unter den Linden. Herr Schenk, mein Chef, wartet schon auf uns."

Sein Vorgesetzter war ein mittelgroßer unauffälliger Mann mit weißem Hemd und karierter Krawatte. Sein beiger Anzug war zerknittert. Aus dem zu kurzen Ärmel seiner Jacke streckte sich ihm eine warme feuchte Hand entgegen, die nach seiner Hand fasste und dann mit einer ausholenden Bewegung auf einen Stuhl gegenüber seinem Schreibtisch wies.

„Ich begrüße Sie im Namen des Herrn Minister", sagte er mit dünner Stimme. Er bemühte sich nicht, seinen Thüringer Dialekt zu verbergen. „Herr Müller hat mir berichtet, dass Sie interessiert daran seien, die Aufgabe des verstorbenen Herrn Dr. Wilhelm zu übernehmen. Das ist anerkennenswert, aber wir fragen uns, was Sie an dieser Aufgabe reizt."

„So wie ich es verstanden habe, ist Ihre Behörde daran interessiert, Staatsanleihen und hochverzinsliche Wertpapiere in der Bundesrepublik gegen Cash zu erwerben, will sich aber nicht als Käufer zu erkennen geben. Das ist ein typisches Anwaltsgeschäft, als Treuhänder aufzutreten und den Auftrag anonym abzuwickeln." Er richtete sich auf. „Dabei stellen sich mir aber zunächst zwei Fragen: Wo kommen die Gelder her und ist das Geschäft legitim – ich will in kein Fettnäpfchen treten."

„Die Barmittel, die wir Ihnen zur Verfügung stellen, stammen aus dem Verkauf von Kunstgegenständen und Antiquitäten, die im Staatseigentum der Deutschen Demokratischen Republik stehen und in der Schweiz gehandelt werden. Sauberes Geld also. Wir haben außerdem ein Gutachten vorliegen, das uns die Legitimität unseres Handelns bestätigt und das Ihnen zur Einsicht zur Verfügung steht."

Die drei Männer zogen inzwischen an ihren Zigaretten. „Das Gutachten liegt da vorne auf dem Besprechungstisch zu Ihrem Studium. Wir müssen aber erst über die Konditionen sprechen, bevor wir die nächsten Schritte gehen. Wie hoch ist Ihr Honorar?"

„Bevor ich eine Zahl nenne, möchte ich wissen, wo die Zahlung erfolgt und in welcher Währung."

„Das wird in Liechtenstein sein und in Schweizer Franken."

Klaus rutschte auf seinem Stuhl etwas nach vorne, schaute erst Müller an und dann Schenk. „Dann sind das 3 Prozent des Kaufpreises."

„Nee, unter keinen Umständen", sagte Schenk, ohne Müller einen Blick zu schenken, „das ist viel zu viel, das ist nicht marktüblich. 1 Prozent ist das Maximum und das haben wir auch Dr. Wilhelm gezahlt."

„Das ist absolut zu wenig." Klaus drückte seine Zigarette aus. „Das Geschäft ist nicht ohne Risiko, ganz gleich, was in dem Gutachten steht." Er lehnte sich wieder zurück. „Also gut, ich will Ihnen etwas entgegenkommen, 2,5 Prozent ist das Minimum."

„Auch das ist viel zu viel, Herr Angermann", sagte Schenk, „das ist schnell verdientes Geld und ohne großen Aufwand. Gut, ich will ja nicht so sein und Ihnen etwas entgegenkommen. 1,5 Prozent und nicht mehr. Das ist mein letztes Wort, das sind nämlich ganz schöne Umsätze, die da zusammenkommen."

Klaus schüttelte den Kopf. „Ich weiß, dass Ihr Büro für innerdeutschen Handel in Frankfurt für vergleichbare Tätigkeiten 2 Prozent zahlt. Machen wir es wie die Kaufleute und treffen wir uns in der Mitte: 2 Prozent ohne Umsatzsteuer zuzüglich Erstattung der Auslagen, wenn überhaupt welche anfallen, fällig jeweils mit Übergabe der Wertpapiere, zahlbar in Liechtenstein auf ein von mir zu benennendes Konto."

Schenk und Müller schauten sich an, ohne mit der Wimper zu zucken. Schenk schüttelte seinen Kopf, langsam, aber deutlich. „Das kann ich nicht entscheiden, da muss ich meinen Chef fragen."

Er stand auf und zeigte auf eine Mappe, die auf dem Besprechungstisch lag. „Sie können sich in der Zwischenzeit das Gutachten ansehen. Das wird bei mir etwas dauern, Sie können sich also Zeit nehmen."

Schenk verließ den Raum und Müller steckte sich eine weitere Zigarette an. Klaus setzte sich an den Besprechungstisch, nahm die Akte in die Hand, schlug das Inhaltsverzeichnis auf und stellte fest, dass er 23 Seiten durchzuarbeiten hatte. Das würde wenigstens anderthalb Stunden dauern, sagte er sich, und machte sich an die Arbeit.

Als nach einiger Zeit das Telefon auf dem Schreibtisch läutete, nahm Müller den Hörer ab. „Ja?", sagte er, „jawohl" und noch einmal „jawohl". Dann legte er wieder auf und schaute Klaus an: „Das dauert noch", sagte er.

Schenk kam nach einer halben Stunde zurück. Er hatte den obersten Knopf seines Hemdes geöffnet und seine Krawatte großzügig gelockert. „Der Chef ist sehr beschäftigt", sagte er, „er empfängt derzeit eine Delegation unserer sowjetischen Freunde aus Petersburg, will Sie aber erst einmal kennen lernen, bevor er eine Entscheidung trifft. Das Treffen ist auf 12 Uhr angesetzt. Wir müssen eine halbe Stunde Autofahrt einkalkulieren, also spätestens um 11:30 Uhr starten. Bis dahin werden Sie das Gutachten durchgearbeitet haben."

Sie verließen den Hof des Ministeriums pünktlich in einer schwarzen Limousine. Müller vorne, Schenk und Klaus saßen hinten. Die schwarzen Gardinen, die rundherum zugezogen waren, nahmen ihm fast jede Aussicht. Er konnte nur einen kurzen Augenblick ein Straßenschild mit dem Namen „Prenzlauer Allee" erkennen.

„Sie brauchen sich den Hals nicht zu verrenken", sagte Schenk, „wir fahren nach Weißensee, das muss Ihnen reichen."

Klaus zuckte mit den Schultern. „Das interessiert mich schon, wo wir hinfahren. Aber wenn das ein Geheimnis sein soll, bitte schön. Dann verraten Sie mir wenigstens, wie Ihr Chef heißt, damit ich weiß, wie ich ihn anreden soll."

„Er heißt Kaspersky und ist Leiter der wirtschaftlichen Abteilung unseres Ministeriums. Sie können auch Herr Direktor sagen, das hört er gerne.“

Das Auto verminderte seine Geschwindigkeit und machte eine Kurve, bis es auf einem Kiesweg anhielt. Die Türen wurden von kräftigen Männern geöffnet und Klaus stand vor einer großen roten Backsteinvilla mit einer weit geöffneten weißen Türe. Sie nahmen die Stufen und betraten den Flur, in dem ein langer roter Teppich ausgelegt war. In ihm waren die Köpfe von Marx und Lenin schwarz eingewebt und begrüßten mit freundlichen Gesichtern die Gäste.

Noch bevor Klaus eine Entscheidung über die bei ihm aufgekommene Frage getroffen hatte, ob er auf die Köpfe der kommunistischen Urväter treten dürfe, wurde er von seinen Begleitern rechts in ein Gästezimmer gelenkt.

Durch die geöffneten Fenster drangen die Stimmen zahlreicher Leute, offensichtlich die Gäste des Direktors, deren Sprache Klaus aber nicht verstand. Es war jedenfalls eine slawische Sprache, konstatierte er bei sich.

Kaspersky ließ nicht lange auf sich warten. Die Männer erhoben sich, als er eintrat: Ein dicklicher runder Mann mit einem ebenso runden Kopf und einer großen schwarzrandigen Brille auf einer scharfen Nase. Er trug einen schwarzen Anzug mit weißem Hemd und einer roten Krawatte.

Mit ausgestreckter Hand schritt er auf Klaus zu: „Herzlich willkommen, Herr Angermann. Ich glaube, wir sollten unser Gespräch alleine führen.“ Er winkte den anderen Männern mit der Hand Richtung Türe. „Und die Fenster machen wir zu.“

„Sie sind also ...“ Er wartete, bis alle das Zimmer verlassen hatten, und setzte sich in einen der Sessel.

„Bitte schön“, forderte er Klaus ebenfalls zum Sitzen auf. „Sie sind also der Nachfolger von Dr. Wilhelm. Schade, dass er schon so früh sterben musste. Wir hatten viele gemeinsame politische Ansichten und haben uns gut verstanden. Vor allem haben wir sehr gut geschäftlich zusammengearbeitet und ich hoffe, dass wir das auch einmal von Ihnen sagen können. Wie mir berichtet wurde, sind Sie Mitglied der FDP. Die ist mir jedenfalls sympathischer als die CDU, geschweige denn diese heuchlerische SPD mit ihrem Herrn Brandt."

„Ja, ich bin seit ich denken kann ein Liberaler in jeder Hinsicht und schon deswegen als junger Mann in die FDP eingetreten."

„Können Sie es dennoch und sich selbst gegenüber vertreten, für die Deutsche Demokratische Republik beruflich tätig zu werden – gibt es da für Sie keine Kollisionen?"

„Nein, die sehe ich nicht. Zum einen muss man sich als Anwalt ja nicht mit seinen Mandanten gleich identifizieren, und zum anderen gehört es zu einem freiheitlichen und meinungsungebundenen Liberalen, für seine Mandanten einzutreten, auch wenn man nicht gleich in allen Fragen derselben Meinung ist."

„Na ja", Kaspersky zog an seiner Zigarre, die er zwischen Zeige- und Mittelfinger seiner linken Hand geklemmt hatte, „ob wir da derselben Meinung sind, wollen wir jedenfalls nicht jetzt erörtern, aber mir ist berichtet worden, dass Sie zur Loyalität mit ihren Mandanten neigen und man sich auf Sie verlassen kann. Darauf kommt es mir an."

Er lehnte sich in seinem Sessel zurück: „Jedenfalls sind Sie kein Faschist, was ..."

„Wie kommen Sie denn darauf?", fiel Klaus ihm ins Wort. „Das ist mir so fern wie sonst was."

„Na ja, ihr Vater war preußischer Staatsbeamter und unter Hitler nicht nur frühes Mitglied der NSDAP, sondern hat es immerhin zum Ministerialrat im Reichswirtschaftsministerium gebracht und hätte sicherlich noch weiter Karriere gemacht, wenn unsere sowjetischen Brüder nicht Schluss mit dem Faschismus gemacht hätten."

Klaus sprang aus seinem Sessel auf: „Sie haben also hinter mir her spioniert, das finde ich unerhört", rief er. „Was hat das politische Schicksal meines Vaters mit meinem Leben zu tun, frage ich Sie, was soll das Ganze?"

„Der Apfel fällt nicht weit vom Stamm. Sie sind doch nicht so naiv zu glauben, unsere Staatssicherheit hätte Sie nicht überprüft, bevor Müller Sie aufgesucht hat. Vorsicht ist die Mutter der Porzellankiste. Jetzt beruhigen Sie sich und setzen sich wieder. Ihr Vater ist zwar entnazifiziert worden, aber Faschist bleibt Faschist. Das ist vielleicht eine Erklärung dafür, dass Sie ein bekennender Liberaler sind, und das ist die beste Voraussetzung für eine Zusammenarbeit mit uns."

Er streifte ein großes Stück Asche von seiner Zigarre in den Aschenbecher. „Unsere Zusammenarbeit beschränken wir zunächst auf sechs Monate. Das Honorar bleibt bei 1,5 Prozent zuzüglich Auslagen und entsprechend Ihren Bedingungen. Läuft alles reibungslos, erhöht sich nach 3 Monaten das Honorar auf 2 Prozent. Sie bekommen das schriftlich. Das von Ihnen unterzeichnete Papier bleibt bei uns. Müller wird weiterhin Ihr Führungsoffizier sein. Mit ihm besprechen Sie alle weiteren Einzelheiten."

Er blickte auf seine Uhr. „Ich muss mich wieder meinen Gästen widmen. Ich verabschiede mich. Auf gute Zusammenarbeit."

Er reichte Klaus die Hand und schaute ihm fest in die Augen. Grußlos verließ er das Zimmer.

Sie fuhren wieder zurück ins Ministerium. Der Vertrag war kurz und bündig formuliert und wurde von Klaus und Schenk unterschrieben.

„Unser Taxi fährt Sie in Ihre Pension, der Fahrer kennt die Adresse. Sie bekommen in den nächsten Tagen von unserem Büro in Frankfurt eine Aufstellung der ersten Wertpapiertranche. Wegen der weiteren Einzelheiten melde ich mich bei Ihnen."

Klaus ließ den stummen Taxifahrer in seinem Mercedes mit Westberliner Kennzeichen auf dem Ku'damm halten. Als er seine Geldbörse aus der Tasche zog, lehnte der Mann ein Fahrgeld ab, auch über das angebotene Trinkgeld rümpfte er die Nase und winkte ihn aus dem Auto.

Von diesem ereignisreichen Tag musste er sich erst einmal erholen. Er fand in dem von ihm so geschätzten Restaurant Kopenhagen auf der Terrasse einen freien Tisch und ließ sich von dem Kellner außer einem Bier einen Malteser in einem eisgekühlten Glas bringen. Das brauche ich jetzt zur Beruhigung meiner Magennerven, sagte er sich. Immerhin hatte er seit dem kleinen Frühstück heute Morgen den ganzen Tag nichts mehr gegessen. Er wählte sich aus der Speisenkarte Heringe mit Bratkartoffeln und lehnte sich tief Atem holend auf seinem Stuhl zurück.

Klaus ließ sich die Ereignisse des heutigen Tages noch einmal durch den Kopf gehen. Hatte er richtig gehandelt, fragte er sich. Das Gutachten, das sein Kollege Dr. Wilhelm selbst erstellt hatte, bestätigte zwar die Rechtmäßigkeit seiner mit dem Ministerium für Außenwirtschaft vereinbarten Tätigkeit, aber inwieweit diese Meinung belastungsfähig ist, das ist die Frage, sagte sich der Jurist in ihm. Immerhin war sie nicht im Sinne der westdeutschen Währungspolitik, davor verschloss er nicht die Augen. Aber andererseits war das vereinbarte Honorar, das in Liechtenstein zu zahlen und somit nicht zu versteuern war, für ihn verlockend und damit ausschlaggebend. Er wäre dumm gewesen, sagte er sich, wenn er diese Chance ausgeschlagen hätte.

– 21 –

Die Sommerluft hatte sich in der Nacht kaum abgekühlt. Trotz geöffnetem Fenster hatte Ruth unruhig geschlafen. Als der Bolle-Mann im Morgengrauen die Milchflaschen vor die Haustüren stellte, war sie endgültig wach und sprang aus dem Bett. „Was für ein Glück, dass ich wieder mein altes Zimmer habe", sagte sie sich und tapste ins Badezimmer. Sie duschte sich lange und so kalt, wie sie es gerade noch aushalten konnte.

Das vorne durchgeknöpfte hellblaue Sommerkleidchen, das noch nicht einmal bis zu ihren Knien reichte, war jetzt die richtige Wahl. Ein Blick in den Spiegel zeigte ihr eine unternehmungslustige junge Frau. Es roch nach Kaffee.

Karin saß in ein Badehandtuch gewickelt bereits in der Küche. Sie hatte ihre Füße auf den Tisch gelegt und hörte die Morgenmusik im AFN.

„Guten Morgen", rief Ruth. „Du bist ja schon auf. Hat dich auch der Milchmann geweckt?"

„Und ob, dieser Depp", sagte sie, „aber gut: Bei diesem herrlichen Wetter kann man ja gar nicht früh genug aufstehen. Dafür bin ich die erste im Juridicum und keiner schnappt mir die Bücher weg. In fünf Tagen muss ich meinen Vortrag im Seminar für Rechtsgeschichte halten. Ich habe noch einen Haufen zu tun."

„Und ich komme früh genug in den Kinderladen, bevor ich zur Uni gehe. Dann kann ich noch das Geschirr abspülen. Gestern hatte Uli Aufsicht, der lässt immer das ganze Zeug stehen, weil er abends nicht schnell genug wegkommen kann. Und wenn du meinst", sie sah Karin an, „an der nächsten Ecke würde ein Mädchen auf ihn warten, dann hast du dich geirrt. Er wird seit einiger Zeit von einem langhaarigen Freund abgeholt, der ihn vor allen Leuten auf der Straße zur Begrüßung auf den Mund küsst. Stell dir mal vor!"

„Au backe. Das wundert mich aber gar nicht, denn sein Ring am linken Ohr spricht Bände. Aber okay, dann kommt er uns Mädchen nicht zu nahe – das hat auch was."

„Na ja, ich weiß nicht, was ich davon halten soll. Jedenfalls finde ich es nicht gut, wenn mich eines Tages Eltern auf Ulis Freund ansprechen sollten. Sag mal", sie biss in ihr Marmeladenbrot, „kannst du mich auf dem Weg zur Uni bis zum Kinderladen mitnehmen? Das wäre prima."

„Klar. Ich ziehe mich jetzt an, dann kann es losgehen."

Die Zündapp sprang bereits beim zweiten Kick an, und die beiden schwangen sich aufs Motorrad. Der Fahrtwind fuhr durch ihre Haare, und sie quietschten um die Wette. „Kann das Leben schön sein!", rief Ruth.

Der Weg zum Kinderladen führte nur um wenige Ecken. Ruth winkte der durchstartenden Karin hinterher: „Tschüss, bis heute Abend!", rief sie und ging zur Ladentüre. Die ersten Kinder waren bereits von ihren Eltern abgegeben worden und rannten ihr entgegen.

„Ruth, hi, Ruth, wir spielen Yellow Submarine", schrien sie, „wir sind die Beatles." Sie umarmten sie und zogen sie in den Kinderladen.

„Mein Gott", sagte Ruth, „wie sieht es denn bei euch aus." Sie stakste über Plüschtiere, Wasserpistolen und Legosteine. „Und wer hat diesen tollen Indianer an die Wand gemalt, der ist ja klasse."

„Wir, Ruth, wir" tanzten sie um sie herum, „und Uli hat uns dabei geholfen."

Lore trat aus der Küche. „Hallo, mein Schätzchen. Auch schon auf. Bei Uli dürfen die einfach alles. Nur aufgeräumt wird nie. Die Kinder lieben dieses Tohuwabohu."

„Das ist ja in Ordnung. Die Gören sollen machen, was sie wollen und nicht ständig gegangbändelt werden."

„Okay. Nur dürfte Uli nicht einfach abhauen und uns die Küche in so einem Zustand hinterlassen. Das geht einfach zu weit. Mir steht am frühen Morgen bei der ganzen Arbeit bereits der Schweiß auf der Stirn." Sie griff mit der Hand einen Zipfel ihres T-Shirts und wischte sich über ihr Gesicht, ohne darauf zu achten, dass sie eine Brust dabei völlig entblößte. „Das kann man mit mir einfach nicht machen."

„Du hast ja Recht. Ich packe jetzt mit an, und in Kürze haben wir den Laden wieder auf Vordermann."

„Wo habt ihr eigentlich diesen Uli aufgegabelt?", fragte Lore.

„Den habe ich bei den Schuhmacher-Brüdern kennengelernt. Er ist irgendwie ein guter Typ. Studiert Soziologie und hat zu allen Themen was zu sagen. Und seine Ansichten sind auch gar nicht so falsch. Nur", sie zögerte, „ich habe eben auch mit Karin über ihn gesprochen, ich habe so das Gefühl, dass er schwul ist."

„Na und?" sagte Lore. „Da bin ich mir schon lange sicher."

„Wie kommst du denn darauf?"

„Na ja, ich trage ja grundsätzlich keinen Büstenhalter, und während alle Jungs nach meinen Möpsen schielen und auch gerne mal grapschen, bringe ich Uli nicht aus der Ruhe."

„Das will ja nicht unbedingt etwas heißen. Und ich habe grundsätzlich nichts gegen Homos, das sind meist ganz liebenswerte Menschen, aber in einem Kinderladen ist das keine gute Situation. Tu mir einen Gefallen und halte die Augen offen."

„Ja, aber das ist doch Quatsch, Ruth. Bloß wenn einer schwul ist, muss er doch nicht gleich den Kindern etwas tun. Das ist überholt. Man muss sich von den alten Moralansichten freimachen und die sexuelle Entwicklung der Kinder nicht reglementieren. Das gilt in jeder Hinsicht, mein Schatz. Mach dich frei von alten Konventionen und genieße das Leben!"

Ruth zögerte: „Du hast ja Recht, Lore. Meine konservativen Eltern haben mich sehr geprägt und ich tue mich bei diesem Thema immer wieder schwer. Aber lassen wir das", sie warf das Handtuch mürrisch in die Ecke. „Hast du noch einen Kaffee für mich? Es wird Zeit, dass ich mich in die Uni aufmache. Die Hörsäle sind immer noch ziemlich voll, und ich will nicht zu spät kommen."

Nach der Vorlesung war sie kurzentschlossen in den Botanischen Garten gegangen. Während sie sonst gerne durch die blumenbunten Gewächshäuser bummelte, genoss sie heute das frühsommerliche Wetter und suchte sich eine Parkbank in der Sonne.

Sie hatte sich unterwegs in Dahlem eine Butterstulle gekauft, die sie jetzt Biss für Biss genoss. Sie holte aus ihrer Tasche eine Zeitschrift, die sie sich heute Morgen am Küchentisch mitgenommen hatte und in der eine Journalistin einen Artikel geschrieben hatte, die die Mädels bereits am Abend zuvor lebhaft diskutiert hatten. „Vom Protest zum Widerstand" hieß der Aufsatz, in dem die Verfasserin zur Gewalt gegen die Polizeieinsätze in Berlin und in anderen Großstädten aufforderte.

Als die Schritte eines Mannes vor ihr Halt machten, schaute sie versonnen auf und erkannte im Gegenlicht nicht gleich Professor Sandmann, der sie anlächelte: „So ein Zufall", sagte er. „Sie sind doch eine meiner Hörerinnen. Ja, jetzt erkenne ich Sie wieder. Aber bleiben Sie doch sitzen, ich setzte mich einfach etwas zu Ihnen, wenn Sie gestatten."

„Guten Tag, Herr Professor – ja gerne." Sie nahm ihre Tasche zur Seite und machte ihm Platz. „Natürlich, bitte schön."

„Ist das nicht ein herrlicher Tag heute", sagte er. „Bei diesem himmlischen Wetter wollte ich nicht gleich nach Hause gehen, sondern meine Blumenkinder besuchen." Er lachte. „Sind Sie öfters hier?"

„Oh ja", sagte Ruth, „ich genieße diese Pflanzenvielfalt und kann gar nicht oft genug hier sein." Ihr fiel ein, dass Professor Sandmann während der Vorlesung bei seinem gewohnten Gang durch die Sitzreihen immer öfter in ihrer Nähe stehengeblieben und sie mit seinen dunkel leuchtenden Augen betrachtet hatte, während er dozierte.

„Was lesen Sie denn da?“ fragte er sie. „Ist das dieser viel diskutierte Aufsatz von der Meinhof? Finden Sie nicht auch, dass sie etwas zu weit geht?“

„Eigentlich nicht“, Ruth zögerte. „Ich finde, sie hat Recht. Gewalt fordert Gewalt heraus. Die Polizei geht jetzt mit Helmen geschützt und mit Tränengas gegen die friedlich demonstrierenden Studenten vor, ja, sie schießen sogar auf Menschen. Da muss sich eine Demokratie wehren dürfen“, sie schob sich ihre Haare hinter die Ohren, „finde ich.“

„Auch richtig. Jedenfalls tut es gut, nicht immer die längst bekannte Meinung der Springer-Presse lesen zu müssen.“

Sie schaute ihn skeptisch von der Seite an, weil bei ihr das Gefühl aufkam, dass sein Interesse an dem politischen Geschehen nur vorgetäuscht war.

„Jedenfalls bin ich ganz Ihrer Meinung“, sagte er mit einem Blick auf seine Uhr: „Hören Sie mal, ich würde mich ja gerne mit Ihnen weiter unterhalten, aber ich muss leider gehen. Meine Frau und ich sind beide berufstätig. Wir haben vier Kinder, und wir teilen uns die Arbeit. Heute bin ich mittags dran, und die hungrigen Mäuler freuen sich auf die Pizza, die ich jetzt schnellstens besorgen muss.“

Er wippte mit dem Fuß und schaute auf die Schuhspitze. „Ich mache Ihnen einen Vorschlag: Ich finde unser Gespräch sehr interessant und möchte es gerne fortsetzen. Was halten Sie davon, wenn wir uns nächste Woche nach der Vorlesung wieder treffen?“

Als Ruth mit einer Antwort zögerte, setzte er nach: „Es gibt ja noch andere Themen als die Politik. Ich lade Sie zu einer Führung durch die Botanik ein und zeige Ihnen Gewächse, die Sie wahrscheinlich noch nie gesehen haben.“

Er stand auf. „Was ist Ihre Lieblingsfarbe? Rot würde zu Ihnen passen.“

„Nein, ich liebe Blau. Tiefblau, wenn möglich.“

„Also, dann werde ich Sie zu allen blau blühenden Pflanzen führen. Sie werden sich wundern, wie viele es davon gibt. Und wie sie duften können.“

„Au ja“, antwortete sie spontan, „da freue ich mich sehr.“

„Also nach der Vorlesung am Haupteingang Königin-Louise-Platz. Bis dahin.“ Bevor der Weg eine Kurve machte, drehte er sich noch einmal um und winkte ihr zu. Sie hob ihre Hand.

Was war denn das jetzt, fragte sie sich. Sie wunderte sich über ihre Bereitschaft, sich diesem trotz aller Begegnungen in den Vorlesungen fremden Menschen so schnell im Gespräch geöffnet zu haben. Sie strich nachdenklich mit ihren Händen über ihr Kleid und zog es etwas runter. Charmant ist er schon, sagte sie sich. Jetzt hat er sich auch noch ein graues Oberlippenbärtchen wachsen lassen, was zu seinen Grübchen im Kinn blendend passt und seine weißen Zähne schimmern lässt. War es ein Zufall, dass er sich heute früh eine Schleife in Blau mit gelben Punkten ausgewählt hatte, die Ruth entzückte? Sie wiegte leicht den Kopf.

Professor Sandmann empfing sie vor dem Eingang des Großen Tropenhauses und hielt ihr die Schwingtüre auf. „Willkommen in Tahiti“, begrüßte er Ruth und lachte. „Ich kenne einen noch kürzeren Weg von der Uni hierher als Sie, und wenn es nur zwei oder drei Minuten sind, die man sich sparen kann.“

„Gewonnen. Und ich hatte mich schon so beeilt“, sagte Ruth. Der Professor hielt ihre Hand etwas länger als notwendig und schaute fest in ihre braunen Augen.

„Wir fangen in dem Palmenhaus an“, sagte er. Beim Öffnen der zweiten Schwingtüre schlug ihnen sehr warme und feuchte Luft entgegen, die ihnen fast den Atem raubte. „Das ist ja wie im Urwald“, sagte sie. „Diese hohen Palmen und dieses grüne Dickicht – einfach märchenhaft.“

Sie ging mit langsamen Schritten vor ihm her und drehte sich dann zu ihm um. „Jetzt fehlen hier nur noch die Affen.“

„Ja, und die Schlangen und Reptilien. Aber etwas muss ich Sie korrigieren. Das hier ist nicht das Afrika-Haus, sondern der Inselwelt Polynesiens nachempfunden.“

„Diese herrlichen großen Schmetterlinge", rief Ruth, „und diese bunten Vögel, man versteht bei diesem Geschrei ja kaum sein eigenes Wort. Toll!"

„Schauen Sie mal, wenn Sie sich etwas bücken, sehen Sie da hinten eine Lagune, die man überqueren kann. Lassen Sie uns dahin gehen."

Sie nahmen den schmalen Pfad zwischen den Philodendren und dem hohen Farn. Als sie das Wasser erreicht hatten, überholte sie der Professor und setzte dann einen Fuß nach dem anderen von einem Schrittstein zum nächsten.

„Jetzt fehlt nur noch ein großes Korallenriff", rief sie vergnügt.

Er lachte: „Alles lässt sich nicht künstlich arrangieren. Vergessen Sie nicht, das ist hier Süßwasser."

„Oh weh, das war ein faux pas, Herr Professor." Sie machte einen Sprung von dem letzten Stein ans Ufer, wo er stehen geblieben war und sie auffing.

„Sagen Sie nicht immer Professor zu mir. Das klingt ja furchtbar. Ich heiße Dieter und wir sollten uns duzen, einverstanden?" Er hatte sie fest an den Unterarmen gefasst und strahlte sie an.

„Also, ich weiß nicht", sie zögerte, „wenn Sie meinen – ich heiße Ruth."

„Das ist ein schöner Name, der passt zu dir."

Sie wandte sich von ihm ab, um den Arm wieder loszuwerden, den er ihr inzwischen auf ihre Schulter gelegt hatte. „Siehst du diesen herrlichen Kakadu?" Er zeigte in die Krone eines hohen Baumes mit dünnen langen Früchten. „Er hat Federn in sieben verschiedenen Farben und ist der stolzeste Vogel in der ganzen Tropenwelt."

„Ja, da oben – ich sehe ihn. Hat der lange Schwanzfedern."

„Daraus machen sich die Insulaner herrlichen Kopfschmuck, den sie bei ihren Tänzen tragen." Er zeigte auf eine Bank unter einem breit ausladenden Gummibaum. „Lass uns einen Moment setzen und die Ruhe genießen."

Er hatte heute ein hellblaues Jackett an. Darunter trug er ein weißes Hemd mit einer dunkelblauen Schleife, deren Enden etwas müde herunterhingen.

„Hast du heute keinen Kinderdienst?" fragte Ruth.

„Nein, meine Frau ist heute dran."

„Und wie alt sind deine Kinder?"

„Die Kinder sind zwischen sechs und vierzehn Jahre alt."

„Dann gehen also alle in die Schule."

„Ja", stöhnte er, „da gibt es nachmittags viele Hausaufgaben zu machen."

„Und deine Frau?"

„Meine Frau ist Lehrerin. Sie ist sehr krank." Er zögerte und machte ein ernstes Gesicht. Auf ihren fragenden Blick setzte er fort: „Seit der Geburt unseres letzten Kindes hat sie schwere Depressionen."

„Das ist ja schlimm."

„Die Situation ist auch für mich auf die Dauer deprimierend. Wir leben praktisch nur noch nebeneinanderher."

„Das muss ja furchtbar sein. Was sagen denn die Ärzte?"

„Die machen uns keine Hoffnung. Ich muss damit rechnen, dass dieser verheerende Zustand sich bis zum Ende unserer Ehe nicht mehr bessert."

„Das tut mir leid."

„Ja, das ist bedrückend. Ich bin so ein lebensfroher Mensch. Ich habe noch so viel vor und brauche eine Partnerin, mit der ich etwas unternehmen, das Leben genießen kann. So bin ich auch noch nicht in Polynesien gewesen. Da möchte ich unbedingt hin. Und nicht allein."

Er lächelte sie an, legte seinen Arm um ihre Schultern und zog sie vorsichtig an sich. „Mit dir, mit einer Frau wie dir, könnte ich mir ein Leben vorstellen." Er war ihr bei diesen Worten näher gerückt und versuchte, sie zu umarmen.

„Wie bitte?", Ruth schob ihn vorsichtig aber entschieden von sich weg, „du kennst mich doch gar nicht. Nein, Herr Professor", sagte sie, „das geht nicht, das möchte ich nicht."

„Aber ich fühle mich so sehr zu dir hingezogen. Bitte verstehe mich.“ Er wollte ihre Wangen streicheln.

„Nein, bitte nicht.“ Sie drückte seine Hand herunter und sprang auf. „Ich will weg von hier. Bitte, lassen Sie mich gehen.“

Ohne sich noch einmal umzudrehen, eilte sie denselben Weg zurück, den sie gekommen waren. „Lassen Sie mich in Ruhe!“, schrie sie noch einmal so laut sie konnte. Sie hielt erst wieder mit dem Rennen inne, als sie diese unwirtliche feuchte Tropenwelt hinter sich gelassen hatte und endlich wieder in der erfrischenden Luft auf der Straße angekommen war.

Sie war schon eine U-Bahn-Station früher ausgestiegen und über den belebten Mehringdamm gegangen, um auf andere Gedanken zu kommen. So richtig geholfen hatte ihr das nicht, und als sie die Wohnung betrat, fühlte sie sich allein. „Ist da niemand?“, rief sie.

„Doch!“, hörte sie Ingrid aus ihrem Zimmer rufen: „Ich bin hier. Komm rein.“

Ihre Freundin hatte die beiden Fenster weit geöffnet und lag ausgestreckt und nur mit einem weit geschnittenen dünnen Sommer-Etwas bekleidet auf dem Sofa.

„Was machst du denn für ein Gesicht. Dein Treffen scheint aber ganz schön schief gegangen zu sein.“

Ruth setzte sich ans andere Sofaende und schleuderte ihre Sandalen ins Zimmer. Sie schüttelte ihren Kopf und kämpfte gegen einen Weinkrampf an. „Ich weiß nicht. Ich habe auch immer Pech. Was ich anpacke, mache ich falsch.“

„Was ist denn jetzt schon wieder passiert?“

„Eigentlich nichts, eigentlich nichts Schlimmes. Aber ich habe das Geschick, immer an die falschen Männer zu geraten. Es ist ein Scheiß.“

„Ach geh, jetzt erzähl mal.“ Ingrid beugte sich vor und streichelte über Ruths Waden bis zu den Kniekehlen. Ruth griff nach Ingrids Hand und erzählte.

„Nee, so ein fieser Kerl“, rief Ingrid empört, als Ruth fertig war, „dem gehört eine Ohrfeige!“

„Weißt du, Ingrid, das ist immerhin mein Professor! Wie verhält man sich da?"

„Das spielt doch keine Rolle, das berechtigt ihn doch nicht zu meinen, du würdest schon stillhalten. Also wirklich nicht!" Sie verzerrte ihr Gesicht zu einer Grimasse.

„Ich habe ihm das auch gesagt. Aber er sprach nur von Liebe und Verehrung."

„Er ist doch verheiratet und hat Kinder."

„Das habe ich ihm auch vorgehalten. Aber seine Ehe sei eh kaputt und er sehne sich nach einem anderen Leben mit einer anderen modernen, aufgeschlossenen Frau. Er würde alles für mich tun."

„Das kann ich mir gut vorstellen. Das übliche Geschwätz von diesen verbrauchten Männern in der Alterskrise. Da kommt einem die Galle hoch."

„Ich weiß nicht, warum ich auf diese Familienväter immer wieder so anziehend wirke. Ich will von diesen Typen nichts mehr wissen. Sie sollen mich in Ruhe lassen." Jetzt konnte sie die Tränen nicht mehr zurückhalten und fing an zu schluchzen. „Hilf mir, bitte, Ingrid, hilf mir!"

Ingrid war zu ihr herübergerutscht und nahm sie in die Arme. Sie strich ihr das Haar aus dem Gesicht. „Lass dich nicht mehr auf diese Männer ein." Sie streichelte Ruth über die Oberarme und drückte sie an ihre Brust: „Du hast kein Glück mit den Männern. Wir brauchen die auch gar nicht. Lass die Finger von denen."

„Ja, ich glaube, du hast Recht." Sie umklammerte Ingrids Oberkörper und drückte ihr einen Kuss zwischen ihre Brüste. „Versprichst du mir, dass du immer für mich da bist und mich beschützt, ja, Ingrid?"

„Ich schwöre dir." Sie streichelte ihren Kopf und küsste sie auf die Stirn: „Lass uns unsere besten Freundinnen sein, lass uns füreinander da sein, nur für uns und ohne Männer."

„Ich werde dich immer lieben, mein Schatz." Ruth schaute ihr fest in die Augen. „Du verstehst mich. Mit dir will ich immer zusammen sein und in deinen Armen liegen, immer."

– 22 –

In dem Interzonenzug nach Frankfurt drängten sich die Menschen. Klaus war erleichtert, als er einen Platz am Ende des Zugs fand, auch wenn es ein Raucherabteil und nur ein mittlerer Sitz auf der Holzbank war.

Rechts von ihm saß eine Frau, die an dem Ärmel eines Baby-Jäckchens strickte. Ihr gegenüber wohl ihr Ehemann, der aus dem Fenster schaute und seiner Frau von den Sehenswürdigkeiten berichtete, die er erspäht hatte.

Links von ihm lehnte ein junger Mann mit dunkler Hautfarbe, der sich mit seinem gleichaltrigen Gegenüber unterhielt. Sie sprachen deutsch.

Der Klaus gegenübersitzende kleine Mann gähnte ständig und verfügte über erfreulich kurze Beine, so dass Klaus sich halbwegs bequem einrichten konnte.

Die Passkontrolle am Grenzübergang Griebnitzsee verlief ohne Zwischenfälle. Klaus hatte sich vorgenommen, sich von den Grenzbeamten nicht provozieren zu lassen und sich nicht aufzuregen. Das hielt er auch durch, als die Vopos von außen die Wagentüren mit Stahlklammern verriegelten.

Klaus holte sich aus seinem Reisegepäck den Spiegel, den er sich im Bahnhof noch gekauft hatte. Er las den einen und den anderen Artikel, aber keiner sprach ihn richtig an, so reißerisch auch die Überschriften manchmal waren. Er wandte sich an seinen Nachbarn zur Linken: „Darf ich Sie fragen, von wo sie kommen? Sie sind sicherlich weit gereist."

„Ja, ich bin eigentlich aus Tansania, komme aber gerade aus Moskau."

„Ach ja, das ist aber interessant. Ich bin noch nie in diesen Ländern gewesen. Und wo haben Sie dieses gute Deutsch gelernt?"

„Von meinem Vater."

„Wie kommt denn das?"

„Sie wissen vielleicht, dass Tansania einmal eine deutsche Kolonie gewesen ist, schon mein Großvater hat für die Deutschen gearbeitet."

„Okay, das verstehe ich ja noch, aber was macht ein Mann aus Tansania in Moskau, wenn ich das so fragen darf."

„Ich habe dort zwei Semester Politologie und Ökonomie studiert. Ich hatte ein ganzjähriges Stipendium erhalten, wie übrigens auch mein Freund." Er wies auf sein Gegenüber.

„Das ist aber großzügig."

„Ja, das stimmt. Aber wir kämpfen mit Erfolg für einen demokratischen Sozialismus in unseren Ländern."

„Aha", Klaus fasste sich an die Nase, „und wie macht man das?"

„Als nächstes werden wir in meiner Heimat eine Partei gründen, die die Interessen der Arbeiter und der armen Bevölkerung vertritt: Die Kommunistische Partei Tansania."

„Und wir kämpfen ja nicht alleine", schaltete sich sein Freund ein, „auf uns warten tausende und abertausende von hungernden und obdachlosen Menschen. Wir werden den afrikanischen Sozialismus über die Grenzen Tansanias hinaus verbreiten."

„Da bin ich mal gespannt", sagte Klaus, „Moskau wird in Afrika ganz schön Gas geben müssen, denn Mao steht schon vor der Türe." So schulten also die Bolschewisten ihre Aktivisten, resümierte er, und der Westen schläft – er schüttelte den Kopf.

In Bebra stiegen der Tansanier und sein Freund aus. „Wir fahren weiter nach Göttingen", erklärte dieser, „und gründen mit unseren Freunden den ersten internationalen kommunistischen Studentenausschuss in der BRD. Sie werden bald von unseren Aktivitäten in Ihrem Spiegel lesen können."

So geht das also, dachte Klaus, es fehlt nur noch, dass dieser Typ die geballte Faust zum Gruße hebt. Er zündete sich eine Zigarette an und inhalierte den Rauch nachdenklich.

Die Gleise glitzerten in der abendlichen Sonne, als der Zug in dem Frankfurter Hauptbahnhof einfuhr. In ihrer Angst vor dem laut dröhnenden Motor der vorbeiziehenden Diesellokomotive klammerte sich Franziska fest an Marie, die sie schützend auf den Arm nahm. Die Türen des Zuges öffneten sich mit lautem Knall und hunderte von Menschen stürzten auf den Bahnsteig.

„Wo ist mein Papi?" Franziska reckte ihren Hals und rief dann erleichtert: „Papi, Papi!" Sie streckte ihre Händchen nach Klaus aus, der sie in seine Arme nahm. „Da ist ja mein Schätzchen", rief er und umarmte gleichzeitig auch Marie, „da sind ja meine beiden großen Lieblinge." Er küsste beide vehement und machte sich nichts daraus, dass er mit seinem Gepäck den Leuten im Weg stand, die zum Ausgang strebten.

„Ich habe einen Parkplatz am Südausgang gefunden", sagte Marie, „komm, ich nehme dir wenigstens deine Aktentasche ab." Sie ließen sich von der Menschenmenge zum Ausgang treiben und stiegen in Maries gelben Volkswagen Käfer, nachdem Klaus das Verdeck geöffnet hatte. „Es ist noch so herrlich warm und nach der langen Fahrt in dem Raucherabteil brauche ich frische Luft."

Er griff nach Maries Arm: „Was hältst du davon, wenn wir noch für ein Stündchen in die Buchscheer fahren und einen Ebbelwoi petzen. Die Kleine hat doch sicherlich heute Mittag gut geschlafen, ja?" Er drehte sich zu Franziska um.

„Au ja, dann kann ich mit dem Wau-Wau spielen, der da immer rumläuft."

Sie fanden noch einen freien Tisch und gaben ihre Bestellungen auf. „Klaus, ich muss dir etwas ganz Schreckliches erzählen", sagte Marie, „stell dir vor, vor ein paar Stunden hat so ein Irrer auf Robert Kennedy geschossen."

„Ach du lieber Gott, hat er überlebt?"

„Man weiß es noch nicht. Es muss ganz schlimm sein und man befürchtet, dass er es nicht schafft."

„Mein Gott." Klaus knöpfte sich seinen obersten Kragenknopf auf. „Erst erschießen diese Verbrecher John F. Kennedy und jetzt seinen Bruder. Leben wir denn nur noch unter Mördern?" Er schlug mit der Faust auf den Tisch.

„Sie haben den Mann gefasst. Ein Weißer. Er schweigt. Kein Mensch kann sich das Attentat erklären."

„Es ist zum Verzweifeln. Da müssen wir nachher die Nachrichten sehen, vielleicht hat die Polizei schon etwas herausgefunden."

„Ja, sprechen wir von etwas anderem, aber ich musste es erst mal loswerden."

„Na klar. Und jetzt muss ich auch etwas erzählen, mein Schatz." Er setzte Franziska auf seinen Schoß. „In der nächsten Woche fahren wir in die hohen Berge in ein kleines Land, das heißt Liechtenstein und hat eine große Burg. Dort kommt die Heidi her. Du kennst das kleine Mädchen doch, die Mami und ich haben dir schon oft aus dem großen Heidi-Buch vorgelesen."

„Ja, Papi, ja. Die Heidi und der Peter. Und ihre Ziege, ist die auch da?"

„Na klar. Du kannst sie dann sogar füttern."

„Ach, wie toll. Darf meine Barbie-Puppe auch mit?"

„Aber selbstverständlich, mein Schatz. Pack ihr schon mal das Köfferchen."

Marie strahlte. „Zu Hause musst du mir noch mehr Einzelheiten von deinem neuen Mandat erzählen. Verdienst du dann auch mehr Geld?" Sie hatte sich bei den letzten Worten etwas zu ihm nach vorne gebeugt und leiser gesprochen.

„Und ob", antwortete er und neigte sich zu ihr, „und ohne das Finanzamt damit zu beschäftigen", grinste er und zog ihre Hände zu sich. „Dann kann ich mir auch einen Traum erfüllen und mir ein neues Auto kaufen. Weißt du, so einen Zweisitzer, ganz sportlich und offen – das hätte doch was?"

Nur zwei Wochen später rief Müller an. Klaus war gerade aus Liechtenstein zurück. „Herr Angermann", sagte er, „der erste Durchlauf beginnt. Morgen meldet sich bei Ihnen ein Herr Brunner aus Zürich. Vorname Wilhelm. Er weist sich durch einen Diplomaten-Pass aus. Er hat in seinem Aktenkoffer 200 000 DM. Sie brauchen nicht nachzuzählen. Obenauf liegt eine Quittung über die Einzahlung Ihres Honorars auf Ihr Konto bei der V-Bank in Vaduz und eine Liste der zu erwerbenden Wertpapiere. Nach Schalterschluss besucht Sie ein Herbert Greiner von unserem Büro in Niederrad. Parole:‚Kiebitz' und holt den Koffer ab. Die Bankabrechnung legen Sie obenauf. Eine Quittung gibt es nicht. Haben Sie verstanden?"

„Ja."

„Dann wiederholen Sie."

Klaus kam der Aufforderung nach. Dann machte es Klick in der Leitung.

Warum sieht dieser Wilhelm Brunner wie ein typischer Schweizer aus, schoss es Klaus durch den Kopf, als sein Besucher in sein Arbeitszimmer geführt wurde. Von großer Statur trug er ein sportliches Jackett und ausgebeulte Hosen, die ganze Kleidung in beige. Schwungvoll reichte er Klaus jovial die Hand. Mit einem munteren „Grüezi" bestätigte er seine Herkunft. In der anderen Hand trug er einen braunen Aktenkoffer, den er neben sich stellte, als die beiden Männer in der Sitzecke Platz nahmen.

Unaufgefordert griff Brunner in die Innentasche seines Jacketts und zog einen Diplomatenpass heraus, den er vor Klaus auf den Tisch legte. „Bitte sehr", sagte er zu Klaus und lehnte sich in seinem Sessel zurück.

„Kann ich Ihnen einen Kaffee anbieten?", fragte Klaus.

„Nein, merci vielmals."

„Oder ein Glas Wasser?"

„Ja, gerne."

Klaus nahm die Wasserkaraffe und füllte zwei Gläser. Dann schlug er den Diplomatenpass auf. Ausgestellt von dem Außenministerium in Bern wies er einen Wilhelm Brunner aus, dessen Foto dem Antlitz seines Besuchers täuschend ähnelte. Brunner lächelte ebenso ungezwungen wie sein Konterfei. Klaus reichte ihm das Dokument zurück, er konnte ein aufkommendes Lächeln nur schwer unterdrücken.

Brunner griff nach dem Aktenkoffer, legte ihn auf seine Oberschenkel und drehte an dem Zahlenschloss. „Das Schloss öffnet sich auf die Geheimzahl 822", sagte er und drückte wie zum Beweis der Richtigkeit seiner Aussage auf den großen Knopf.

Der Deckel des Aktenkoffers sprang auf. In Banderolen gebündelt reihten sich die braunen Tausend-DM-Scheine. Obenauf lag die angekündigte Bankquittung über die eingezahlte Provision, die Klaus an sich nahm. Die herbeigerufene Sekretärin fertigte ihm eine Fotokopie und Klaus reichte das Original an seinen Besucher zurück.

„Vielen Dank, Herr Brunner", sagte er. „Ich sehe, die Liste mit den gewünschten Wertpapieren liegt auch bei. Dann haben Sie Ihre Arbeit getan. Kann Ihnen meine Sekretärin ein Taxi rufen?"

„Ja, gerne."

„Geht es zum Bahnhof?"

„Ja, ich fahre noch heute zurück."

„Dann wünsche ich Ihnen eine gute Reise." Klaus drückte ihm die Hand und begleitete ihn zum Ausgang. „Der Wagen muss gleich kommen", sagte er, „der Taxi-Stand ist gerade mal vorne an der Ecke."

Es war nicht das erste Mal, dass Klaus so viel Bargeld mit sich trug. Aber es beschlich ihn doch ein unsicheres Gefühl, als er zur Hauptverkehrszeit über die belebte Bockenheimer Landstraße zu seiner Bank ging, den Griff des Aktenkoffers fest umfasst. Er war sich recht sicher, dass sein Auftraggeber ihn beobachten ließ. Er schaute sich zwar mehrfach unauffällig um, doch schien sich niemand um ihn kümmern.

Klaus hatte seine Assistentin in der Bank anrufen und mitteilen lassen, dass und weshalb er vorbeikomme. Er wurde sofort in ein Nebenzimmer geführt, und die ihm bekannte Filialleiterin begrüßte ihn freundlich.

Sie gingen die Wertpapierliste durch, während eine herbei gerufene Bankangestellte das Geld zählte und die Banderolen abzeichnete.

„Wir haben leider nicht alle Papiere griffbereit und müssen sie uns erst aus der Zentrale bringen lassen. Geht das in Ordnung?"

„Wie lange wird das dauern?"

„Warten Sie mal", sie schaute auf die Wanduhr, „jetzt ist es halb eins – in zwei Stunden könnten die Papiere hier sein und ich würde sie Ihnen um fünfzehn Uhr in Ihr Büro bringen lassen. Wäre das in Ordnung?"

„Ja, das wäre wunderbar und passt in mein Programm. Würden Sie bitte Ihre Abrechnung mit in den Umschlag legen und Ihre Spesen vorab dem Bargeldguthaben entnehmen, das wäre mir am liebsten."

„Gerne. Das machen wir bei Schaltergeschäften immer so. Alles Gute, Herr Angermann", sie reichte ihm die Hand, „sehen wir uns bald wieder?"

„Ich denke schon."

„Dann bis zum nächsten Mal."

Die Wertpapiere lagen bereits im Stahlschrank des Büros, als ihm seine Sekretärin Herrn Greiner meldete. „Kommen Sie herein", begrüßte Klaus seinen Besucher, der mit langsamen Schritten das Zimmer betrat.

Der Agent seines Auftraggebers war eine unscheinbare Person, die offenkundig jedes Auffallen in der Öffentlichkeit vermeiden wollte. Sein grauer Anzug war genauso langweilig wie sein müdes Gesicht und seine ungewaschenen Haare. Den Kragen seines grau karierten Hemdes trug er aufgeschlagen über seinem Jackett und sein dickes schwarzes Brillengestell war der einzige Farbfleck.

Klaus bat ihn an seinen Schreibtisch. „Nehmen Sie Platz", sagte er, „kann ich Ihnen etwas anbieten?"

„Nein, ich muss gleich weiter."

„Dann kommen wir gleich zur Sache, Herr Greiner. Darf ich Sie um Ihren Ausweis bitten?"

„Klar", sagte sein Gegenüber und griff in seine Jackentasche, „bitte schön."

„Danke", sagte Klaus, und nahm den Personalausweis, auf dessen Vorderseite das Staatswappen der Deutschen Demokratischen Republik – Hammer, Zirkel und Ährenkranz – eingeprägt war, entgegen. Er war in Berlin auf den Namen Herbert Greiner ausgestellt und das Gesicht auf dem Passbild war dem seines Besuchers frappierend ähnlich.

Klaus gab ihn zurück und überreichte Greiner den großen Umschlag mit den Wertpapieren, den die Sekretärin zwischenzeitlich hereingebracht hatte.

„Die Papiere sind komplett, wie bestellt", sagte Klaus. „Und hier ist der Aktenkoffer", er griff hinter sich, „da können sie den Umschlag verstauen."

Ohne zu zögern oder nach der Geheimzahl des Schlosses zu fragen, stellte Greiner es ein, öffnete den Deckel des Aktenkoffers, legte den Umschlag hinein und verabschiedete sich. Klaus lehnte sich in seinem Sessel zurück und atmete tief durch – das hatte ja alles gut geklappt.

Abends berichtete er Marie. „Das ist ja prima. 1,5 Prozent sind, warte mal", sie runzelte die Stirne, „das sind … ja, das sind drei Tausender. Klasse!"

„Und gleich in Schweizer Franken. Was sagst du?"

Er umarmte sie und streichelte ihr die Haare aus ihrem Gesicht. „Ist das nicht toll? Da haben wir ein wunderbares sicheres Sparbuch."

Klaus hob sie hoch. „Und das ist erst der Anfang. Ich bin so glücklich. Und wenn der liebe Gott uns noch ein Kind schenkt, sind alle unsere Wünsche erfüllt."

Er ließ sie wieder runter und streichelte ihre Pobacken.

„Was meinst du? Sobald die Kleine im Bett ist, beginnt die l'heure bleu für uns. Das kriegen wir doch auch noch hin."

Marie hatte die Arme um seinen Hals gelegt und ihre starken Brüste an ihn gepresst: „Ich kann es kaum abwarten, mein Liebster.“ Sie drehte ihren Kopf in Richtung Kinderzimmer und rief: „Franziska! Los, ab ins Bett. Es ist schon spät.“

Klaus und sein Kollege Wiedemann gingen nach Möglichkeit gemeinsam zum Mittagstisch und nutzten die Gelegenheit, sich über das Bürogeschehen zu besprechen. Heute hatten sie beim Italiener im Kettenhofweg ihre Lieblingspasta genossen und waren auf dem Weg ins Büro. Schon von weitem sahen sie am Ende der Bettinastraße vor dem Café Laumer eine große Menschenmenge. Die Leute lachten und klatschten in die Hände.

„Gibt es hier etwas umsonst?“, fragte er einen langhaarigen jungen Mann mit Bart. „Was ist hier los?“

„Wir besetzen das Café. Der Chef will uns nicht reinlassen. Wir würden seine noblen Gäste stören, behauptet dieser Kapitalist.“

„Das gibt es doch nicht.“ Klaus und sein Kollege waren empört: „Diese eitlen Neureichen“, sagte Wiedemann. „Das wollen wir doch mal sehen.“

Er stürmte die Treppe zum Eingang hoch und drängte sich an den schaulustigen jungen Leuten vorbei in den Verkaufsraum.

„Fünf Stück Sahnetorte und fünf Schokoköpfe“, gab er lauthals seine Bestellung über die Köpfe der Gäste hinweg der Verkäuferin auf. Er drehte sich zu Klaus um: „Können Sie mir mal grade einen Fünfziger leihen, ich war hierauf nicht vorbereitet.“

„Was wollen Sie denn mit dem vielen Kuchen?“, fragte Klaus ihn.

„Ich gebe heute einen aus. Wenn hier Adorno bedient wird, haben auch seine Schüler hierauf einen Anspruch. Zum Grundrecht auf Freiheit und Gleichheit gehört auch der Anspruch auf Kaffee und Kuchen für jeden. Das wollen wir doch mal sehen“, rief er in den Gastraum.

Beifall brach aus und die fein gekleideten Kaffee-Gäste fühlten sich zunehmend unwohl. „Herr Ober, zahlen", riefen sie und zückten ihre Portemonnaies, als der Inhaber des Cafés erschien. „Raus hier", schrie er die jungen Leute an, die in ihren Jeans offenkundig nicht zu seinen Stamm-Gästen zählten, „belästigen Sie nicht meine Gäste. Ich erteile Ihnen ..."

In diesem Augenblick traf ihn ein Schokokopf am Hinterkopf und er versuchte vergeblich, die süße Schmiere, die an seinem Ohr herunterlief, wegzuwischen.

Schadenfrohes Gejaule hatte eingesetzt und noch bevor er weitersprechen konnte, stürmten die Akteure in den Gastraum und besetzten alle freistehenden Stühle unter lautem Gelächter ihrer Sympathisanten.

„Ich glaube, wir machen uns langsam aus dem Staub", sagte Klaus zu seinem Kollegen. „Es wird nicht mehr lange dauern und die Polizei steht vor der Türe. Da muss ich nicht dabei sein."

„Nee, ich bleibe hier", sagte Wiedemann, „das wollen wir doch mal sehen. Polizei im Caféhaus: Dass ich nicht lache."

Als Klaus das Lokal verließ, hörte er bereits von weitem ein Martinshorn. Er beschleunigte seine Schritte und erlebte so nicht mehr, wie die Polizeibeamten von lachenden jungen Leuten mit Tortenstücken beschmissen wurden.

Als sie einige Tage später am Frühstückstisch saßen, berichtete Marie Klaus von Theresas Anruf: „Sie hat gefragt, ob wir uns heute Abend bei der Vernissage in der Galerie Lichter sehen."

„Ich weiß nicht, ob ich zur Eröffnung schon aus dem Büro kann", antwortete Klaus. „Wann fängt denn das Ganze an?"

„Um 19:30 Uhr."

„Das ist mir zu früh. Ich habe noch um 19:00 Uhr ein Telefonat mit Boston zu führen und das dauert."

„Macht nichts, Ralf kommt auch erst später aus dem Büro. Dann gehen wir Frauen schon mal vor und ihr Männer kommt halt später, okay?"

Als Klaus von der Bockenheimer Landstraße in die Mendelssohnstraße einbog, standen die Besucher an diesem lauen Herbstabend mit ihren Weingläsern vor der Kunstgalerie bis auf die Straße. Er ging auf Horst und Leonie zu, die er schon von weitem an ihrem lauten Gelächter erkannt hatte, und schüttelte ihnen die Hände. „Komme ich zu spät?“, fragte er.

„Nein, absolut nicht. Ursula Lichter und der Kowalek haben eben ihre Reden gehalten, und nach dem Beifall sind die Leute an die frische Luft gegangen. Da drin ist es jedenfalls proppenvoll.“

„Da wird man vor lauter Menschen die Bilder gar nicht sehen können. Was hängt denn an den Wänden?“

„Na ja“, sagte Horst und trat seine Zigarette auf der Straße aus, „da sind die Tachisten, die wir schon lange genug kennen. Auch die Zero-Künstler, vor allem Uecker, aber auch die neuen Kinetiker mit ihren schillernden Objekten. Gar nicht mal so schlecht.“

„Willst du denn heute was kaufen?“

„Ich weiß es noch nicht. Jedenfalls besteht im Publikum großes Kaufinteresse, und ich habe schon einige rote Punkte an den Bildern gesehen.“

„Na, da schauen wir mal – hi, Uschi“, rief er Ursula Lichter zu, die sich nach rechts und links grüßend durch die Menschenmenge zu Klaus und seinen Freunden kämpfte, die sie auf die Wangen küsste. „Ich grüße dich. Meinen herzlichen Glückwunsch zu dem großen Andrang. Ich wünsche dir viel Erfolg.“

Er fasste sie unter dem Arm und zog sie etwas zur Seite: „Hast du einen Tipp für mich?“

Uschi lachte: „Alle wollen einen Geheimtipp von mir. Die Künstler, die wir ausstellen, sind entweder schon bekannt oder im Kommen.“

Sie schaute ihn nachdenklich an. „Also, ich weiß nicht. Aber der Thomas Bayrle, den empfehle ich dir. Wenn du seine Bilder näher betrachtest, besteht z. B. ein Portrait von Mao aus unzähligen einzelnen kleinen gleichen Mao-Portraits. Das ist faszinierend.“

„Oh ja, den werde ich mir mal anschauen. Kann man den auch bezahlen?“

„Du doch auf jeden Fall.“ Sie lachte. „Wir beginnen in einigen Minuten mit einer Auktion, da sind auch ein oder zwei Bayrle dabei. Schau mal, vielleicht kannst du ein Schnäppchen machen. Aber jetzt müsst ihr mich entschuldigen. Ich muss noch viele andere Gäste begrüßen.“

„Habt ihr Marie gesehen?“, fragte Klaus seine Freunde.

„Ja“, sagte Leonie, „vor einer halben Stunde saß sie mit Theresa in dem Zimmer rechts. Mach dich mal auf die Suche, irgendwo findest du sie.“

Er schlängelte sich an den dichtgedrängt stehenden Besuchern vorbei und winkte dem einen und anderen Freund zu. Stimmengewirr erfüllte den großen Raum und er beglückwünschte sich, als es ihm endlich gelang, den Tisch zu erreichen, auf dem die Getränke standen. Er schnappte sich ein Glas Rotwein und wandte sich den ausgestellten Bildern zu.

Neben einem tiefgrünen Fontana ein Bayrle, den er sich näher betrachtete: Ein großer stolzer Hahn mit geschwollenem Kamm und langen Schwanzfedern auf einem runden Misthaufen. Je näher er das Objekt studierte, desto deutlicher wurde die Technik des Künstlers: Das Bild war aus bald hunderten einzelner sich bis auf die Federn gleichenden Hähnchen zusammengesetzt. Ein Hahn sah aus wie der andere. Trat der Betrachter einige Schritte zurück, wuchsen die einzelnen Hähnchen wieder zu einer einheitlichen Figur, einem stolzen Hahn zusammen. Das Bild war so lebhaft, dass Klaus vermeinte, den Hahn krähen zu hören.

Das Werk war noch nicht mit einem Punkt versehen. Klaus schöpfte Hoffnung, dass es auch versteigert werde, und nahm einen Schluck Wein aus seinem Glas. Noch bevor er weitere Freunde begrüßen konnte, begann die Versteigerung.

Alfred Lichter verschaffte sich mit heftigem Händeklatschen etwas Ruhe und schaute um sich. „Herr Kowalek, der Kurator unserer Ausstellung, wird heute die Versteigerung leiten. Gebote bitte in Hundert-DM-Schritten. Hand heben genügt. Mit welchem Objekt willst du beginnen, Rochus?“

„Ich würde gerne mit dem herrlichen Mansoni beginnen, der rechts von dem Piene hängt. Er ist einer der großen Konzeptkünstler unserer Zeit, und die 3 000 DM Kaufpreis sind eigentlich unter Wert. Also, wer bietet mehr?“

Klaus musste einige Geduld aufwenden, bis zu seiner Freude nach mehreren anderen Objekten der Bayrle endlich aufgerufen wurde. Er war mit 1 500 DM ausgezeichnet. Recht schnell gingen die Arme der einzelnen Bieter hoch, mal rechts, mal links und auch hinten in dem Besucherkreis, der so eng zusammenstand, dass Klaus die einzelnen Personen, die ihre Arme nach oben hoben, kaum erkennen konnte.

Er hatte sich eine Preisgrenze gesetzt, die bei 2 000 DM lag, und die er nicht überschreiten wollte. Dieser Zahl näherten sich die Bieter sehr schnell, so dass er verärgert, aber entschieden das Mitbieten aufgab.

Er holte sich ein weiteres Glas Rotwein und begann erneut die Suche nach Marie, die er schließlich im Kreis ihrer Freunde am anderen Ende des Raumes entdeckte. Sie sah mit ihrem tiefschwarzen Haar in ihrem knallroten Kleid blendend aus und stand zusammen mit Theresa und Ralf im Gespräch vor einem Pollock.

Sie bemerkte Klaus erst, nachdem er ihr einen kleinen Kuss in den Nacken gehaucht hatte. „Mensch Klaus, da bist du ja. Ich habe dich schon den ganzen Abend gesucht.“ Sie schob sich eine Haarsträhne hinter das Ohr. „Weißt du was, ich habe etwas ganz Verrücktes gemacht. Ich habe eben ein Bild ersteigert!“, sagte sie aufgeregt mit hochrotem Kopf.

„Echt? Das habe ich gar nicht mitbekommen. Was denn?“

„Den Gockel von Bayrle.“

„Ja spinnst du, den wollte ich doch haben. Er wurde mir aber langsam zu teuer.“

„Mensch, ich werde verrückt, dann haben wir uns ja gegenseitig überboten und den Preis nach oben getrieben. Nee. Aber so ein Mist.“

„Also weißt du, wenn wir das der Uschi erzählen, lacht die sich kaputt."

Er nahm Marie an den Arm und gab ihr jetzt einen dicken Kuss. „Gibt es denn so was? Aber wir stören hier die Versteigerung mit unserm Gespräch. Was haltet ihr davon, wenn wir noch eine Kleinigkeit essen gehen."

„Und etwas trinken", sagte Ralf. „Was haltet ihr vom Isoletta?"

„Gute Idee", sagte Horst, „mein Wagen steht sowieso auf der halben Strecke. Kommt, machen wir uns auf den Weg."

„Klasse!" Er erhielt für seinen Vorschlag auch die Zustimmung von Leonie und Theresa und meinte: „Dann bekommen wir noch einen Tisch, bevor die anderen auf dieselbe Idee kommen."

– 23 –

Die Krankheit ihrer Mutter schritt unaufhaltsam fort. Ruth hatte sie in diesem Sommer nach Semesterende mehrfach besucht und war der Verzweiflung nahe. Warum ließ sich multiple Sklerose nicht aufhalten, warum gab es keine wirksamen Medikamente gegen diese heimtückische Erkrankung?

Ihre Mutter hatte ihr erzählt, wie sie eines Abends nach einem Konzert bei Dunkelheit die Straße überqueren wollte und schon auf die Fahrbahn getreten war, als von weitem ein Auto sich näherte und sie nicht mehr einen Fuß vor den anderen setzen konnte, weil ihr die Beine nicht gehorchten: „Ich wollte doch nur ganz normal über die Straße. Aber als die grellen Lichter des Autos sich mir näherten und der Fahrer energisch hupte, konnte ich auch nicht mehr die Füße heben, stell dir vor. Ich spürte den Asphalt unter meinen Füßen nicht mehr, und ich rief um Hilfe."

„Um Gottes Willen, und wie bist du dann über die Straße gekommen? Das muss ja schrecklich gewesen sein." Ruth fasste nach der schlaffen Hand ihrer Mutter.

„Ich habe mit meinen Händen gewinkt. Gott sei Dank bremste das Auto und hielt an." Sie zitterte.

„Die Frau, die am Steuer saß, ist ausgestiegen und hat mich angeschrien: Ob ich verrückt sei, beschimpfte sie mich. Ich habe geweint und versucht, der Frau klarzumachen, dass ich nicht mehr laufen konnte, was sie erst nicht glauben wollte. Dann solle ich nicht alleine nachts über die Straße gehen, fuhr sie mich an. Langsam beruhigte sie sich aber und wurde vernünftig. Sie stützte mich und setzte mich dann in ihr Auto. Zum Krankenhaus war es nicht weit, und dort haben sie mir dann geholfen und Papi angerufen."

Ruth ging immer wieder diese Schilderung ihrer Mutter durch den Kopf. Und wenn sie sie auch nicht regelmäßig besuchen konnte, so rief sie aber regelmäßig an und erkundigte sich nach ihrer Gesundheit, die sich weiter verschlechterte.

Ihre Mutter konnte bald nicht mehr die Treppe in ihre Wohnung im ersten Stock gehen. Zunächst versuchte sie noch, sich auf die Treppenstufen zu setzen und sich von einer Stufe auf die nächste mit ihren Händen zu schieben, aber langsam verloren auch diese ihre Kräfte.

Die Familie zog noch vor Weihnachten in eine Erdgeschosswohnung, die ihre Mutter im Rollstuhl erreichen und in der sie sich wenigstens etwas bewegen konnte.

Am Telefon hatte sie bereits darüber geklagt, dass sie dieses Jahr keine Weihnachtsplätzchen backen und der Familie kein Weihnachtsessen bereiten könne – sie brach dabei in Tränen aus.

Ruth war bereits zehn Tage vor Weihnachten angereist, um die Vorbereitungen rechtzeitig vor den Festtagen treffen zu können. Sie ließ sich geduldig von ihrer Mutter die Backrezepte erklären, auch wenn sie aus den gemeinsamen Backstunden in der Vergangenheit genug Übung gewonnen hatte, um den verführerischen Geruch der frisch gebackenen Plätzchen durch die Wohnung ziehen zu lassen. Die beiden lachten und trällerten eine Operettenmelodie nach der anderen. Sie tauschten ihre Erinnerungen an die Vergangenheit aus. „Ich vergesse nie", erzählte ihre Mutter, „wie du die ersten Plätzchen ausgestochen und mit deinen schmutzigen Mädchenhänden Würstchen und Herzchen geformt hast."

Den Weihnachtsbaum, den der Vater bereits in den Ständer gezwängt hatte, durfte Ruth mit den ihr vertrauten Figuren, den goldenen Kugeln und den roten Kerzen schmücken. Mit nachdenklichem Blick auf die Mutter sang die Familie die Weihnachtslieder dieses Jahr zu Hause und nicht in der Kirche, während der Bratenduft der Weihnachtsgans, die der Vater zubereitete, allmählich die Wohnung füllte.

„Einen Moment noch", sagte er, „bevor die Gans auf den Tisch kommt, habe ich noch eine Überraschung für euch."

Er machte ein ernstes Gesicht, schaute auf die Uhr und machte zur Verwunderung der Kinder den Fernseher an. Das war eigentlich zur Essenszeit ein absolutes Tabu bei Winklers.

Die neugierigen Zuschauer trauten ihren Augen nicht. Das Bild zeigte das amerikanische Raumschiff auf der Umlaufbahn um den Mond, das die ersten Fernsehbilder auf die Erde übermittelte. Die Besatzung hatte die Kamera und das Raumschiff in Flugrichtung ausgerichtet und übertrug das Bild der langsam über dem Mondhorizont aufgehenden Erde.

Der Kommandant schilderte seine Eindrücke, die mit dem Blick auf die aufgehende Sonne und dann auf den Mond atemberaubend waren. „Wir nähern uns nun dem lunaren Sonnenaufgang. Und für alle Menschen unten auf der Erde hat die Besatzung der Apollo 8 eine Botschaft, die wir euch senden möchten:‚Am Anfang schuf Gott Himmel und Erde. Und die Erde war wüst und leer, und es war finster in der Tiefe. Der Geist Gottes schwebte über dem Wasser, und Gott sprach: Es werde Licht. Und Gott sah, dass das Licht gut war, und Gott teilte das Licht von der Dunkelheit …‘“

Während die drei Astronauten die Schöpfungsgeschichte weiterlasen, lagen sich Ruth mit ihren Geschwistern und Eltern in den Armen und weinten über das Glück, sich zusammen zu lieben.

Ruth war es sehr schwergefallen, ihre Familie und vor allem ihre Mutter wieder verlassen zu müssen. Aber nach den Festtagen begannen wieder die Vorlesungen, und sie hatte sich vorgenommen, das dritte Semester erfolgreich mit einer anspruchsvollen Seminararbeit abzuschließen, bevor der Fasching begann und sowieso nicht mehr an Lernen gedacht werden konnte. Die Mädchen in der WG waren schon ganz aufgeregt, und die ersten Kostüme wurden anprobiert.

Die Zweisamkeit mit Ingrid hatte Ruth so sehr erfüllt, dass sie sich ein Faschingstreiben mit anderen nicht vorstellen konnte und auch nicht wollte. „Frauen“, hatte ihr Ingrid einmal ins Ohr geflüstert, „sind untereinander verständiger und können eher einer Partnerin Trost spenden als Männer."

Der Gedanke an einen Mann, an körperliche Nähe zu ihm oder gar ein Zusammenleben mit ihm empfand Ruth als geradezu abstoßend.

Sie spürte, wie Ingrid ihr dieselben Gefühle entgegenbrachte und sprach es auch aus, wenn sie sich liebevoll streichelten.

Sie war deswegen etwas überrascht, dass Ingrid ihr vorschlug, zur Weiberfastnacht auf eine Party in Charlottenburg zu gehen. Aber als ihre Freundin offenkundig immer mehr Gefallen an ihrem eigenen Vorschlag fand, sagte sie zu und begann sich bald den Kopf zu zerbrechen, welche Kostümierung sie wählen sollte.

Als Brigitte Bardot hatte sich schon Christa verkleidet, die seit Tagen im Bikini umherlief und ihre erotische Ausstrahlung wirken ließ. Während Karin als Schornsteinfeger gehen wollte, sah sich Rosi schon in hohen Stiefeln als Reiterin. Nur Edeltraud war nicht zu begeistern und lehnte jeden Gedanken an Fasching ab.

Da kam Ingrid auf die Idee, dass sie mit ihrer Freundin als Hänsel und Gretel gehen wollte. „Du spinnst wohl", sagte sie, „das ist doch irgendwie kindisch."

„Das finde ich gar nicht. Ich könnte mir mich gut als Junge vorstellen. Mit kariertem Hemd und Lederhose."

„Wo willst du die denn herkriegen – ausgerechnet in Berlin!"

„Da habe ich schon eine Idee. Du kennst doch den Poldi, diesen Typ aus Bayern, der bis in den tiefen Winter mit seiner Lederhose herumläuft, den frage ich."

„Da bin ich mal gespannt, ob der sein Heiligtum hergibt, und sei es nur für eine Nacht."

„Das kriege ich hin, du wirst sehen. Und dich verkleiden wir als Gretel, mit einem kurzen Dirndl-Kleidchen und Kniestrümpfen. Du wirst reizend aussehen."

„Na weißt du", Ruth war sich nicht so sicher, „aber wenn du meinst, tue ich dir den Gefallen. Das mache ich aber nur, wenn alle von uns mitkommen bis auf Edeltraud. Okay?"

„Einverstanden." Sie küsste Ruth auf die Schläfe und streichelte ihre Arme.

Der Saal war voller Frauen in den abenteuerlichsten Kostümen und Masken, andere in Fantasieuniformen oder als Schauspielerinnen aus aktuellen Filmen verkleidet. Eine Frauen-Band spielte Foxtrott, Charleston, Samba und andere südamerikanische Musik. Luftballons und Luftschlangen schmückten den großen Ballsaal, der bereits nach Rauch, billigem Parfüm und Schweiß roch.

Die miteinander tanzenden Frauen jauchzten vor Vergnügen, und noch bevor sie einen Platz gefunden hatten, tanzten Ingrid und Ruth ihren Lieblings-Tango in enger Umarmung. Beim Walzer drehten sie sich um die eigene Achse und lachten, wenn sie sich mal auf den Fuß traten. Sie klatschten in die Hände und wechselten ihre Tanzpartnerinnen, bis sie sich aus den Augen verloren.

Ruth tanzte mit vielen anderen kostümierten Frauen, genoss den perlenden Sekt an der Bar und war glücklich. Um Mitternacht wurde zur Polonaise aufgerufen. Es bildete sich eine lange Kette, in die Ruth von einer Hexe hereingezogen wurde, die sie vor sich herschob und deren Hände sich um ihre Hüften legten. Die Schlange zog sich durch den Tanzsaal über Tische und Stühle. Es ging die Treppe hoch und die Empore entlang, durch die Bar und durch die Garderobe, in deren hinteren Ecke zwei Mädchen sich heftig umarmten. Die Hand der als Krankenschwester verkleideten Blondine steckte tief in Ingrids Lederhose, und Hänsels Hände empfanden offenkundig großes Vergnügen unter dem Rock des leidenschaftlich küssenden Mädchens.

Ruth konnte den Anblick nicht ertragen und wollte aus der im Gleichschritt stampfenden Menschenkette ausbrechen, was die Hexe hinter ihr jedoch nicht zuließ – sie schubste sie im Takt der Musik vorwärts und schrie mit den anderen Mädchen wie aus einer Kehle. „Es ist ja Karneval, die närrische Zeit."

Das war zu viel für Ruth. Sie riss sich los, holte sich ihren Mantel und stürzte nach draußen. Es empfing sie erfrischende kalte Luft und heftiger Schneefall, der bereits eine weiße Decke über die Straße gelegt hatte. So schnell wie möglich lief Ruth zur nächsten U-Bahn-Station und eilte nach Hause.

Wie konnte Ingrid ihr das antun? Nie hätte sie gedacht, dass ihre engste Freundin sie jemals betrügen würde. Nie mehr könnte sie ihr vertrauen, nie könnte sie weiter ihre Gefühle, ja ihr Leben mit ihr teilen, dessen war sie sich sicher.

Es war schon gegen Mittag, als Ruth die Küche betrat, um sich einen Kaffee zu machen. Auch hier schwebten bunte Luftballons durch den Raum, Luftschlangen versperrten den Weg, und der Küchentisch quoll über von leergegessenen Tellern, geleerten Tassen und einer Schüssel mit Berlinern, aus denen die rote Marmelade herausquoll.

Christa hatte tiefe Ringe um die Augen und schien überhaupt nicht geschlafen zu haben. Rosi hatte nur noch einen Reitstiefel an, und die Schwärze im Gesicht von Karin hatte sich in große schmierige Flecken aufgelöst.

Die Mädchen riefen Helau und stießen mit Sektgläsern an. Sie hatten sich untergehakt und schunkelten zu rheinischen Karnevalsliedern.

Hätte Ruth nicht dringend Koffein gebraucht, um die Augen nach der schlaflosen Nacht aufzukriegen, hätte sie diese verrückte Gesellschaft wieder schnell verlassen. Da öffnete sich die Küchentüre mit großem Schwung und im Türrahmen stand Ingrid im Schlüpfer und hatte ihre Krankenschwester im Arm. „Alaaf“, riefen sie, und Ingrid ergänzte: „Das ist Katja, mein liebster Schatz, die wohnt jetzt bei uns.“

Ruth spürte, wie ihr die Röte ins Gesicht stieg, und Karin äußerte vorsichtig: „Ich erinnere mich, dass wir ausgemacht hatten, dass es in unserer WG keine Partner gibt, und das gilt auch für Mädchen.“

„Das gilt nur für Jungens und nicht für Katja“, rief Ingrid. „Sie ist mein Herzchen und bleibt hier, da könnt ihr machen, was ihr wollt. Wenn einer meckert, fliegt er raus. So lange schläft mein Schätzchen bei mir."

Ruth trat der kalte Schweiß auf die Stirne. Sie konnte das Grinsen von Katja, das ganz eindeutig ihr galt, nicht ertragen. Sie sprang so heftig auf, dass ihr Stuhl umfiel. „Du falsches Luder", schrie sie Ingrid an, „du Hure, du charakterloses Frauenzimmer. Jetzt hast du dich verraten." Sie griff nach ihrer Kaffeetasse und schleuderte sie in Richtung ihrer Freundin, die sich gerade noch rechtzeitig ducken konnte, bevor das Geschoss sie traf.

„Komm", sagte Ingrid zu Katja, „wir gehen. Dieser Affenhaufen, dieser ungewaschene, stinkt ja gegen den Wind. Wir gehen rüber in die Cafeteria und trinken unseren Kaffee dort."

Als Ingrid die Türe hinter sich zugemacht hatte, meinte Christa: „Die hat ja noch nicht einmal richtige Brüste, diese Zimtziege. Ich weiß überhaupt nicht, was Ingrid an der findet."

„Vielleicht ist sie gut im Bett. Jedenfalls ging es heute Nacht in Ingrids Zimmer ganz schön zu."

„Ach, hört mir auf. Irgendwann wird Ruth glücklich sein, wenn sie sich eines Tages aus den Fingern dieser Frau befreit hat und wieder ihre Unabhängigkeit genießen kann."

Ruth sagte gar nichts. Ihr liefen die Tränen über die Backen, und sie trommelte mit ihren Fäusten auf den Tisch: „Ich habe sie geliebt, und sie hat mich betrogen. Ich kann diese Frau nicht mehr ertragen. Und dann noch zusammen mit dieser Fratze. Ich glaube, ich kriege zu viel."

„Aber du ziehst nicht aus. Keiner von uns", beschwor sie Karin. „Das könnte Ingrid nämlich so passen. Wir gehören zusammen, und wir ekeln diese Katja wieder raus. Mobbing vom Feinsten, sage ich nur."

Ruth schaute auf. „Das finde ich klasse", sagte sie. „Ihr seid echte Freundinnen. Danke, dass ihr zu mir haltet. Das werde ich euch nie vergessen." Sie schnäuzte sich in das Küchenhandtuch und brach erneut in heftiges Weinen aus.

Die Verschwörung der Mädels gegen Katja funktionierte blendend. Wenn sie zum Frühstück kam, war kein Stuhl mehr für sie frei. Griff sie zur Kaffeekanne, spürte sie bereits an deren Gewicht, dass sie geleert war. Edeltraud hatte Steffi, die aus dem Krabbelalter inzwischen heraus war, eine Kinder-Trompete gekauft und ihr beigebracht, vor der Türe von Ingrids Zimmer schiefe Töne zu blasen, wenn Katja zu Hause war. Und sie schimpfte und fluchte in der ganzen Wohnung hörbar, wenn sie morgens in die Uni fahren wollte und jemand die Luft aus ihrem Fahrrad gelassen hatte. Zu allem Überfluss fehlte dann noch das Ventil oder war ihr die Luftpumpe entwendet worden.

Das konnte nicht lange gutgehen. Katja rastete vollends aus, als sie eines Morgens ihre Zahnbürste im Mülleimer wiederfand und bis auf Ingrid alle Mädchen das Grinsen nicht unterdrücken konnten, als sie in die Küche stürmte und schrie: „Ihr seid die größten Dreckschweine, die mir jemals begegnet sind. Ich ziehe aus, es reicht mir jetzt, ihr Arschlöcher."

„Zieh Leine", rief Ingrid ihr zu, „ich habe schon längst von dir die Nase voll, du Schlampe. Von mir aus kannst du noch heute verschwinden. Packe deinen Koffer und mach, dass du fortkommst."

Diese Reaktion Ingrids überraschte Ruth zwar, aber sie unterdrückte jede ihr auf der Zunge liegende unangebrachte Bemerkung zu dieser Szene. Sie rieb sich innerlich die Hände und lachte erleichtert, als Rosi laut klatschte und Katja „Frohe Ostern" nachrief.

Das Sommersemester verlief ohne Störungen und mit erfreulichen Ergebnissen bei ihren Seminararbeiten. Sie ging den Jungen aus dem Weg und wechselte mit Ingrid kein Wort. Wenn Ruth sie auf dem Flur hörte, verließ sie ihr Zimmer nicht, und in die Küche ging sie nur, wenn sie sicher war, Ingrid nicht zu begegnen. Mit der Zeit legte sich ihre innere Spannung und sie ging auch einmal allein ins Theater oder ins Museum.

Sie hatte einen Yoga-Kurs belegt, der ihr viel Freude bereitete. Diese Entspannung, die ihr die Meditation vermittelte, tat ihr gut und brachte sie auf andere Gedanken.

Die schönen Sommertage verbrachte sie nachmittags am Wannsee, und sie beobachtete mit Vergnügen, wie ihre Haut sich zunehmend bräunte. Alle Annäherungsversuche von Männern wehrte sie mit Entschiedenheit ab. Aber sie stellte zu ihrer Überraschung fest, dass sie dem einen oder anderen gutaussehenden Jungen trotzdem gelegentlich nachschaute. Kontakte waren für sie aber kein Thema, und sie konzentrierte sich auf ihr Studium.

Es war ein heißer Gewittertag, dessen Schwüle sie zu Hause festhielt. Sie las Ulysses, aber sie konnte sich in der Hitze nur schwer konzentrieren. „Magst du einen Kaffee?“, rief sie den Flur entlang Edeltraud zu, die draußen auf der Terrasse mit Steffi spielte.

„Gerne“, erhielt sie zur Antwort, und sie machte sich auf den Weg in die Küche, als das Telefon klingelte. Am anderen Ende meldete sich Nicki Schumacher. „Was machst du denn an diesem heißen Sommertag, Ruth?“, fragte er, „In der Uni bist du jedenfalls nicht.“

„Nee“, sagte sie, „heute ist mir alles zu heiß. Die Klamotten kleben einem ja regelrecht am Körper. Da ist es daheim noch am besten, und ich genieße die Dusche.“

„Das geht mir auch so. Ich sitze schon den ganzen Tag draußen im Liegestuhl im Garten und mache mit Moritz Pläne.“

„Ach ja, was habt ihr vor?“

„Wir wollen eine Gartenparty veranstalten. Wir haben ja vor längerem schon davon gesprochen, entsinnst du dich? Und jetzt ist es so weit. Es ist das richtige Wetter, und es soll noch die nächsten Tage halten. Also kann es losgehen.“

„Das ist doch klasse. Ich freue mich, dass du an mich gedacht hast. Deswegen rufst du doch sicherlich an.“

„Ja, wir wollten fragen, ob wir mit dir rechnen können. Du kannst auch allein kommen. Wir haben so viele Freunde eingeladen, da wirst du dich gut unterhalten."

„Wann soll das denn sein?"

„Nicht dieser Samstag, aber der nächste. Könntest du kommen?"

„Ja, gerne, wann darf ich bei euch sein?" Sie überlegte und fragte: „Kann ich euch was helfen?"

„Nein, danke. Das schaffen wir schon. Kannst du um acht Uhr da sein?"

„Aber klar. Ich freue mich sehr. Grüße Moritz, und bis dahin."

Sie hängte ein. Eigentlich hatte sie sich vorgenommen, nach all den Erlebnissen und auch Enttäuschungen diesen Sommer gar nichts zu unternehmen. Aber jetzt freute sie sich doch und machte sich bereits Gedanken, was sie auf der Party anziehen sollte, wenn es so heiß blieb. Sie öffnete ihren Schrank und blätterte ihre Kleider durch, was aber zu keiner Entscheidung führte. Na gut, sie hatte noch genügend Zeit, darüber nachzudenken.

Sie schlenderte von der S-Bahn-Station den ihr bereits bekannten Weg zu den Schumacher-Brüdern und summte leise vor sich hin. Ihr grüner Bolero passte gut zu ihrer weißen Korsage und zum ebenfalls grünen Faltenrock. Besonders stolz war sie auf ihre Kette aus bunten afrikanischen Steinen, die sie sich im Kaufhaus des Westens eigens zu dem Ensemble ausgesucht hatte. In den halbhohen weißen Schuhen mit den über den Knöcheln gebundenen Schnürsenkeln fühlte sie sich perfekt.

Als sie sich dem Schumacher-Haus näherte, hörte sie schon von weitem Elvis Presley „Love me tender ..." singen, und die fröhlichen Stimmen der Jungen und Mädchen schwirrten durch die Luft. Beschwingt grüßte sie Nicki mit einem Kuss auf die Wange und ging anschließend zu Moritz, der hinter einem Holzofengrill stand und Curry-Wurst fabrizierte.

Die beiden Jungens hatten bunte Glühlämpchen durch den Garten gezogen und Lampions in die Bäume gehängt. Sie ließ sich gerne von einem blonden Jungen in Jeans und kariertem Hemd zu einem Boogie-Woogie auffordern und stimmte sich mit Freude auf die gute Stimmung der Gesellschaft ein.

Neben Nicki saß auf der Bank ein junger Mann, der durch seine dichten lockigen schwarzen Haare auffiel, die ihm bis auf die Stirne reichten. Er schaute sie aus seinen braunen Augen eher nachdenklich als interessiert an, ohne seine Gesichtszüge zu verändern. Über seine vollen Lippen kam kein Wort, bis Ruth sich einen Ruck gab, ihm die Hand reichte und sagte: „Wollen wir tanzen?"

„Nee", antwortete er, „ich tanze nicht."

„Das gibt es doch nicht, das wollen wir mal sehen", sagte sie und zog ihn auf die Terrasse. Harry Belafonte mit seinem Jamaica-Rumba brachte sie in Schwung und steckte auch ihren Partner an. „Ich heiße Ruth", rief sie, „und Sie?"

„Bernhard", sagte er zögernd und versuchte sich in Rumbaschritten, was nicht immer klappte.

Nachdem er ihr mehrfach auf den Fuß getreten hatte, sagte sie: „Lassen Sie uns den nächsten Tanz ohne Schuhe wagen. Dann tun wir uns nicht so weh, wenn wir uns auf die Füße treten." Und noch bevor er antworten konnte, streifte sie ihre Schuhe ab. Bernhard wehrte zunächst den Kopf schüttelnd ab, ließ sich aber nicht ein zweites Mal auffordern und warf seine Schuhe in die Liguster-Hecke. Ruths Beifall genoss er mit einem Grinsen.

Beim folgenden Samba schwenkte sie gutgelaunt ihren Pferdeschwanz, den sie sich auf Ingrids Wunsch hatte wachsen lassen, im Rhythmus der Musik und legte ihre Hände auf Bernhards kräftige Schultern. Er tat sich sichtlich schwer, es ihr gleichzutun, legte dann aber vorsichtig seine großen Hände auf ihre Schultern, nachdem er ihr immer wieder auf die Füße getreten und den Takt zu der Musik nicht gefunden hatte.

„Das müssen wir noch üben", meinte Ruth, „aber jetzt brauche ich dringend etwas zu trinken. Was halten Sie von einer Weißen mit Schuss?"

„Gute Idee. Die besorge ich uns. Grün oder rot?"

„Himbeeren", antwortete sie. „Und dann erzählen Sie mir, was Sie beruflich machen, ja?"

Ruth zog die Weiße genussvoll durch den Strohhalm und blickte ihm über den Rand ihres Glases tief in die Augen. Er schaute verlegen in sein Glas und dann wieder zu ihr auf: „Ich bin Lehrer", sagte er unaufgefordert, „K... Kunstlehrer." Das war nicht das erste Mal, dass er stotterte, doch Ruth ging darüber hinweg, als ob sie den Schönheitsfehler in seiner Aussprache nicht bemerkt hätte.

„Nee", rief sie, „das gibt es doch nicht!"

„Warum nicht?"

„Na, weil ich auch Lehrerin werden will."

„Was? Das ist ein Ding. Was studieren Sie denn?"

„Biologie und Germanistik."

„Interessant. Wie weit sind Sie denn?"

„Ich habe gerade das vierte Semester hinter mir."

„Dann haben Sie es ja bald zur Lehrerin geschafft, na prima."

„Ja, ich freue mich schon darauf, auch wenn es noch zwei harte Semester sein werden."

„Das ist doch kein Problem, das schaffen Sie."

Sie nahm ihr Knie zwischen die Hände und wippte mit ihrem Bein. „Ja, wenn nichts dazwischenkommt, klappt das schon.

In welcher Schule unterrichten Sie denn?"

„Ich unterrichte in Frankfurt und bin nur einige Tage hier. Nicki meinte, die Berliner Luft täte mir mal ganz gut."

Jetzt hatte er wieder gestottert. Ruth hatte beobachtet, dass Bernhard leicht verlegen sein konnte und vor allem dann ins Stottern geriet. Das passte aber irgendwie zu ihm, wie sie empfand, und störte überhaupt nicht. „Sind Sie auch außerhalb der Schule künstlerisch tätig?", fragte sie ihn.

„Ja“, antwortete er, „ich bin Bildhauer.“

„Arbeiten Sie mit Marmor oder anderem Stein?“

„Nein, ich arbeite auch mit Holz.“

„Stark“, sagte sie. „Haben Sie Fotos dabei?“

„Nein“, sagte er unwillig. Offensichtlich wollte er über seine Kunst nicht sprechen.

Ruth wechselte das Thema. „Wer ist dieser Sänger? Er hat eine so schöne Stimme.“

„Das ist Donovan.“

Ruth zuckte mit den Schultern. „Nie gehört.“

„Donovan ist nicht nur ein toller Sänger, sondern ein wunderbarer Gitarrist.“

„Warum kenne ich den nicht?“, fragte sie.

„Er spielt auch viel mit den Beatles und anderen Künstlern. Spirituell wird er jedoch mehr von der indischen Religion geprägt.“

„Woher wissen Sie das alles?“ Sie legte ihre Hand auf seinen Arm, der etwas zurückzuckte. „Spielen Sie auch ein Instrument?“

„Klavier und“, er stotterte wieder deutlich, „ich habe auch Musik studiert und liebe Sänger wie Jimi Hendrix und Joe Cocker.“

Ruth lachte: „Dann ist ja alles klar. Sie kommen mir sowieso wie ein kleiner Hippie vor.“

Sie schob sich eine Haarsträhne aus dem Gesicht. „Wissen Sie was. Ich habe den Schumachers versprochen, ihnen etwas beim Spülen in der Küche zu helfen. Wenn Sie wieder in Berlin sind, rufen Sie mich an, und wir treffen uns zu einem Bummel auf dem Ku’damm oder wo Sie mögen.“

„Das finde ich aber sehr nett von Ihnen.“

„Sobald ich etwas zum Schreiben gefunden habe, gebe ich Ihnen meine Telefonnummer. Okay?“

„Ja, gerne. Mache ich b… bestimmt.“

Er fuhr sich mit der Hand über seine Locken und wurde leicht rot im Gesicht, wenn sich Ruth nicht täuschte. Sie hob ihre Schuhe auf und lief barfuß über den akkurat gemähten Rasen. Die abgeschnittenen Grashalme kitzelten ihre Fußsohlen.

Als sie aus der Küche zurückkam, war Bernhard unter den vielen Menschen untergetaucht. Sie konnte ihn nicht finden und ärgerte sich, dass sie ihm ihre Telefonnummer nicht geben konnte. Trotzdem war es eine gelungene Party, und sie fuhr erst mit der letzten S-Bahn nach Hause, immer wieder eine der Melodien des Abends vor sich her summend.

Sie hörte von Bernhard nichts. Eigentlich riefen die Jungen, denen sie ihre Telefonnummer gab, ziemlich bald an. Und dann fiel ihr ein, dass sie ihm ihre Nummer doch gar nicht gegeben hatte. So ein Mist, dann eben nicht. Sie versuchte, ihn zu vergessen, was ihr aber nicht so recht gelingen wollte. Wie gerne würde sie mit ihren Händen durch seine Haare fahren, um seine Locken zu spüren. „Mag ich vielleicht doch Männer?", fragte sie sich.

Sich die Telefonnummer von Nicki geben zu lassen und Bernhard von sich aus anzurufen? Nein, das kam schon gar nicht in Frage – sie läuft doch keinem Mann nach, sagte sie sich ganz entschieden und widmete sich wieder voll ihrem Studium.

Die Mondlandung, die sie mit Karin vor dem Fernseher miterlebte, war spannend und aufregend. Der erste Astronaut hatte gerade seinen Bleifuß auf den Boden des Mondes gesetzt, als das Telefon läutete. „Gehst du hin?", sagte Karin in einem Ton, der klar sagte, dass sie nicht ginge. Also eilte Ruth missmutig in den Flur, hob den Hörer und alberte: „Apollo 11."

Ruth war überrascht, als sie Bernhards Stimme hörte. „Hallo", sagte er, „bist du schon im Bett?"

„Aber nein", sagte sie, „doch nicht um diese Uhrzeit."

„Also wäre es dir vielleicht recht, wenn wir uns noch auf einen Drink treffen?"

Ruth zögerte nicht lange. „Aber klar. Nur brauche ich etwas Zeit. Wo wollen wir uns denn treffen?"

„Ich wohne in einer Pension in der Pariserstraße."

„Perfekt. Dann komme ich mit der U1, und du holst mich am Bahnhof Uhlandstraße ab. Sagen wir mal", sie schaute auf ihre Uhr, „um neun Uhr – das dürfte hinhauen."

„Ich freue mich. Bis dahin."

Erst jetzt fiel ihr auf, dass sie sich geduzt hatten. So gut kannten sie sich eigentlich noch nicht. Aber es entsprach ihrer Einstellung ihm gegenüber, und sie fand es gut.

Als sie die Treppe auf der U-Bahn-Station hinaufstieg, stand er im Licht der untergehenden Sonne und winkte verhalten.

„Bernhard!", rief sie gutgelaunt, und beide gaben sich die Hand. „Dass wir uns in so kurzer Zeit wiedersehen, hätte ich nicht gedacht."

„Wir haben in Hessen noch bis nächstes Wochenende Ferien, und ich dachte, da bleibe ich doch einige Tage in dieser aufregenden Stadt."

„Das ist eine gute Idee. Wie kommst du an meine Telefonnummer, die ich dir auf der Party nicht geben konnte, weil du verschwunden warst. Im Telefonbuch stehe ich jedenfalls nicht."

„Na, ganz einfach. Nicki hat sie rausgerückt."

„Das war eine gute Idee. Wo gehen wir hin?"

„Was schlägst du vor? Ich bin in dieser Stadt total fremd."

„Dann bummeln wir mal als erstes über den Ku'damm, und alles andere ergibt sich."

„Ich fände es gut, wenn du meine Fremdenführerin wärest, dann brauche ich mir keinen Stadtplan zu kaufen." Er lächelte.

„Gerne. Ich habe Semesterferien und damit Zeit." Sie hakte sich bei ihm ein: „Wir gehen erst mal rechtsrum."

– 24 –

„Du hast ja schon wieder was getrunken!“ Marie löste sich aus Klaus’ Armen, die er zur Begrüßung um sie gelegt hatte.

„Gerade mal ein Bier“, antwortete er kleinlaut. Er hatte sich nach dem langen Arbeitstag eine andere Begrüßung von seiner Frau gewünscht.

„Fang doch nicht schon wieder an“, murrte er und versuchte, sie erneut zu umarmen, aber sie stieß ihn weg.

„Doch, Klaus, das musst du dir sagen lassen. Du hast mir so fest versprochen, tagsüber nichts zu trinken. Du hast anscheinend wieder vergessen, was das für eine schwere Zeit war, bis du den Führerschein wieder zurückhattest. Und jetzt fängst du schon wieder an.“

„Das war doch nur ein Weißbier auf den Feierabend, mehr nicht.“

„Das sagt man so. Und dann trinkt man noch eins und noch eins, und der Führerschein ist wieder weg – aber dann endgültig. Das ist dir doch hoffentlich klar!“

„Okay, okay. Darf ich dann wenigstens jetzt ein Bier trinken – zusammen mit dir?“, lachte er.

„Ach, du Spaßvogel.“ Sie zog ihn in die Küche.

Die Fenster standen weit offen. Marie hatte nur Shorts und eine leichte weiße Bluse an. Sie lief barfuß. Klaus zog seine Krawatte aus. „Frieden!“ Er lächelte.

„Denn mal Prost“, sagte sie und erhob ihr Glas. Sie fuhr ihm mit der Hand über den Kopf. „Schau mal, was für eine irre Einladung wir bekommen haben.“ Sie öffnete einen großen Briefumschlag und zog eine weiße Karte heraus. „Theresa und Ralph laden zu einem Weihnachtsfest ein. Stell dir mal vor.“ Sie beugte sich zu Klaus. „Und das mitten im Sommer – bei der Hitze.“

„Die sind ja schon immer verrückt gewesen“, sagte Klaus, „zeig mal her.“

Er nahm Marie die Einladung aus der Hand. „Die spinnen wohl“, sagte er und schaute ungläubig auf die Karte. „Und auch noch in weißer Kleidung, ich glaube, ich träume.“

„Ich finde das einmalig“, sagte Marie, „stell dir mal vor, im helllichten Sonnenschein unterm Tannenbaum. Das hat es noch nie gegeben.“

„Du meinst, wir sollten hingehen?“

„Na klar. Aber nur unter einer Bedingung.“

„Und die wäre?“

„Wir fahren mit einem Taxi.“

„Ach, so ein Quatsch.“

„Nein, das ist kein Quatsch. Wir müssen aufpassen. Und das sage ich dir gleich. Ich fahre dich auch nicht, dass das klar ist.“

Klaus lehnte sich zurück, und nach einem Schluck Bier sagte er: „Also gut, dann nehmen wir eben ein Taxi, das ist immer noch billiger als ein neuer Führerschein.“

Es war Ferienzeit und sie hatten nur mit Ach und Krach einen Babysitter für Franziska gefunden. Marie und Klaus waren zweimal in die Stadt gefahren, um die von den Gastgebern gewünschte Kleidung zu finden, bis sie sich schließlich ganz in weiß gekleidet im P & C gegenüberstanden und einen Lachkrampf bekamen, als sie sich im Spiegel betrachteten. Der Verkäufer lachte verlegen mit.

Sie waren nicht die ersten Gäste und wurden von Theresa und Ralph mit großem Hallo begrüßt. „Wir haben euch eine Schallplatte mitgebracht. Es ist eine neue Aufnahme von einem Live-Konzert von Dave Brubeck“, sagte Klaus, „hat mir gut gefallen.“

„Oh, danke“, sagte Ralph, und Theresa küsste Klaus auf den Hals. Höher kam die kleine Frau trotz ihrer hohen Absätze nicht.

Alle Gäste waren ausnahmslos weiß gekleidet und tanzten um einen schneeweiß gefärbten Tannenbaum mit weißen

Kugeln und weißen Kerzen, deren Wachs im leichten Wind auf die grüne Wiese tropfte. Aus dem offenen Fenstern der weißen Villa sangen die Beach Boys „Surfin' U.S.A."

Nach ihren ersten Longdrinks begannen auch sie zu tanzen. Klaus hatte Leonie entdeckt, die einen so kurzen weißen Minirock trug, dass er kaum ihren Hinterteil bedeckte. Ihre weißen Lackstiefel reichten über die Knie und unter ihrer weißen Bluse trug sie unübersehbar keinen BH.

Marie tanzte mit einem Mann in Klaus' Alter, der unter seinem weit aufgeknöpften Hemd seinen athletisch gebauten Oberkörper präsentierte, den er schneeweiß angemalt hatte. Sie tanzte mit dem Unbekannten Arm im Arm und ließ sich von ihm im Kreise drehen, sich Rücken an Rücken von ihm führen, schwang ihre Hüften und ließ sich dann von ihm eng an seinen Körper ziehen. Es entging Klaus nicht, dass sie ihrem Tanzpartner gelegentlich mit der Hand durch sein langes schwarzes Haar fuhr, wenn sie ihm näherkam. Holzauge sei wachsam, sagte sich Klaus, der immer wieder zu Marie rüberschielte.

„Komm, lass uns tanzen", sagte Leonie zu ihm. „Ich liebe die Stones, sie spielen den besten Boogie-Woogie." Sie landete am Schluss des Tanzes in seinen Armen und küsste ihn auf die Backe, über die ihm der Schweiß lief.

„Oh, das ist Billie Holiday", rief sie, als die nächste Platte aufgelegt wurde. „Ihre Songs sind einfach klasse. Komm, das tanzen wir auch noch."

Sie klatschte mit den Händen im Takt, und Klaus sang übermütig zu dem Text des Liedes: „Oh Tannenbaum, oh Tannenbaum, wie weiß sind deine Blätter."

Klaus nickte Marie, die sich mit ihrem Tanzpartner in der Nähe drehte, gutgelaunt zu. Der knallrote Lack auf ihren Zehen- und Fingernägeln sowie der gleich rote Lippenstift bildeten einen auffallenden Kontrast zu ihren schwarzen Haaren und ihrem knielangen weißen Kleid.

Als sie wieder im Taxi nach Hause saßen, fragte er Marie, ob der Babysitter noch bei ihnen sei, was sie verneinte. Sie begannen, sich bereits auf der Rückbank zu knutschen und hörten erst grinsend auf, als der Taxifahrer sich unmissverständlich räusperte. Klaus konnte nicht schnell genug zahlen, als sie angekommen waren, und Marie zur Haustüre voraneilte.

„Herr Angermann, wenn Sie noch rechtzeitig zu Ihrem Termin kommen wollen, müssen Sie sich beeilen. Für heute ist eine Demo angesagt, und es fahren schon jetzt keine Straßenbahnen mehr. Die Bockenheimer wird bald zu sein."

„Danke für die Warnung. Der Termin wurde gerade telefonisch abgesagt. Der Richter ist krank. Wogegen wird denn heute demonstriert?"

„Gegen den Vietnamkrieg oder die Atombombe, ich weiß es nicht genau."

„Dann schau ich mal, was da los ist."

„Aber passen Sie bloß auf", sagte seine Sekretärin, „die sind schnell gewalttätig. Ich habe schon die ersten Wasserwerfer und viel Polizei gesehen, die in den Seitenstraßen stehen."

„Sie wissen, dass ich gegen jede Gewalt bin. Ich passe schon auf."

Klaus zog seine Jacke an, lief die Treppe eilig hinunter und bog rechts zur Bockenheimer Landstraße ein. Die Sprechchöre der Demonstranten waren unüberhörbar, und die Spitze des Demonstrationszuges war jetzt offenkundig an der Uni bereits gestartet.

Klaus lief langsam und vorsichtig den Demonstranten entgegen. Sie marschierten in den ersten Reihen untergehakt und trugen Banner mit den Forderungen „Nie wieder Krieg", „Schluss in Vietnam" und „Keine Napalmbomben". Sie schwenkten rote Fahnen mit Hammer und Sichel und skandierten „Ho Ho Chi Minh" und „Che Che Guevara".

Wenn Klaus den Kommunisten mit dem Spitzbart auch nicht mochte, so verurteilte er auf das Schärfste den Vietnamkrieg der Amerikaner und ihren unmenschlichen Einsatz von Napalmbomben. Und seine Sympathie für Che Guevara war schon immer groß. Er stimmte in die Sprechchöre mit ein.

Klaus war inzwischen in die Beethovenstraße ausgewichen. Die Seitenstraße bot ihm Schutz vor den heranfahrenden Polizeifahrzeugen, denen sich berittene Polizei anschloss. Aus den Lautsprechern dröhnte die Aufforderung: „Losen Sie die Demonstration auf, das Verwaltungsgericht hat sie verboten. Gehen Sie auseinander!"

Die Demonstranten riefen nun noch lauter: „Gegen das Establishment", und standen jetzt der Polizei gegenüber, die eine knüppelschwingende Phalanx gebildet hatte und auf die Studenten einschlug, die nicht anhalten wollten.

Klaus konnte erkennen, wie weitere Polizeifahrzeuge mit Blaulicht das Ende des Demonstrationszuges blockierten, so dass die Studenten nicht zurückweichen konnten. Zunächst nur einige, dann aber dutzende Studenten wichen seitlich in die Beethovenstraße aus und liefen mit Klaus in Richtung Messe.

Dann hörte er die eisernen Hufe der Polizeipferde auf den Asphalt knallen. Die Reiter sperrten den Zugang zum Beethovenplatz ab und schlugen mit ihren langen Gummiknüppeln vom Sattel aus auf die Studenten ein, die eingekesselt keinen Ausweg fanden.

„Schnell, baut eine Barriere", riefen die Demonstranten, und begannen, die auf der Straße geparkten Autos mit Hauruck quer auf die Fahrbahn zu stellen. Klaus fasste mit an und griff unter den Kotflügel eines VW. Sie schleppten das Fahrzeug auf die Straße, und als sie es abgesetzt hatten, landete das rechte Vorderrad auf seinem Fuß, den er nicht rechtzeitig zurückgezogen hatte.

Er kam nicht von der Stelle, so sehr er auch an dem Auto rüttelte. Er schrie „Hilfe" und immer lauter um Hilfe. Aber alle Demonstranten flüchteten in die verschiedensten Richtungen, ohne Klaus zu helfen.

Es waren schließlich zwei Frauen, die das Fahrzeug an der Stoßstange fassten und es so weit hochhoben, dass Klaus seinen Fuß unter dem Reifen herausziehen konnte. „Danke, vielen Dank", rief er ihnen hinterher, die davonliefen, ohne sich noch einmal umzudrehen.

Die Reiterstaffel war inzwischen zurückgewichen und hatte einem Wasserwerfer Platz gemacht, der drohend sein Rohr gegen die Menschen richtete und unregelmäßig in verschiedene Richtungen den Wasserstrahl spuckte, um die Leute an einer Flucht zu hindern.

Klaus bekam Angst. Die Menschen liefen durcheinander, hin und her, ohne zu wissen, wie sie dem Chaos entgehen konnten. Der Polizeilautsprecher bellte: „Heben Sie die Hände und kommen Sie einzeln heraus, sonst müssen wir Sie wegen Widerstands gegen die Staatsanwaltschaft festnehmen. Geben Sie auf!" Der Wasserwerfer unterstrich die Aufforderung mit einem weiteren Wasserstrahl.

Klaus schaute um sich. Die Hausbewohner standen an den Fenstern und beobachteten das Spektakel. Da kam ihm eine Idee. Er kletterte über den Zaun eines Vorgartens, lief zur nächsten Haustüre und presste seine flache Hand gegen mehrere Klingelknöpfe gleichzeitig.

Nichts rührte sich. Er drückte verzweifelt wahllos und mehrfach auf die Knöpfe, bis er auf einmal das Summen des Türöffners vernahm.

Er stand in einem großzügigen Treppenhaus eines Mehrfamilienhauses aus der Gründerzeit. Klaus nahm die Treppe nach oben. In der Beletage ging keine Türe auf. Er eilte weiter. Auch in der zweiten und dritten rührte sich nichts. In der vierten Etage war die Wohnungstüre einen Spalt geöffnet, durch den ein Mann mit Brille vorsichtig herausschaute.

„Bitte lassen Sie mich herein", sagte Klaus und rang seine beiden Hände, „die Polizei ist hinter mir her."

Die Blicke des Mannes prüften den Fremden. „Was haben Sie denn getan?"

„Gar nichts. Ich bin Rechtsanwalt und bin unfreiwillig in diese Demonstration geraten, als sie aufgelöst wurde. Ich habe meine Praxis vorne in der Freiherr-vom-Stein-Straße."

Die Kleidung von Klaus war zwar ganz schön ramponiert, aber ließ dennoch erkennen, dass der Flüchtende kein Demonstrant war. Als die Türklingel erneut läutete, öffnete der Mann die Türe und rief: „Schnell, kommen Sie herein."

Er schloss hinter Klaus die Wohnungstüre und machte den Riegel vor. Im Flur standen seine Frau und deren Tochter, die an den Nägeln kaute. „Kommen Sie", sagte der Mann und lief ihm in das Schlafzimmer voraus. „Hinter dem Bett befindet sich ein Hohlraum. Schieben Sie die Koffer zur Seite und verstecken Sie sich dort, bis die Gefahr vorüber ist."

Klaus war gerade in seinem Versteck verschwunden, als er es schellen hörte. Es waren den Stimmen nach zu urteilen wenigstens zwei Männer. „Polizei", sagte der eine, „haben Sie einen jungen Mann gesehen?"

„Nein."

„Er muss hier sein. Wir haben bereits alles abgesucht."

„Hier ist niemand."

„Dann können wir ja mal hereinkommen", sagte der andere Polizist.

„Ohne Durchsuchungsbefehl muss ich Sie nicht reinlassen."

„Doch, hier ist Gefahr in Verzug. Der Mann ist kriminell. Widerstand gegen die Staatsgewalt."

Klaus schlug das Herz bis zum Hals. Er machte sich hinter den Koffern noch kleiner. Schweiß lief über seine Stirn. Gleich kommen sie und finden dich, ging es ihm durch den Kopf.

Mit festem Stiefelschritt gingen die Polizisten durch die Wohnung. Die Schranktüren knallten immer lauter, je aussichtsloser die Suche schien. Dann kamen sie ins Schlafzimmer, schauten vergeblich unter das Bett und fanden auch in dem Einbauschrank niemanden. „Dann ist der Typ durch die Hintertür zum Hof rausgelaufen", sagte der eine Polizist zu seinem Kollegen. „Lass uns gehen, hier ist er jedenfalls nicht."

Klaus drückte am nächsten Tag noch einmal auf denselben Klingelknopf. Es öffnete ihm das Mädchen.

„Grüß dich", sagte Klaus, „ich möchte zu deinen Eltern."

„Meine Eltern sind Einkaufen."

Klaus drückte ihr den großzügig bestückten Geschenkkorb in die Hand und sagte: „Sag deinen Eltern nochmals ganz herzlichen Dank. Mach's gut. Tschüss."

Zur Buchmesse war der Andrang der Besucher in den Lokalen besonders groß, aber Klaus war es als Stammgast gelungen, im Eppstein Eck noch den kleinen Tisch links vom Eingang zu ergattern. Er hatte seine Fliegerjacke gerade ausgezogen, als Horst Bingel mit einer jungen Frau und seinem Lektor vom Fischer Verlag die Kneipe betraten.

Sie begrüßten sich lauthals. Horst Bingel machte Klaus mit seiner neuen Frau bekannt.

Klaus hatte sich neben Bingel gesetzt und schlug ihm auf den Handrücken: „Jetzt erzähl mal, alter Haudegen. Dass du auf deine alten Tage noch einmal heiratest, hättest du dir sicherlich auch nicht träumen lassen. Und dann noch so eine charmante Frau."

Bingel lachte laut und schlug Klaus auf die Schulter: „Und ein Baby haben wir auch schon, ein kräftiger Junge. Wog 4 500 Gramm bei der Geburt."

Klaus gratulierte ihm. „Wie alt ist der Bursche?"

„Dietrich ist bereits ein Jahr alt."

„Dann ist er bereits ein großer Junge."

„Na ja, was soll ich sagen. Eigentlich ist er unser kleines Baby geblieben."

„Wie soll ich denn das verstehen?"

Bingel warf seiner Frau einen kurzen Blich zu. Listig leuchteten seine Augen: „Wir lieben unser Kind über alles und möchten, dass unser lieber Junge so klein bleibt, wie er nun mal ist. Das geht aber nur, wenn wir immer mal wieder ein Stückchen von ihm abschneiden. So bleibt er unser kleiner, goldiger Schatz."

Der Erzähler kam nicht mehr weiter. Das heftige Gelächter seiner Tischnachbarn unterbrach ihn. Klaus rief nach dem Wirt und bestellte eine Runde Bier.

Es war Mitternacht geworden. Klaus war eingefallen, dass er die Terminakte für die Gerichtsverhandlung morgen noch aus seinem Büro, das um drei Ecken gelegen war, holen könnte. Dann würde er morgen nicht erst ins Büro fahren müssen, und er könnte eine knappe Stunde länger schlafen.

Als er die Kronberger Straße entlang auf sein Büro zufuhr, brannte dort noch Licht. Er schüttelte den Kopf. „Was soll denn das?", fragte er sich.

Als er aus dem Aufzug stieg, hörte er bereits die Stimmen von mehreren Personen. Er schloss die Bürotüre auf und traf als erstes auf seinen Kollegen Wiedemann, der hemdsärmelig einen Karton mit einem Stoß Papieren füllte.

„Was machen Sie denn da?", fragte Klaus.

„Gar nichts", drehte sich Wiedemann um. „Ich habe mir nur einige Fotokopien gemacht."

„Und das mitten in der Nacht?"

„Ja, ich war nicht eher dazu gekommen."

Inzwischen waren eine Frau und ein Mann aus dem Nebenzimmer hinzugetreten. In Jeans und T-Shirts gekleidet sahen sie für Klaus wie Studenten aus.

„Und was sollen diese Typen hier?", fragte Klaus.

„Hören Sie mal", sagte die Frau, „was wollen Sie denn hier? Das geht Sie gar nicht an."

„Das ist mein Chef", schaltete sich Wiedemann ein, und Klaus wurde lauter: „Ich will wissen, was hier abläuft. Zeigen Sie mal her." Noch bevor ihn Wiedemann daran hindern konnte, griff er in den Karton und holte sich ein Blatt heraus. „Völker, erhebt euch. Stürzt die kapitalistische sozialliberale Koalition. Die kommunistische Revolution wird siegen. Wählt DKP" las er.

„Ja, sind Sie denn verrückt geworden!?", schrie Klaus seinen Kollegen an. „Die kommunistische Partei! Und das in meinem Büro, mit meinem Kopierer und meinem Papier. Ich rufe die Polizei, dann können Sie sich vor Gericht rechtfertigen."

Er wandte sich den beiden Genossen zu: „Machen Sie, dass sie rauskommen", er riss die Türe auf, „verschwinden Sie. Sie rotes Gesocks. Aber schnell!"

Die beiden griffen nach dem Karton. „Nein", rief Klaus, „der bleibt hier. Verschwinden Sie, raus mit Ihnen!"

„Und Sie, Wiedemann, räumen Ihren Schreibtisch. Ich will Sie nicht mehr sehen."

„Nun mal langsam", antwortete er, „nach unserem Grundgesetz besteht Meinungsfreiheit, Herr Kollege."

„Das berechtigt Sie aber nicht, in meinem Büro, ohne meine Erlaubnis kommunistische Flugblätter zu produzieren. Sie sind entlassen, fristlos!"

„Dagegen werde ich mich wehren. Morgen bekommen Sie von dem Arbeitsgericht eine einstweilige Verfügung zugestellt."

„Sie können machen, was Sie wollen. Aber Sie gehen jetzt. Räumen Sie Ihren Schreibtisch, bevor ich es tue."

„Wagen Sie es nicht", Wiedemann stellte sich mit ausgestreckten Armen in die Türe zu seinem Arbeitszimmer. Klaus stieß ihn zur Seite: „Machen Sie Platz", rief er und lief zielstrebig zu dem Schreibtisch seines Kollegen, der ihn überholte, die rechte Schublade aufriss und eine Pistole herausholte, die er auf Klaus richtete.

„Stopp", rief er, „wenn Sie meinen Schreibtisch anrühren, erschieße ich Sie – in Notwehr", fügte er an und grinste, „das wird mir jeder Richter abnehmen."

Klaus nahm zögernd die Hände hoch und wehrte Wiedemann mit einer Hand ab. „Schon gut. Schießen Sie nicht, das ist die Sache nicht wert."

Er überlegte. „Ich gehe jetzt in mein Zimmer, und Sie haben die Gelegenheit, in der nächsten halben Stunde Ihren Schreibtisch zu räumen. Dann will ich hören, wie Sie die Büroschlüssel auf den Tisch legen und sich anschließend die Türe hinter Ihnen schließt."

Als Wiedemann, der immer noch die Pistole auf Klaus gerichtet hatte, etwas erwidern wollte, schrie Klaus: „Nein, Schluss jetzt. Das ist mein letztes Wort."

Klaus saß dem Leiter der Rechtsabteilung der Bank, die er seit einiger Zeit beriet und deren Betreuung er Wiedemann übertragen hatte, gegenüber. Er liebte die hohen Räume in dem alten klassizistischen Gebäude. Eines der wenigen Häuser, die den Krieg überstanden hatten.

Herr Schönbach bot ihm aus dem runden silbernen Behälter eine Zigarette an, die Klaus gerne entgegennahm. „Herr Angermann“, sagte sein Gegenüber, „ich möchte Ihnen nicht vorenthalten, dass ich gestern den Besuch von Herrn Wiedemann hatte.“

„Ach ja?“, sagte Klaus.

„Ihr Kollege berichtete mir, dass Sie aus welchen Gründen auch immer ihn mit einer Pistole bedroht hätten und er Ihnen daraufhin fristlost gekündigt habe.“

„Aber das stimmt doch gar nicht“, erwiderte Klaus empört, „es war genau umgekehrt: Wiedemann hatte mich mit seiner Pistole bedroht, weil ich ihn bei der Herstellung antikapitalistischer Flugblätter erwischt habe. Ich habe ihn daraufhin rausgeschmissen, das dürfen Sie mir glauben.“

Klaus war in seiner Erregung aufgestanden und einige Schritte hin und hergelaufen. „Das ist ein verkappter Maoist!“, rief er.

„Mir ist es vollkommen egal, wer wen bedroht hat. Jedenfalls habe ich meinen Bereichsvorstand pflichtgemäß unterrichtet.“ Er machte ein ernsthaftes Gesicht.

„Herr Angermann“, fuhr er fort, „ich muss Ihnen mitteilen, dass die Bank beschlossen hat, die Zusammenarbeit mit Ihrem Büro zum Ende des Monats auslaufen zu lassen. So leid es mir tut.“

„Aber das können Sie doch nicht mit mir machen. Ich kann doch nichts dafür, dass Wiedemann, dieser arrogante Schnösel, sich als Kommunist entpuppt.“

„Das sagen wir ja gar nicht. Aber wer nicht imstande ist, eine zuverlässige Personalauswahl zu treffen und auf so einen charakterlosen Menschen hereinfällt, ist nicht der richtige Partner für unsere Bank. Ich muss Sie daher bitten, die

„Du hast mich durch Berlin geführt, jetzt zeige ich dir Frankfurt.“ Bernhard räusperte sich. „Du bist hier in Sachsenhausen, südlich des Mains. Hier petzen wir Ebbelwoi und essen Handkäs mit Musik. Daran wirst du dich gewöhnen müssen.“

„Ich bin neugierig. Die Curry-Wurst hängt mir längst zum Hals raus.“

„Ich hoffe nur, dass es dir in meiner Wohnung nicht zu eng wird. Das Wohnzimmer mit der Auszieh-Couch und die Küche mit dem geräumigen Essplatz sind groß genug für uns – oder? Jeder findet seine Ecke.“

„Aber klar“, Ruth küsste ihn innig.

„Nachdem ich dich ein bisschen näher kennengelernt hatte, habe ich bald gedacht, mit der könnte ich zusammenleben. Weißt du, bis auf kleine Bekanntschaften habe ich noch nie mit einer Frau richtig zusammengelebt.“

Ruth wechselte im Gedanken an das Leben mit Ansgar das Thema: „Und wir haben so viele gemeinsame Interessen. Wir sind beide Lehrer ...“

„Und lieben die Natur“, setzte er fort, „und der Rhein ist nicht weit weg.“

„Echt? Ich freue mich schon jetzt auf unsere Wanderungen.“

„Und ansonsten verstehen wir uns auch ohne viel Worte sehr gut. Was meinst du?“ Beide lachten und wälzten sich im Bett.

Es war ein spätes und spärliches Frühstück. Eine Scheibe Knäckebrot und eine Ecke Velveta lagen einsam neben den Kaffeetassen. „Tut mir leid“, sagte Bernhard, „ich bin nicht gewohnt, für zwei einzukaufen.“

„Das reicht doch. Wenn du mir sagst, wo die nächste Bäckerei ist, hole ich morgen frische Brötchen.“

„Au ja, gerne.“

Sie fuhren stadtauswärts bis zum Friedhof und dann in die Gärten. Der Kleine Schnappbornweg führte sie zu einem Grundstück, auf dem ein recht großes Holzhaus stand. Es war umgeben von Skulpturen verschiedener Größe und Färbung. Vor dem Eingangstor wachte in Form eines Totempfahls ein großer verwitterter Indianer.

„Wo kommt der denn her?“, fragte Ruth, als Bernhard das Tor geöffnet hatte.

„Eigentlich arbeite ich ja lieber in Stein. Aber das war einmal ein Auftrag, der dann nie abgeholt und auch nie bezahlt wurde. Künstlerschicksal.“

„Und wo bekommst du die Steine für deine Skulpturen her?“

„Oben am Friedhof ist ein Steinmetz, der Grabmäler herstellt. Dort kaufe ich meist ein oder ich lasse mir den Stein aus dem Odenwald bringen. Gutes Material, aber teuer.“

„Du arbeitest aber kaum figürlich“, stellt sie fest und fuhr mit der Hand über die scharfen Kanten einer Skulptur.

„Ich versuche, von dem Figürlichen wegzukommen und arbeite weitestgehend abstrakt. Der Realismus ist vorbei.“

„Das finde ich interessant“, sagte Ruth.

„Interessant s-sagt m-man immer, wenn m-man nicht so ri-rchtig weiß, was m-man davon ha-halten soll“, stotterte er und lachte.

„Nein, so habe ich es nicht gemeint.“

Sie legte ihre Hand auf seine Schulter. „Aber du hast recht, ich muss mich mit deiner Kunst noch mehr beschäftigen, bevor ich mir ein Urteil bilden kann. Bist du oft hier?“, fragte sie.

„Aber ja. Jede freie Minute. Nur nicht in diesem Winter, der war besonders hart. Ich hätte mich während dieser tödlichen Hongkong-Grippe ja am liebsten in meinem Atelier versteckt, aber der kleine Holzofen hat es einfach nicht geschafft.“

„Dann weiß ich ja, wo ich dich finde, wenn du mir mal verloren gehst.“ Sie blickte sich um. „Aber schau mal, da vorne am Hang, da blühen die ersten Veilchen. Da pflücke ich uns ein Sträußchen für unser Zimmer.“

Sie lachten, nahmen sich an den Händen und tanzten Ringelrein auf der grünen Wiese, die hunderte von Gänseblümchen zierten.

Ruth genoss Bernhards zarte Küsse auf ihre nackte Schulter. Sie spürte die Wärme seiner Lippen, die Feuchtigkeit seiner Zungenspitze. Seine Hand streichelte ihr die Haare aus dem Gesicht und sie empfand das Bedürfnis, seine Zärtlichkeiten zu erwidern. Sie öffnete ihre Augen und blickte in sein strahlendes Gesicht.

„Herzlichen Glückwunsch zum Geburtstag, mein Schatz. Komm in meine Arme. Alles Liebe und Gute wünsche ich dir von Herzen." Bernhard sprach, ohne zu stottern.

„Danke, mein Liebster, wie herrlich dich zu haben. Du bist mein schönstes Geburtstagsgeschenk, das ich mir wünschen kann."

„Schließ mal deine Augen", sagte er, „und bleib ganz ruhig liegen. Ich bin gleich wieder da."

Sie hörte, wie er die Schreibtischschublade öffnete und wieder schloss. „Augen weiter zuhalten", flüsterte er und sprang wieder unter die Decke. „Nicht schummeln!"

Sie spürte, wie er ihre Hand nahm, nach einem Finger fasste und dann langsam einen Ring über ihn zog.

„Augen auf!", rief er.

Sie öffnete langsam die Augen. Ihren Finger zierte ein goldener Ring, recht breit, etwas erhaben und trotzdem nicht auffällig.

„Ru-Ruth", stotterte er und küsste ihre Hand, „wi-willst du mei-meine Frau w-werden? Ja? Bitte!"

Sie warf sich in seine Arme. „Berndi, mein Schatz. Bist du denn verrückt geworden." Sie küsste ihn innig auf seine vollen Lippen und warf sich über ihn.

„Mein Gott, ist das eine Überraschung."

„Und?", fragte er. „Sag ja, bitte."

„Berndi, mein lieber Berndi. Ich weiß gar nicht, was ich sagen soll, mein Liebster." Sie küsste ihn auf seinen Hals und schaute ihm dann in die Augen.

Sie zögerte etwas, bevor sie fortsetzte: „Wir haben ja beide schon viel über unsere gemeinsame Zukunft gesprochen, und ich sehe mich immer an deiner Seite, in deinen festen Armen. Ein Leben ohne dich kann ich mir nicht vorstellen."

Sie holte tief Luft und wiegte sanft ihren Kopf: „Aber heiraten, mein Schatz, ist altmodisch und over, das macht man heute nicht mehr."

„Aber Ruth", Bernhard fasste sie an ihren Schultern. „Wir haben uns doch schon lange gesagt, dass wir ewig zusammenbleiben möchten. Warum sollen wir dann nicht heiraten?"

„Warum müssen wir dann heiraten, wenn wir sowieso immer zusammenbleiben wollen? Was macht so eine Urkunde, so ein Papier, aus?"

„Aber wir wollen doch auch Kinder kriegen."

„Auch dazu muss man nicht verheiratet sein", sagte sie lächelnd.

„Nein, eigentlich nicht." Er schob ihre Haare aus der Stirne. „Aber unsere Kinder haben dann deinen Namen und nicht meinen, das ist nicht gut für sie, Eltern mit verschiedenen Namen ..." Er schüttelte mit Entschiedenheit den Kopf.

„Jetzt werde mal nicht spießig. Von mir aus können unsere Kinder auch nach dir heißen oder – ich hab's – noch besser", sie zeigte mit ihrem Zeigefinger auf seine behaarte Brust, „sie bekommen unsere Namen als Doppelnamen, das wird künftig sowieso die Regel sein."

Bernhard warf sich auf sein Kissen und schrie: „Nein, nein, nein, ich glaube es nicht."

Ruth hörte ihn weinen. Sie streichelte ihn: „Erlaubst du mir trotzdem, diesen wunderschönen Ring immer als Zeichen unserer Liebe zu tragen? Ich werde ihn auch nie ausziehen, das verspreche ich dir." Er gab keine Antwort. Sie schüttelte ihn vergeblich.

Als Ruth vom Bäcker zurückkam, stand auf dem gedeckten Frühstückstisch ein Gugelhupf, in dem eine große rote Kerze brannte. Auf ihrem Teller lag eine rote Rose. Sie fiel mit Tränen in den Augen in seine Arme. „Ach Berndi, bitte verstehe mich. Ich bin noch zu jung für die Ehe und für Kinder.

Ich muss erst mein Examen machen und in meinen Beruf. Ich kann es kaum abwarten. Lass uns später noch einmal über unsere gemeinsame Zukunft sprechen, ja?“

Er nickte langsam und schaute wie abwesend durch sie durch.

„Was hältst du davon, wenn wir uns heute Abend mit André und seiner Freundin zum Ebbelwoi treffen? Dann lernst du unser Stöffche kennen.“

„Was ist denn das schon wieder?“, fragte Ruth und strich sich fingerdick Nutella auf ihr Brötchen.

„Das werde ich dir zeigen, mein Darling“, sagte Bernhard. „Die Straße weiter unten ist der Schneider-Heine, eine tolle Kneipe. Bei dem schönen Wetter können wir bestimmt draußen sitzen, wenn wir uns nicht zu spät treffen.“

„Ja gerne. Ich bin gespannt. Und wer ist André?“

„Ein uralter Freund. Wir haben uns während des Studiums kennengelernt. Er ist zwar ziemlich linksradikal, aber überzeugend.“

„Und seine Freundin?“

„Kenne ich nicht. Mal sehen, wen er anschleppt. Das weiß man nie.“

„Au ja, was hältst du von fünf Uhr?“

„Sehr gut. Ich freue mich“, sagte Bernhard und machte das Fenster auf. Frische Maienluft spielte mit seinen Locken, und Ruth steckte ihre offenen Haare hoch zu einem Pferdeschwanz.

Sie hatte im Kaufhaus Schneider ein ärmelloses schwarzes Oberteil mit einem ebenso engen kurzen Rock gefunden und legte sich gerade eine bunte Kette aus murmelgroßen Kugeln um, als Bernhard ins Zimmer trat. „Hey, das ist ja super sexy“, rief er, nahm Ruth in die Arme und streichelte ihren strammen Po.

„Ist das nicht etwas overdressed für eine Kneipe?“, fragte sie.

„Nein, überhaupt nicht. Da kleidet sich jeder, wie er Lust hat." Er streichelte sie über ihre Schultern. „Ich habe nur Jeans und mein Cowboyhemd angezogen. Nimmst du mich so überhaupt mit?"

Ruth lachte: „Nee, da fehlt noch der Cowboyhut. Du hast doch draußen einen hängen. Das fände ich extra."

Zum Schneider-Heine waren es nur wenige Minuten. „Können wir den Tisch da hinten in der Ecke haben?", fragte er die Bedienung, „wir sind vier Personen."

„Nehmt euch den Tisch."

„Und einen Zwölferbembel. Eine Flasche Wasser können Sie uns bitte auch gleich bringen."

„Kommt."

Sie saßen noch nicht lange unter der großen Platane, als André und seine Freundin die paar Stufen in den Garten traten. „Hi", rief er. „Da seid ihr ja. Das ist Barbara", und zeigte auf seine große schlanke Begleiterin im Folklore-Look. Sie trug eine buntbestickte Bauernbluse und einen weiten Volant-Rock, aus dem ihre Füße schauten, die sie in Sandalen gesteckt hatte. Ihren Kopf krönte eine Kette aus Margeriten, die ihre blonden Haare betonten. „Hi", rief sie, „nennt mich Babe, wie sie mich zu Hause nennen." Sie setzten sich den beiden gegenüber.

„Wo kommst du denn her", fragte Ruth.

„Ich bin aus Vermont, USA."

„Dafür sprichst du aber ein fantastisch gutes Deutsch."

„Das habe ich von meiner Mutter. Die ist von hier."

„Ach so, kein Wunder. Ich bin Ruth." Sie wandte sich an ihr Gegenüber. „Und du bist André, ja?"

„Der bin ich." Er fuhr sich durch seinen schwarzen Vollbart: „Babe nennt mich Andy."

„Ihr seht aus wie Zwillinge", sagte Ruth, „Zwei Hippies aus Woodstock." Sie lachte. „Wart ihr schon mal da?"

„Sure", rief Babe, „ich war letztes Jahr mit den Jungs in Bethel – Three Days of Peace and Music. Es war fantastisch."

„Mein Gott, da wäre ich gerne dabei gewesen.“

„Das glaube ich dir. Es war great.“

André schlug mit der Faust auf den Tisch und schaute seine Gegenüber an: „Die haben doch tatsächlich den Baader befreit, stellt euch das vor. Ist das nicht klasse! Und die Meinhof hat ihm geholfen!“

Er strich sich mit seinem Handrücken über seine feuchten Lippen und nahm einen tiefen Schluck.

„Habt ihr eine Ahnung, wo er sich versteckt haben könnte?“, fragte Ruth.

„Na, wohl in Ostberlin, vermute ich mal. Der hat garantiert die Unterstützung der DDR.“

„Irgendwie muss sich die Truppe ja auch finanzieren“, meinte Bernhard, „oder sie überfallen eines Tages Banken oder ich weiß nicht was.“

„Jedenfalls geht der Kampf gegen den Kapitalismus endlich los“, sagte Andy, „auf dem parlamentarischen Weg kommen wir nicht weiter, die lasche APO kannst du auch vergessen, und der SDS hat sich in Wohlgefallen aufgelöst.“

„Das finde ich auch beschissen“, sagte Ruth. „Wer vertritt aber morgen noch meine Interessen und geht mit uns auf die Straße?“

„Da bleibt uns nur die Gewerkschaft. Die ist stark, hat Geld und eine aggressive Abteilung für Erzieher“, sagte Andy. „Die unterstützen uns vor allem bei unseren Veranstaltungen und Demonstrationen. Dagegen ist der Philologenverband eine schwache Vorstellung, der ist viel zu nachgiebig und von Oldies beherrscht.“

„Aber die GEW nimmt mich doch nicht als Studentin“, sagte Ruth.

„Doch“, sagte Andy, „solange du deinen Beitrag zahlst, nehmen die dich gerne.“

Ruth hatte inzwischen tapfer und ohne ihr Gesicht zu verziehen ihren ersten Schluck Ebbelwoi getrunken. „Toll, mein Schatz“, sagte Bernhard. „Was wollen wir essen? Was haltet ihr von Rippchen mit Kraut oder einer Rindswurst?“

Sie gaben ihre Bestellungen auf.

„Es geht bei unserer Revolution auch um das Ende des Kapitalismus, ja, aber vor allem um die Rechte von uns Frauen."

Babe ließ ihre Hände mitreden und rückte ihre in die Stirne gerutschte Blumenkrone wieder auf ihrem Kopf zurecht. „Das Verbot von Homosexualität und Abtreibung muss aufgehoben werden. Nur die Kirche und die alten Spießer neiden uns das freie Leben."

„Genau", sagte Ruth, „und das ganze Schulwesen muss geändert werden. Gleiche Rechte und Chancen für die Kinder, unabhängig von ihrer sozialen Herkunft. Also Gesamtschulen und Mitbestimmung der Eltern und Lehrer."

Sie diskutierten bis in die Nacht und waren sich einig, dass sie sich bald wieder treffen mussten, um ihre Gedanken auszutauschen und Pläne zu schmieden. Über eines waren sie sich jedoch jetzt schon einig: Die Wohnungsnot in Frankfurt ließe sich nur durch Besetzung leerstehender Wohnungen und Häuser beheben – da muss etwas passieren.

„Mami, Mami, ich habe es geschafft!" Ruth riss vor Aufregung fast die Telefonleitung aus der Dose. „Stell dir vor! Und sogar mit Zwei!"

„Eine Zwei?"

„Ja, ja. Sag ich doch!"

„Fantastisch! Ich gratuliere!"

„Wir waren drei Mädchen und zwei Jungens im Mündlichen, und ich war die Beste. Ich kann es immer noch nicht fassen."

„Ich bin so froh, dann hat sich all die Mühe gelohnt, mein Schatz. Wann kommst du nach Paderborn?"

„Ganz bald, Mami. Aber ich muss noch etwas hierbleiben. In Hessen herrscht großer Lehrermangel und es wird laut darüber nachgedacht, bei gutem Examen auf die Referendarzeit zu verzichten und die Leute gleich ins Lehramt zu übernehmen."

„Mensch, das wäre ja toll. Ich drücke dir die Daumen."

„Danke, Mami, sobald ich klarsehe, rufe ich an und komme zu euch. Ich küsse dich, und grüße Papi von mir."

Bernhard hatte eine Flasche Henkell trocken aus dem Kühlschrank geholt und ließ den Korken knallen. „Nochmals herzlichen Glückwunsch, Frau Kollegin", sie lachten und ließen ihre Gläser klingen. „Heute Abend gehen wir ins Mexicana und feiern, bis die Sonne aufgeht."

„Au ja", Ruth sprang auf seinen Schoß und schlang ihre Arme um ihn: „Ich liebe dich, ich liebe dich, ich liebe dich!"

Ruth hatte Glück. Statt fast zwei Jahre musste sie nur ein halbes Jahr Referendariat machen. „Meinst du", fragte sie Bernhard, „ich hätte eine Chance, an deine Schule zu kommen?"

„Das wäre ein Knaller." Er kratzte sich am Kopf. „Warte mal – so viel ich weiß, stehen der Deutschlehrer und auch der Biolehrer kurz vor der Pensionierung. Vielleicht lässt sich da was machen. Ich spreche mal mit dem Direktor. Es ist einen Versuch wert."

Ruth hatte noch vor den Sommerferien eine Einladung zu einem Vorstellungsgespräch in der Mühlbergschule erhalten. Sie war von ihren Kolleginnen gewarnt worden, sich nicht zu modisch zu kleiden, und schwitzte in ihrem rotkarierten Kleid mit weißem Bubikragen schon vor Aufregung, bevor sie noch aus der Straßenbahn gestiegen war.

Sie zwang sich, den kurzen Weg von der Haltestelle zur Schule langsam zu gehen. In ihrer schwarzen Handtasche hatte sie ihre Zeugnisse und eine Rolle Vivil, die sie schon in der Straßenbahn angebrochen hatte. Sie nahm sich eine weitere Tablette.

Das Schulgebäude thronte auf halber Höhe des Mühlbergs. Bernhards Atelier war gar nicht so weit gelegen. In der Gründerzeit aus rotem Mainsandstein errichtet, verschaffte es sich mit seinen hohen Fenstern und Türmchen auf dem steilen Schieferdach Respekt.

Ruth hatte die Türe geöffnet und nahm die Treppe zum Sekretariat der Schulleitung. Es herrschte Unterricht, und nur gelegentlich drangen Stimmen auf den Gang.

Die Sekretärin kündigte der Direktorin per Telefon den Besuch an. Ruth hörte die laute und energische Stimme am anderen Ende der Leitung.

„Frau Dr. Martin erwartet Sie“, sagte die Sekretärin. Sie schritten zur Verbindungstür und Ruth betrat das Direktorenzimmer.

Ein hoher quadratischer Raum mit einem Portrait des hessischen Ministerpräsidenten links der Türe und dem Oberbürgermeister der Stadt auf der anderen Seite. Eingerahmt von Regalen und Schränken brachten die an den Wänden hängenden buntmarkierten Stundenpläne etwas Farbe in den Saal.

Mit einem Blick auf die große Uhr über der Eingangstüre sagte Frau Dr. Martin: „Sie sind pünktlich, Fräulein Winkler“, und stand auf. Sie trug ein dunkelgraues Kostüm mit einer weißen Bluse, die grauen Haare straff nach hinten gekämmt. Sie war deutlich älter als ihre Mutter, stellte Ruth fest.

„Bitte setzen Sie sich.“ Sie deutete auf den vor ihrem Schreibtisch stehenden Besucherstuhl. Die Hand reichte sie nicht.

Ruth machte einen angedeuteten Knicks und setzte sich, ohne die Beine übereinanderzuschlagen.

„Mit Ihren Papieren brauchen wir uns nicht aufzuhalten, die habe ich bereits gelesen. Die Stadt Frankfurt ist bereit, Sie als Beamtin auf Probe im Lehramt an unserer Schule zu beschäftigen.“ Sie griff nach einem vor ihr liegenden Papier und sagte: „Sie unterrichten in der zweiten Klasse. Haben Sie Schwierigkeiten mit behinderten Kindern?“

„Keinesfalls.“

„Umso besser.“ Sie räusperte sich: „Wir haben unsere Kleiderordnung nicht geändert wie manche anderen Schulen. Bei uns ist noch die Welt in Ordnung. Ihre Kolleginnen tragen keine kurzen Röcke. Hosen sind nicht erlaubt.“ Sie warf einen prüfenden Blick auf Ruth und schaute sie mit scharfem Blick an.

„Wir verstehen uns also“, sagte sie. „Sie beginnen am ersten Schultag nach den Sommerferien um acht Uhr. Die Vorbesprechung mit den Kollegen findet am Freitag zuvor um zehn Uhr statt. Noch Fragen?“

Ruth zögerte: „Ich wollte Sie noch nach der Höhe meines Gehaltes fragen.“

„Das weiß ich nicht. Das können Sie im Schulamt erfragen“, bekam Sie zur Antwort. „Da erfahren Sie auch den Termin Ihrer Vereidigung. Auf Wiedersehen, Fräulein Winkler.“

– 26 –

Trübe Gedanken verfolgten Klaus. Er sah sein Leben verloren, sein Anwaltsbüro bankrott und seine Ehe zerbrochen. Ungewaschen und unrasiert saß er schon morgens in seinem Sessel am Fenster und zählte die großen Schneeflocken, die langsam zur Erde schwebten.

Er fühlte sich noch nicht einmal stark genug, um seine Lebensversicherungspolice aus der Dokumentenmappe zu nehmen und zu prüfen, ob die Versicherungssumme an Marie auch im Falle seines Selbstmordes ausgezahlt werde. Seine Hände zitterten.

Marie hatte ihm einen Termin bei einem Psychiater vermittelt. Als Klaus ihm seinen Zustand schilderte und ihm mit schwacher Stimme seine Zukunftssorgen dargelegt hatte, lachte Dr. Schneider laut.

„Herr Angermann", sagte er und fasste nach Klaus' Hand, „ich bitte Sie. Sie sind ein junger Mann und haben noch das ganze Leben vor sich. Sie haben einen schweren Schock erlitten, fürwahr. Das kann ich voll nachvollziehen. Aber die Sonne wird in einiger Zeit wieder scheinen, das verspreche ich Ihnen."

Der Arzt griff nach seinem Rezeptbuch. „Ich verschreibe Ihnen jetzt ein Medikament gegen Ihre Depressionen, mit dem ich bereits gute Erfahrungen gemacht habe. Und ein weiteres, das Sie wieder unternehmenslustig stimmen wird. Sie werden sehen, es wird nicht lange dauern und Sie werden wieder in Ihre Praxis gehen und sich auf Ihr Leben freuen."

Klaus schaute skeptisch: „Meinen sie wirklich?" Er atmete tief durch. „Das wäre wunderbar. Momentan kann ich mir das noch nicht vorstellen."

„Doch, Sie werden sehen. Bald werden Sie auf andere Gedanken kommen. Treiben Sie Sport und gehen Sie samstags ins Waldstadion zur Eintracht, wenn Sie wollen, schreien Sie sich die Kehle aus dem Hals, das tut gut. Nur tun Sie was."

Sein Gemütszustand verbesserte sich langsam. Klaus spürte zunehmende Unternehmenslust und fuhr nach zwei Wochen das erste Mal wieder mit Marie und Franziska nach Wiesbaden zum Einkaufen.

„Marie", sagte er am Sonntagabend, „morgen gehe ich für einige Stunden ins Büro und schaue mal, was die in der Zwischenzeit angestellt haben." Sie lachte. Und Klaus nahm sie in die Arme.

„Nicht so fest, du erdrückst mich", rief sie, und Tränen standen in ihren Augen.

Zu Pfingsten waren sie nach Südtirol gefahren. Franziska hatten sie in die Obhut von Klaus' Eltern gelassen. Die Apfelbäume blühten noch, und das weite Tal der Etsch verstreute den Duft von Blumen und Kräutern. Sie waren nicht das erste Mal in Tramin und genossen von ihrem Ansitz aus den herrlichen Blick auf die gegenüberliegenden noch schneebedeckten Berge.

Es tat beiden gut, nach langer Zeit endlich einmal wieder alleine die Tage gemeinsam verbringen zu können. Klaus sprang bereits morgens mit Schwung aus dem Bett und wanderte gut gelaunt mit Marie in der Frühlingssonne durch die Weinberge.

„Was würdest du davon halten, wenn wir uns ein zweites Kind wünschten?", fragte Marie ihn nach einem köstlichen Abendessen und einem Glas Wein. „So ein kleines Angermännchen, das wäre doch was."

Klaus legte seinen Arm um sie und küsste sie auf die Stirne. „Das war schon immer mein Wunsch, meine liebste Marie. Ein zweites Kind – ach wäre das schön!"

„Ich könnte mir das gut vorstellen und fühle mich auch danach. Komm, lass uns ein Bübchen machen."

Er schmunzelte: „Komm, zeig mir, wie das geht."

Die Bank hatte ihre Unterlagen bei Klaus abgeholt. Damit war dieses Kapitel geschlossen, und Klaus schrieb an der

Neuauflage seines Kommentars über Immobilienrecht. Das war eine gute Ergänzung seiner anwaltlichen Tätigkeit und machte ihm Spaß. Sein Büro lief wider Erwarten gut, und die schlechten Erinnerungen an das tiefgreifende Erlebnis mit der Bank verloren sich langsam in die Vergangenheit.

Desto überraschter war er, als er eines Tages die Einladung zu einem Gespräch mit dem Vorstand der Bank erhielt. Sofort öffnete sich vor seinen Augen die schmerzhafte Erinnerung an das damalige Geschehen. Sollte er wirklich noch einmal das Bankgebäude betreten und sich weitere Beschwerden anhören? Das Gesprächsthema war ihm nicht benannt worden. Er nahm die Einladung seines ehemaligen Klienten erst nach einigem Zögern an.

Klaus wurde nicht, wie von ihm erwartet, in ein Besprechungszimmer, sondern gleich in das Vorzimmer des Vorstands geführt. Durch die bis zum Boden reichenden Fenster im 9. Stock bot sich ihm ein weitreichender Ausblick auf die Stadt und den Feldberg im Taunus.

Herrn Dr. Scholz war Klaus schon früher in der Bank begegnet. Er hatte ihn vor allem in Grundstücksangelegenheiten beraten. Ihm gegenüber an dem runden Tisch saß ein weiterer Herr mit weißem Haar, den er Klaus vorstellte. „Herr Salzmann", sagte er, „ist seit Jahren ein besonders guter Kunde unseres Hauses. Wir haben in der Vergangenheit bereits einige große Projekte durchgezogen wie auch das höchste Hochhaus Frankfurts."

Er räusperte sich. „Mir ist berichtet worden, dass Sie uns in Kreditsachen nicht mehr vertreten, was ich persönlich bedaure. Aber ich möchte sie als Immobilienrechtler bitten, unser Haus und damit auch Herrn Salzmann in verschiedenen Grundstücksangelegenheiten zu beraten."

„Ja", sagte Herr Salzmann, „das wäre sehr freundlich. Ich habe zwar eine kompetente Liegenschaftsabteilung. Die arbeitet sehr gut, aber in gewissen anspruchsvollen Aufgaben bevorzuge ich externen Rat. Ihr Kommentar steht auf meinem Schreibtisch und ich freue mich, den Verfasser persönlich kennenzulernen."

Er zog an seiner Zigarre. „Dürfte ich Sie bitten, mir von Fall zu Fall mit Ihrem Rat zur Seite zu stehen?"

„Aber gerne", sagte Klaus, ohne zu zögern. „Sehr gerne. Um welche Fragen geht es dabei speziell?"

„Es geht vor allem um Beratung unserer Grundstückskäufe und ihre Verwaltung, aber auch um solche profanen Aufgaben wie die Räumung besetzter Häuser, wie wir sie in der Eppsteiner und in der Bockenheimer Landstraße erleben mussten. Bisher haben wir das nicht geschafft, aber der wirtschaftliche Schaden ist immens."

„Das glaube ich Ihnen. Das wird zwar nicht einfach sein, aber irgendwie kriegen wir das hin."

Er zog aus seiner Jackentasche ein Etui mit Visitenkarten, von denen er beiden Herren ein Exemplar überreichte: „Ich stehe Ihnen jederzeit zur Verfügung, Anruf genügt", sagte er und verabschiedete sich.

Klaus' Herz schlug höher, und leichtfüßig nahm er die Treppenstufen, nachdem der Aufzug auf sich warten ließ. Das war ein Volltreffer, diese neue Geschäftsverbindung. Nicht nur der stadtbekannte Immobilienspekulant, sondern auch die Bank zählten nun zu seiner Klientel. Sie würden die Einnahmen seines Büros mit Sicherheit steigern.

Er hatte Marie zwar beim Frühstück angekündigt, dass er heute bis zum späten Abend im Büro zu tun habe und sie wohl ohne ihn ins Museumskonzert gehen müsse. Doch drängte es ihn, einen kleinen Abstecher zu machen und ihr von dem neuen Mandanten zu berichten.

Er öffnete das Dach seines Porsche-Targa, drehte das Radio voll auf und sang lauthals mit Tom Jones „She's a Lady".

Vor der nächsten Ampel hielt neben ihm ein rotes Alfa-Romeo-Cabriolet, aus dem dieselbe Musik dröhnte. Am Steuer saß eine junge blonde Frau, die den Takt mit ihrer Hand auf das Lenkrad schlug und laut mitsang, während sie zu Klaus mit erhobenem Kinn rüber schaute.

So fuhren sie drei Ampelphasen die Gallusanlage entlang, bis der Song endete und Klaus abbiegen musste.

Zu Hause stand auf seinem Parkplatz ein offener Jaguar E-Type mit Bad Homburger Kennzeichen, das er nicht kannte. Er öffnete die Wohnungstüre, und bevor er noch nach Marie rufen konnte, hörte er aus der Küche Maries leise aufmunternden Worte und stöhnende Antworten eines Mannes.

Klaus erstarrte. Sollte er sich leise zurückziehen oder sich zu erkennen geben? Oder den Mann zusammenschlagen, oder was überhaupt sollte er tun?

Er zwang sich, nicht durch die geöffnete Küchentüre zu schauen. Die Situation war eindeutig und bedurfte nicht noch weiterer Einzelheiten. Er wollte sich den Anblick der beiden einfach ersparen.

Langsam ging er rückwärts aus der Wohnung und schloss die Türe so leise wie möglich. Der Jaguar gehörte offensichtlich Maries Liebhaber. In seiner Wut packte Klaus die in der Nähe stehende Mülltonne und kippte sie in dem eleganten Cabriolet aus. Mit einem Tritt gegen den Kotflügel verschaffte er sich Luft, sprang in seinen Porsche und fuhr in den Stadtwald, um sich auszulaufen und wieder zu Sinnen zu kommen.

Wie verabredet holte Klaus Marie nach dem Konzert ab. Er parkte mit seinem Wagen vor der Theateranlage und hupte, als er sie im Kreise einiger Freunde die Treppe in das Foyer hinuntergehen sah. Sie löste sich von der Gruppe und lief zu ihm. „Klaus", rief sie, „wir wollen alle noch auf einen Drink in Jimmy's Bar gehen, kommst du mit?"

„Unter keinen Umständen. Ich bin todmüde und möchte unbedingt nach Hause." Er öffnete die Beifahrertüre. „Komm, auf, ich will heim."

„Klaus, sei doch kein Spielverderber."

„Doch, du kommst jetzt."

„Wie sprichst du denn mit mir?“

„Muss ich denn erst deutlich werden?“

„Also, das lass ich mir nicht noch mal gefallen, das merke ich mir.“

Sie winkte den Freunden zu und stieg in den Porsche. Klaus hob die Hand zum Gruß.

Zu Hause warf sich Marie in einen Sessel. „Wenn du dir noch einen Whisky machst, dann für mich einen doppelten – mit wenig Eiswürfeln.“ Sie schleuderte ihre Schuhe ins Zimmer. „Und das sag ich dir: Das machst du mit mir nie wieder!“

„Und ich sage dir, wenn du dich noch einmal so anstellst, kannst du sehen, wie du nach Hause kommst.“

„Wenn du so weitermachst, überlege ich mir, ob ich überhaupt noch hier leben will.“

„Wie bitte?“

„Du bist schon die ganze Zeit so komisch.“

„Ich?“

„Ja, erst bist du monatelang deprimiert, dann bist du bis in die Nacht im Büro. Und am Wochenende willst du nur deine Ruhe haben.“

„Das ist doch gar nicht wahr.“

„Doch, mit dir kann man gar nichts mehr anfangen. Immer sagst du,Nein‘ und schaust am Wochenende den ganzen Tag Fußball – sehr sportlich!“

„Spinnst wohl, wer hat denn gerade seine Tage, wenn ich mit dir Tennis spielen will? Oder?“

„Ich würde so gerne auch mal etwas unternehmen. Aber allein lässt du mich ja nicht gehen.“

„Das würde gerade noch fehlen.“

„Siehst du. Du bist so kleinkariert, es ist nicht auszuhalten.“

„Ach ja, und deswegen vögelst du mit einem anderen Mann.“

„Du spinnst wohl. Wie kommst du denn darauf?“

„Tu nicht so scheinheilig. Gib doch zu, dass du einen anderen hast.“

„So ein Quatsch, nie.“

„Und wer war der Mann, mit dem du es heute in der Küche getrieben hast? He, sag mir, wer?"

Marie wurde unter ihrem Make-up blass. Sie rang nach Worten. „Spionierst du mir nach?", fragte sie schließlich.

„Überhaupt nicht. Aber irgendwann kommt so was raus! Bist du denn bei Sinnen?", schrie er. „Und dann auch noch in unserer Wohnung. Schämst du dich denn gar nicht?"

Marie fing an zu weinen. „Ich habe die Nase voll." Sie griff nach dem Whiskyglas und schleuderte es an die Wand. „Ich gehe, dann hast du deine Ruhe."

„Dann mach, dass du fortkommst. Ich will dich nicht mehr sehen!" Er warf sein Glas hinterher.

Als Klaus den nächsten Abend nach Hause kam, war Marie mit Franziska ausgezogen. Er vermisste sein Töchterchen schon jetzt. In den ersten Tagen der Trennung genoss er sein Alleinsein. Er traf sich gelegentlich mit Freunden zum Skatspielen oder zum Bowling. Die Wochenenden zogen sich. Er verbrachte sie mit erholsamen Wanderungen durch den Rheingau.

War es richtig, sich gleich von Marie zu trennen, fragte er sich. Der Ehebruch war zwar ein unanfechtbarer Scheidungsgrund. Aber Klaus hatte in den zahlreichen Scheidungsfällen, in denen er vornehmlich die Ehefrauen vertreten hatte, immer wieder erfahren müssen, wie sehr die Kinder unter der Trennung und Scheidung ihrer Eltern litten. Das wollte er Franziska unbedingt ersparen. Was sollte er tun?

Sie trafen sich im Café Kranzler. Klaus hatte bis dahin kein Wort mit Marie gewechselt, bis sie eines Tages bei ihm anrief und das Treffen vorschlug.

Sie begrüßten sich mit Handschlag. Marie war wie immer pünktlich, und sie suchten sich einen Tisch in einer Ecke. Nachdem sie sich zunächst über Franziska unterhalten hatten, kam Marie endlich zu dem Anlass des von ihr vorgeschlagenen Treffens.

„Klaus, ich bin schwanger, wir erwarten ein Kind.“ Sie hatte ihre Hände dabei so fest gefaltet, dass die Knöchel weiß hervortraten.

Klaus saß in seinem Sessel wie versteinert. Er schüttelte seinen Kopf, der rot angelaufen war. Er rang nach Worten: „Das darf doch nicht wahr sein! Ja, bist du denn wahnsinnig. Du schläfst mit einem anderen Mann und willst mir erzählen, ich sei der Vater deines Kindes. Wie geht das denn?“

„Ich bin mir sicher. Als mir der Ausrutscher passierte, hätte ich schon längst meine Tage haben müssen.“

„Das sagt noch gar nichts.“

„Doch, ich habe mich von Frau Dr. Schiller beraten lassen. Auf die ist Verlass.“

„Und jetzt – was machen wir jetzt?“

Klaus spürte, wie sein Herz klopfte. „Ich glaub es nicht, ich glaube dir nicht. Nee, nee – so einfach ist das nicht.“

„Klaus, ich bitte dich um Verzeihung. Das war das Schlimmste, was ich dir antun konnte, ich weiß. Bitte verzeih mir.“

„Stell dir mal vor, ich hätte dich betrogen, was würdest du wohl machen?“

„Ja, mit der Frage habe ich gerechnet. Ich habe keine Antwort gefunden. Aber denke doch an Franziska. Sie braucht dich, ihren Papi.“

„Also lass mich darüber nachdenken. Das ist alles zu plötzlich. Ich brauche Zeit, viel Zeit, um das zu verkraften.“

Klaus hatte sich von seinem Büro freigenommen, um in Ruhe nachdenken zu können und eine Lösung zu finden. Er hatte seine Reisetasche gepackt und war ins Blaue gefahren. Wo fährt man in einer solchen Situation hin, fragte er sich.

Er fuhr Richtung Süden und beschloss nach einigem Nachdenken, zunächst nach Liechtenstein zu fahren und die Bankvollmacht für Marie zu widerrufen. Das wäre noch schöner, wenn sie ihm zuvorkäme und sich von dem Konto bedienen würde. Passen würde es zu ihr.

In Vaduz kehrte er in dem kleinen, gemütlichen Hotel ein, das er schon von seinen Reisen zuvor kannte. In der holzgetäfelten Gaststube stärkte er sich mit einem Bier und bestellte sich die von ihm geliebte Kalbsbratwurst mit Rösti. Nach einem Kirschwasser ging es ins Bett.

Klaus konnte nicht einschlafen. Das Treffen mit Marie ging ihm ebenso wenig aus dem Kopf wie ihr Seitensprung. Sollte diese schwere Krise das Ende seiner Ehe sein? Ja, so sah es aus. Aber was würde dann mit ihrem Kind werden, das sie sich so sehr gewünscht hatten. Er hatte sich doch so sehr einen Sohn erhofft. Und jetzt wusste er noch nicht einmal, ob das Kind, das Marie auf die Welt bringen würde, überhaupt sein Kind war.

Die Glocke der in der Nähe stehenden Kirche schlug zwölf und dann genauso oft ein weiteres Mal in einem anderen Ton.

Ein Vaterschaftstest nach der Geburt des Kindes würde jedenfalls Klarheit schaffen, sagte er sich. Dann könnte er immer noch entscheiden, ob er die Ehe mit Marie fortsetzen oder sich scheiden lassen sollte. Aber wie sollte er sich bis dahin verhalten?

Wieder zusammenziehen und so tun, als ob nichts geschehen wäre, das ging absolut nicht. Andererseits sollte Franziska nach Möglichkeit geschont werden. Er fand keine Lösung und schlief erst ein, als die Kirchenuhr zweimal ein Uhr geschlagen hatte.

Sie hatten sich in einem weiteren Treffen darauf verständigt, dass Marie wieder einziehen und zunächst einmal die Geburt des Kindes abgewartet werden sollte. Marie hatte Klaus geschworen, dass sie den Mann mit dem langen schwarzen Haar, mit dem sie sich bei der Weihnachtsparty im Sommer so gut verstanden hatte, nie wieder sehen werde. Sie war ins Gästezimmer gezogen und Franziska wurde ihr Auszug aus dem elterlichen Schlafzimmer damit erklärt, dass Klaus so laut schnarchen würde.

„Draußen wartet der Reporter vom Spiegel, der Sie wegen der Drogenaffäre interviewen will", sagte seine Sekretärin, „allerdings sind die zu zweit."

Klaus zog die Augenbrauen hoch. „Lassen Sie die Leute rein."

Er begrüßte die beiden Männer und bat sie an den Besprechungstisch.

„Was führt Sie zu mir?", fragte er die beiden, die ihm ihre Visitenkarten herüberreichten.

„Wie wir angekündigt hatten, Herr Angermann, hätten wir gern einige Informationen über das Strafverfahren wegen des Drogenhandels, der seinen Ursprung in Pakistan haben soll."

„Dazu kann ich Ihnen leider nichts sagen", antwortete Klaus. „Das verbietet mir meine anwaltliche Verschwiegenheitspflicht."

„Da bin ich mir aber nicht so ganz sicher", sagte der ältere der beiden Besucher, der inzwischen aus seiner schwarzen Lederjacke einen Ausweis gezogen hatte und Klaus über den Tisch zuschob.

„Wir sind beide vom Bundesnachrichtendienst und geben uns nur zur Deckung als Reporter aus. Zeig ihm deinen Ausweis auch mal", sagte er zu seinem glatzköpfigen Kollegen. „Ich heiße übrigens Braun und mein Kollege Rose, wie auf unseren Karten."

Er sah Klaus fest in die Augen und wurde etwas lauter: „Jetzt will ich die Einzelheiten über den Schmugglerring hören!"

„Da werde ich Sie weiter enttäuschen müssen. Sie können sein, wer Sie wollen – meine Verschwiegenheitspflicht gilt auch Ihnen gegenüber."

Braun zuckte. Sein Adamsapfel sprang auf und ab. Er wandte sich an seinen Kollegen, dessen Ohren rot angelaufen waren. „Sag du es ihm."

Rose beugte sich nach vorne und wischte sich über seinen Mund. „Herr Angermann, wir wissen, dass Sie mit Ostberlin konspirieren. Sie besorgen der so genannten DDR Devisen. Die finanziellen Mittel stammen aus Antiquitätengeschäften und dem Kunsthandel in der Schweiz. Wir beobachten Sie bereits seit mehr als einem Jahr und stehen nun vor der Entscheidung, ob wir Strafanzeige gegen Sie bei der Staatsanwaltschaft stellen sollen."

Klaus lehnte sich in seinem Sessel zurück. Der Schreck musste erst einmal verdaut werden. Er griff nach seiner im Aschenbecher liegenden Pfeife, die kalt war. „Wie kommen Sie zu einem derart unqualifizierten Vorwurf? Ich handele rechtlich einwandfrei, und die Herkunft der Gelder interessiert mich nicht."

„Wir verfügen über handfeste Beweise, Herr Rechtsanwalt. Und unsere Rechtsabteilung hat die Rechtswidrigkeit Ihres Handelns bestätigt."

„Und mir liegt ein Gutachten vor, aus dem sich zweifelsfrei ergibt, dass der Ankauf der Devisen rechtlich korrekt ist." Klaus stopfte seine Pfeife. „Was wollen Sie eigentlich von mir? Ihr Interesse an dem Drogenhandel ist doch nur vorgeschoben", sagte er.

Die beiden Männer schauten sich erneut an. „Erkannt", sagte der ältere. Er räusperte sich. „Wir könnten uns vorstellen, dass wir im Hinblick auf das auch uns bekannte Gutachten die Sache auf sich beruhen lassen, wenn Sie uns bei der Besorgung von Informationen über Einzelheiten des Devisenhandels und ihre Drahtzieher behilflich sind."

„Ich soll also Ihr Agent werden?"

„Nein, Informant wäre wohl das bessere Wort."

„Sie wollen mich also erpressen."

„Aber nein, davon kann keine Rede sein. Sie werden uns lediglich von Fall zu Fall über Einzelheiten bestimmter Vorkommnisse in Kenntnis setzen, die wir Ihnen noch detailliert mitteilen werden."

Klaus dachte nach und zündete sich die Pfeife an. Natürlich war das Erpressung. Aber was sollte er tun. Sollte er es auf eine Anzeige ankommen lassen? Darin läge ein nicht kalkulierbares Risiko. Außerdem wollte er auf die erheblichen Einnahmen aus seiner Geschäftsverbindung in Ostberlin nicht verzichten. Die Männer warteten auf seine Antwort.

Als Klaus weiter schwieg, fügte Braun den Ausführungen seines Kollegen süffisant an: „Und wir kennen Ihr Konto in Liechtenstein."

Klaus lief rot an. „Also gut – und wie soll das laufen?"

Sein Gegenüber grinste. „Sie erhalten von uns als Reporter des Spiegels von Fall zu Fall einen Fragenkatalog – mündlich, versteht sich, und gelegentlich fragen wir Ihre Informationen ab oder wir finden einen anderen Weg. Und Stillschweigen ist selbstverständlich, darin sind Sie ja geübt. Sonst lernen Sie uns kennen." Er schaute seinen Kollegen an, der nickte. „Das war's schon. Sie hören von uns. Auf Wiedersehen, Herr Angermann – auf gute Zusammenarbeit."

So ein Mist, sagte sich Klaus, als die beiden Männer gegangen waren. Nach drei doppelten Cognacs nahm er sich ein Taxi nach Hause. Noch nicht einmal mit Marie konnte er über den unliebsamen Besuch sprechen. Ihr Mitwissen an den Devisengeschäften war für ihn schon gefährlich genug, solange sie sich nicht wieder verstanden. Nichts als Ärger, sagte er sich.

– 27 –

Sie saßen an einem steilen Berghang in der Rhön, stemmten ihre Füße gegen den schwarzen Vulkanfelsen und genossen den Ausblick auf den Vogelsberg. Bernhard hatte bereits seinen Drachensegler aufgebaut und wartete zusammen mit seinen Kameraden auf den notwendigen Aufwind. Seit er Ruth vor einiger Zeit von seiner Leidenschaft erzählt hatte, hatte sie immer wieder versucht, ihn von dieser gefährlichen Sportart abzubringen – vergeblich.

Zusammen mit den anderen Drachenseglern beobachteten sie die vor ihnen aufgestellte Windfahne mit der Bitte an den Wettergott, dass sich die Thermik einstellen möge. Ruth wurde einfach nicht die Sorge los, dass Bernhard verunglücken könnte, der sich über ihre Ängstlichkeit lustig machte: „Hab d-dich do-doch nicht so“, sagte er zu ihr und legte seinen Arm um sie. „D-da kann überhaupt n-nichts p-passieren.“

„Das sagst du so“, antwortete Ruth. „Man liest doch immer wieder, dass einer abstürzt. Bitte, lieber Berndi, lass das sein, bevor noch etwas passiert.“

„Ich k-kann d-dir d-das nicht versprechen. Du machst d-dir keine Vor-vorstellung, wie himmlisch d-das ist, schier schwerelos d-durch die Luft zu sch-schweben. Einfach fantastisch.“ Sein Stottern hatte sich nicht verbessert.

„Und wenn ich dir verspreche, dass ich jeglicher Rangelei auf den Demos in Zukunft aus dem Weg gehe, hörst du dann auf mich?“

„Das ist etwas ganz anderes. Nein, nein, das kann ich nicht.“

Bernhard schüttelte den Kopf und schaute nach der Windfahne, die sich immer noch nicht bewegte. Stattdessen kamen die ersten Wolken von Westen auf und wuchsen zu immer größeren Türmen an. Als die ersten Segler ihre Drachen murrend abbauten, legte auch Bernhard sein Fluggerät wieder auseinander. Ruth ging ihm pfeifend zur Hand und hielt ihm den Transportsack auf.

„Ich wusste gar nicht, dass du pfeifen kannst“, sagte Bernhard lächelnd. Sie griff mit beiden Händen in sein lockiges Haar und küsste ihn auf seine vollen Lippen.

Ruth hatte sich anlässlich der Besprechung des Lehrerkollegiums einen Tag vor Schulbeginn mit ihren Kolleginnen und Kollegen bekanntgemacht. Sie war an diesem Sommertag leger und mit einem T-Shirt und Jeans gekleidet.

„Frau Winkler, wie sehen Sie denn aus?“, empfing die Direktorin sie. „Sie haben wohl vergessen, was ich Ihnen das letzte Mal zu unserer Kleiderordnung gesagt habe: Keine Hosen! Und überhaupt dieses knappe Oberteil. Das geht schon mal gar nicht.“

„Aber ich bin ja nicht im Unterricht. Das stört doch niemanden“, antwortete Ruth.

„Aber doch, Sie sind in der Schule und haben jederzeit Vorbild zu sein. Ich möchte das nicht wiederholen müssen.“

Ruths Kollegen schauten verlegen weg, und einige Kolleginnen taten so, als ob sie etwas in ihren Taschen suchten. Das fängt ja gut an, sagte sich Ruth, und schluckte.

Die Besprechung dauerte über zwei Stunden, und alle waren erleichtert, als die Direktorin schließlich die Sitzung beendete, aufstand und in ihrem Zimmer verschwand.

„Wer kommt mit mir noch auf einen Schoppen in den Hirsch?“, fragte der Kollege mit dem struppigen Schnauzbart, den Ruth von Anfang an sympathisch gefunden hatte.

Es war eine große Runde, die sich in der Gartenwirtschaft einfand. Sie saßen an einem langen Tisch, Ruth in der Mitte zwischen dem Schnurrbart und der Kollegin mit dem kurzgeschnittenen Haar und einer großen schwarzen Brille.

Der große Zwölfer-Bembel, den Ruth zu ihrem Einstand bestellt hatte, machte seine Runde. „Auf einen guten Anfang“, erklärte der schnurrbärtige Kollege, erhob sein Glas und stieß mit Ruth an.

„Na ja", meinte sie, „ich habe ja gleich eins abgekriegt. Und ganz schön heftig."

„Das wird nicht das letzte Mal gewesen sein", grinste der ihr gegenübersitzende Kollege. „Sie ist halt noch von der alten Schule, da werden Sie nicht geschont werden."

„Aber man muss sich ja nicht alles gefallen lassen."

„Ja, nicht alles", sagte die schwarze Brille, „aber zu viel Auflehnung bringt bei ihr auch nichts. Sie ist und bleibt erzkonservativ."

„Und was soll das jetzt heißen?"

„Sie werden sich morgen wundern. Wenn Sie die Klasse betreten, stehen alle auf und rufen im Chor: Guten Morgen, Frau Lehrerin."

„Das gibt es doch nicht!"

„Aber ja. Und dann kommt es noch härter. Die Klasse erwartet, dass die Lehrerin mit ihnen ein Morgengebet spricht. Eher setzen die Kinder sich nicht."

„Das gibt es bei mir nicht, das sage ich Ihnen gleich. Das ist doch längst überholt."

„Na, da werden Sie sich wundern. Irgendein Kind wird Sie verpetzen oder zu Hause von ihrer neuen Lehrerin erzählen – und dann geht es los: Erste Abmahnung, Überstunden und Pausenaufsicht."

Ruth lehnte sich zurück und holte tief Luft. Sie schob ihre Haare hinter die Ohren: „Mir scheint", sagte sie schließlich, „da werden wir einiges ändern müssen. Nicht die Schulleitung, sondern das Lehrerkollegium hat die Gestaltung des Unterrichtes festzulegen. Wir sind es, die in den Klassen stehen und die Schüler nicht nur besser kennen, sondern sie auch lebenstüchtig für unsere moderne und aufgeklärte Gesellschaft machen müssen."

„Und wie wollen Sie das bewerkstelligen?"

„Wir müssen die Kinder von den überholten Ansichten ihrer altmodischen Eltern befreien, wir müssen ihnen den Weg weisen in eine neue soziale Gesellschaft."

„Das klingt sehr revolutionär", sagte die schwarze Brille, „aber ich bin ganz Ihrer Meinung. Man muss ja nicht gleich das Kind mit der Badewanne ausschütten, aber ich meine, dass es geradezu die Aufgabe von uns Pädagogen ist, nicht nur zu diskutieren, sondern auch zu handeln."

„Wo wäre das erfolgversprechender als in der Schule?", sagte der Schnurrbart. „Aber das gibt Ärger, das sage ich euch gleich." Der Schnurrbart griff nach seinem Glas und trank es in einem Zug leer.

„Und da wäre noch das Thema Gesamtschule. Das ist die längst fällige Änderung des Schulsystems. Nur so kann die Klassengesellschaft künftig mit Erfolg geändert werden", sagte Ruth. „Mit der Einführung der Mengenlehre und so einem Quatsch ändern Sie nicht die Gesellschaft." Ruth blies sich eine Haarsträhne aus der Stirne.

„Also gut für heute", sagte der Schnurrbart, „dieses Thema wird uns bis zur Einführung der Mengenlehre im nächsten Jahr noch genug beschäftigen. Und", er runzelte die Stirne und hob den Zeigefinger, „diese Diskussion heute müssen wir des lieben Friedens willen nicht an die große Glocke hängen, das gibt nur unnötigen Ärger."

Bernhard und Ruth waren zu Beginn des neuen Jahres ins Nordend umgezogen. Die große Dreizimmerwohnung in dem Mietshaus aus der Gründerzeit bot ihnen im Gegensatz zur Zweizimmerwohnung in Sachsenhausen nunmehr ausreichend Platz, so dass sich jeder ein Arbeitszimmer einrichten und ungestört arbeiten konnte.

In einer Seitenstraße der Rothschildallee hatten sie bald ihren Lieblingsitaliener gefunden. Als sie ihre Bestellung aufgegeben hatten, griff Ruth nach Bernhards Hand. „Schatz", sagte sie, „ich werde dich kommendes Wochenende alleinlassen müssen. Ich hatte dir ja schon von Karin erzählt, mit der ich in Berlin in einer WG gewohnt habe."

Bernhard nickte.

„Sie hat heute Nachmittag angerufen und mich gefragt, ob ich nicht an der Frauendemo in Berlin mitmachen will."

„Wenn du meinst. Du musst mir aber versprechen, dass du jeder Rempelei mit der Polizei aus dem Weg gehst.“

„Versprochen. Aber du musst mir versprechen, dass du nicht in die Rhön fährst.“

Auf der Straße des 17. Juni hatten sich tausende von Frauen versammelt. „Mein Bauch gehört mir“ und „Weg mit § 218“ stand auf den Spruchbändern und auf den Schildern, die im Stakkato der Rufe der Frauen in den Himmel gehoben wurden.

Ruth hatte einen Platz in einer der ersten Reihen des Demonstrationszuges gefunden und sich bei ihren Genossinnen eingehakt. Vor ihr lief Karin, deren Stimme sich bei den Sprechchören fast überschlug. „Gegen Männergewalt“ riefen sie, als die Polizisten ihnen zu nahe kamen.

Als sich nach Stunden die Demonstration auflöste, fuhr sie mit Karin nach Kreuzberg zurück. In der Küche hatte sich nichts verändert. Der Tisch wackelte immer noch, Che Guevara und Mao blickten von der Wand kampfbereit in die Frauenrunde, nur das schwarz-weiß-Plakat von Ulrike Meinhof hatte sich dazugesellt. Sie machten sich ein Bier auf und erzählten aufgeregt von ihren Erlebnissen.

„Ihr habt Recht“, sagte Christa, „ich habe es satt, von den Männern bevormundet zu werden. Die meinen immer noch, sie seien die Kings.“

„Und wir müssen unbedingt die gleiche Bezahlung für die Frauen wie für die Männer durchsetzen“, sagte Ingrid, die Ruth nicht eines Blickes würdigte, „Gleichberechtigung ist das Stichwort!“

Ruth hatte sich ein weiteres Bier aus dem Kühlschrank geangelt und öffnete es mit einem Druck ihrer beiden Daumen gegen den Drahtbügel. „Und eins will ich euch sagen: Kein Arzt und kein Pfarrer hat das Recht, über unseren Körper zu bestimmen – kein Mann!“

„Und was tust du dagegen?“ Das war das erste Mal an diesem Abend, dass Ingrid Ruth direkt ansprach. Sie hob auffordernd ihr Kinn.

Ruth wich ihrem Blick nicht aus. „Ich bin in der GEW aktiv und kämpfe in der Frauenunion für unsere Rechte. Wir gehen auf die Straße, veranstalten in den Fabriken Agitationen und machen vor der kapitalistischen Gewalt keinen Halt."

Es war in Frankfurt ein sonniger Tag. Die Leute hatten am Monatsanfang ihr Geld bekommen, das anscheinend sofort ausgegeben werden musste, und schleppten in großen bunten Tüten ihre Einkaufsbeutel nach Hause.

Bernhard war mit seinen Freunden in die Rhön gefahren und Ruth stand mit ihren Freundinnen an der Hauptwache vor dem Treppenabgang zu den U-Bahnen in der Menschenmenge. Sie riefen im Chor: „Wir haben abgetrieben, wir haben abgetrieben."

Am lautesten schrie ihre amerikanische Freundin Babe, die in ihrem Übermut im Takt ihr Shirt über das Kinn hob und ihre Brüste zeigte.

Die Leute reagierten unterschiedlich. Die Männer schielten über ihre Schultern nach den Demonstrantinnen, die Frauen zogen ihre Männer von der Demo weg und versuchten gleichzeitig, ihren Kindern, die unbedingt hochgehoben werden wollten, die Augen zuzuhalten.

Die Sirenen der Polizeifahrzeuge waren bereits von weitem zu hören. Das animierte die Demonstrantinnen, die Internationale anzustimmen, bis die Trillerpfeifen der Polizisten sie zu übertönen versuchten.

„Gehen Sie auseinander!", schallte es aus den Lautsprechern der Polizei. „Die Demonstration ist nicht genehmigt, gehen Sie auseinander."

Die ersten Buh-Rufe der Passanten kamen auf und die Demonstrantinnen liefen sternförmig in verschiedene Himmelsrichtungen auseinander, immer zu zweit, wie sie das verabredet hatten. Die einen in die Schillerstraße, die anderen zum Roßmarkt, in die Kaiserstraße und zur Katharinenkirche.

Babe und Ruth hatten sich im Steinweg vor dem Kino aufgestellt und hielten das Cover des Sterns mit den zahlreichen Portraits der Frauen vor sich, die sich zur Abtreibung bekannt hatten.

Sie verhielten sich wie die Zeugen Jehovas, die ebenfalls nur zu zweit auf den Straßen standen und den Wachturm schweigend zum Kauf anboten. Die Polizisten blieben hilflos vor den demonstrierenden Frauen stehen und nahmen es schweigend hin, dass so mancher Passant sein Schmunzeln nicht unterdrücken konnte.

Ruth war mit einigen ihrer gleichgesinnten Genossinnen nach ihrer Veranstaltung in Sachsenhausen auf der Insel eingekehrt. Die Frauen feierten ihren Erfolg und sangen zum Abschied die Marseillaise.

Babe begleitete Ruth nach Hause, wo sie auf André und Bernhard warten wollten, bis diese von ihrem Ausflug wieder zurück waren.

Ermattet warfen sie sich auf das Sofa. „War das ein toller Tag", sagte Babe.

„Das war super."

„Das sollten wir öfter machen."

„Gibt es das bei euch in den USA auch?"

„Ja, wir veranstalten vor allem Sit-ins, bis die Polizei uns wegträgt."

Ruth schlug sich auf ihren nackten Schenkel. „Das sollten wir das nächste Mal auch machen."

„Mitten auf der Hauptwache."

„Überhaupt, wir machen die Demos am Samstag zur Tradition."

„Und die Demos melden wir an. Dann gibt es nichts zu meckern."

Es schellte. Beide Frauen sprangen auf, um ihre Männer in die Arme zu nehmen. Als Ruth öffnete, stand André allein vor der Türe.

„Wo ist Bernhard?“, fragte Ruth.

André trat stumm in die Diele, er war blass, seine Hose war verschmutzt, er atmete schwer und roch nach Schweiß. Ruth sah Tränen in seinen Augen.

„Was ist los, wo ist Bernhard?“, fragte sie und folgte ihm ins Zimmer.

„Ruth, ich weiß nicht, wie ich es dir sagen soll.“ Er nahm beide Hände vor sein Gesicht und schluchzte auf.

„Bernhard, dein Berndi ist tot. Er ist abgestürzt, wir ...“

Ruth spürte, wie sie die Kräfte verließen. Ihr Knie gaben nach, es wurde dunkel vor ihren Augen. Sie hörte Babes Aufschrei nicht mehr. Sie versuchte, sich gegen ihre Schwäche zu wehren – vergeblich. Babe und André konnten sie nicht mehr auffangen, als sie zu Boden glitt.

– 28 –

Der Wind kam in Böen und trieb den Schnee vor sich her. Klaus hatte seine Mutter untergehakt, die ihren schwarzen Hut mit der anderen Hand festzuhalten versuchte. Bis zur Kirchentüre waren es zwar nur wenige Meter, doch der Weg schien noch zu lang, bis sie die Kirche endlich betreten konnten.

Klaus stockte der Atem. Obwohl er seine Mutter gebeten hatte, die studentische Verbindung seines Vaters erst nach der Trauerfeier von seinem Tod zu informieren, standen rechts und links neben dem aufgebahrten Sarg jeweils drei Burschen in vollem Wichs mit ihren Mützen, den rotbraunen Jacken und das schwarz-gelb-rote Bundesband quer über der Brust. Die weißen Hosen steckten in knielangen schwarzen Stiefeln und ihre Hände lagen auf dem Knauf ihrer Degen.

Klaus hatte sich während seiner Studentenzeit sehr gegen die Versuche seines Vaters gewehrt, ihn für dessen schlagende Verbindung zu gewinnen, so dass es zwischen den beiden heftige Auseinandersetzungen über den Sinn und Zweck dieser Männervereinigung gegeben hatte. Er war wütend über den Affront seiner Mutter, die die Beerdigung vorbereitet hatte und resolut auf den Sarg zuging. Sie flüsterte ihrem Sohn durch den schwarzen Schleier zu: „Das war der letzte Wunsch deines Vaters."

Bleich setzte Klaus sich auf die Kirchenbank. Er empfand es als erdrückend, dass die Burschen nach dem Vaterunser auch noch ihre Degen zogen und klirrend über dem Sarg seines Vaters kreuzten. Er löste seine Hand von dem Arm seiner Mutter, sprang auf und verließ die Kirche.

Klaus wartete in dem Café, das die Mutter ausgewählt hatte. Als die Trauergemeinde eintraf, ging sie auf ihn zu: „Wie konntest du mir das antun, mich und Vati so zu blamieren."

„Du bist gut. Du hast mich aufs schlimmste provoziert, obwohl du genau weißt, wie sehr ich das hasse. Du hast es bewusst darauf ankommen lassen, dass ich das schlucke."

„Ich wiederhole es: Es war bis zuletzt der Wunsch deines Vaters, als Alter Herr mit einer Wache seiner Verbindung geehrt zu werden."

„Und ich frage mich, für wen die Beerdigungsfeier eigentlich veranstaltet wird: Für den Toten, der nichts mehr davon mitkriegt, oder für die Hinterbliebenen. Sie sind es doch, die die Todesfeier so gestalten, wie sie es für sich brauchen, wie sie fühlen und sich von dem Verstorbenen verabschieden wollen. Neben allen anderen zähle auch ich dazu."

„Und ich wollte es so haben, wie Vati es sich gewünscht hatte. Das kann mir keiner vorhalten, auch du nicht." Sie brach in Tränen aus.

Klaus nahm seine Mutter in die Arme. Entgegen seiner ursprünglichen Absicht verzichtete er darauf, ihr davon zu erzählen, dass er in der Kirche die langjährige Freundin seines Vaters gesehen hatte – mit einem Taschentuch vor dem Gesicht heftig weinend.

„Ihre Frau möchte Sie sprechen", sagte seine Sekretärin und stellte das Telefongespräch durch.

„Klaus", sagte Marie mit ruhiger Stimme. „Ich habe dir deinen Stammhalter geboren."

„Wie bitte?", er sprang auf. „Ich werde verrückt. Einen Sohn!"

„Ja, Klaus. Einen prächtigen kleinen Jungen."

„Nein, das darf nicht wahr sein", rief er. „Wo bist du? Ich komme sofort."

„Im Privatkrankenhaus Sachsenhausen, wo ich schon Franziska auf die Welt gebracht habe."

„Also, ich komme sofort."

Klaus warf den Hörer auf die Gabel und lief ins Vorzimmer. „Ich habe einen Sohn!"

Beinahe hätte er seine Sekretärin umarmt. „Ich bin mal weg."

„Oh, ich gratuliere, das ist ja toll. Ich wimmele alle ab."

„Klasse, bis morgen."

Mit großen Schritten nahm er die Treppe. Sein Auto hatte er in der Nähe geparkt, und die Alte Brücke über dem Main war ziemlich leer, so dass er kurzfristig bei Marie war.

Er klopfte an die Türe, die die Schwester ihm genannt hatte. Marie lag im Bett, das Baby im Arm. Sie winkte ihm zu, hob den Buben so weit wie möglich hoch und lachte: „Hier ist dein Sohn."

„Zeig mal her." Klaus berührte den Säugling. „Ich bin ja so glücklich! Ich habe ja gar nicht gewusst, dass es schon so weit ist. Hast du mich aber überrascht."

„Das wollte ich auch. Er ist genau zur berechneten Zeit auf die Welt gekommen", sagte sie ernst und blickte ihm fest in die Augen.

„Das hat du gut gemacht, sehr gut, meine liebe Marie." Er streichelte über ihren Kopf und gab ihr einen innigen Kuss.

„Wie wollen wir ihn nennen? Was hast du überlegt?"

„Also was hältst du von David?"

Klaus lachte. „Der in der Löwengrube."

„Klar, das ist doch ein schöner Männername."

„David Angermann – ja, das ist sehr gut, das machen wir." Er umarmte sie, soweit dies im Bett möglich war. „Und den Blumenstrauß bringe ich dir morgen mit."

„Ihre Frau ist noch einmal eingeschlafen", flüsterte die Schwester, als Klaus am nächsten Morgen mit einem Strauß weißer Rosen die Station betrat. „Sie können Ihren Sohn gerne sehen. Ich muss den strammen Burschen jetzt sowieso wickeln, bevor er gestillt wird", sagte sie.

David hatten den gleichen schmalen Kopf und die eng anliegenden Ohren wie er, stellte Klaus fest. Das beruhigte ihn. Das Vaterschaftsgutachten kann warten, sagte er sich. Er ließ sich von der Schwester den Jungen in den Arm legen und wiegte ihn vorsichtig, bis sie ihn wieder an sich nahm. Er verabschiedete sich mit einem zarten Kuss.

„Guten Morgen", sagte Marie, als Klaus ihr Zimmer betrat. „Ach, was für herrliche Blumen. Die müssen wir gleich mal in die Vase stellen."

„Ich habe David schon besucht", sagte Klaus, „kannst du ihn stillen?"

„Ja, das geht gut. Er ist nur sehr stürmisch." Sie strich sich über die Haare. „Entschuldige, ich muss ja schlimm aussehen", sagte sie, „aber ich war heute noch nicht unter der Dusche."

„Macht gar nichts."

„Ich werde übermorgen entlassen."

„Und wo gehst du hin?" Klaus war über seine Frage selbst überrascht.

„Ja, nach Hause in meine Wohnung in Seckbach. Was für eine Frage."

„Na ja, irgendwann müssen wir ja entscheiden, wie es mit uns weitergeht." Er nahm ihre Hand. „Jetzt wo der Kerl da ist und mir so ähnlich sieht ..." Er lächelte ein wenig. „Jetzt wäre doch der richtige Zeitpunkt, wieder nach Hause zu kommen."

„Das kommt für mich etwas plötzlich, Klaus", sagte sie und drehte sich auf die andere Seite.

Klaus sagte nichts. Er legte seine Hand auf ihre Schulter und spürte, wie ihr Körper zuckte. Marie weinte.

„Lass mich erst mal zurück in meine Wohnung. Ich möchte mich in Ruhe um mein Baby kümmern. Dann schauen wir weiter."

Damit hatte Klaus nicht gerechnet. Aber er spürte, dass jetzt jedes weitere Wort zu diesem Thema zu viel gewesen wäre.

„Gut", sagte er schließlich, „lass uns später darüber sprechen. Es eilt nicht. Aber sag mir rechtzeitig Bescheid, damit ich dieses neumodische Wasserbett besorgen kann, das du dir schon immer gewünscht hast." Er lachte.

Sechs-Tage-Rennen waren schon immer seine Leidenschaft. In diesem November sollte das letzte Rennen in Frankfurt stattfinden. Das durfte er sich nicht entgehen lassen.

Klaus hatte seinen Freund Norbert eingeladen und einen Tisch im Inneren der Arena gefunden. Die Rennfahrer drehten mit schwindelerregender Geschwindigkeit ihre Kurven und donnerten an den nahe an der Bande sitzenden Zuschauern vorbei, die ihre gewonnenen Wetten mit Sekt feierten.

„Ich muss mal auf die Toilette", sagte er zu Norbert, der zwei fröhliche Mädel an den Tisch geholt hatte. Auf dem Weg begegnete ihm zu seiner Überraschung der Mitarbeiter des BND, der ihn vor einiger Zeit als Spiegel-Reporter im Büro besucht hatte. Als Klaus noch nach seinem Namen suchte und sich ihre Wege bereits kreuzten, steckte ihm der Mann ein Stück Papier in die Hand und ging grußlos weiter.

Klaus war konsterniert. In der Toilette hatte er Gelegenheit, den zusammengefalteten Zettel zu öffnen. Er las: „Morgen um 7:00 Uhr im Dom. Gib den Zettel der Frau mit Knoten im roten Haar." Es folgten dann im Text drei vollständige Namen, die ihm nichts sagten. Nur der Zusatz im Text gab ihm Aufschluss: „Diese Leute wollen wir haben. Nennt eure Bedingungen."

Klaus steckte den Zettel nachdenklich in die Tasche. So lief das also. Er hatte sich schon gewundert, dass er von den Agenten des BND nichts mehr gehört hatte. Aber jetzt hatte er einen Auftrag, den er erfüllen musste, ob er wollte oder nicht.

Er war pünktlich am Dom und wunderte sich, dass schon geöffnet war. Als er die große Türe aufdrückte, empfing ihn Kälte und Dunkelheit. Kein Mensch war zu sehen, obwohl er bis zum Hauptaltar vorgegangen war. Er drehte sich um: Leere.

Also setzte er sich in einen Seitenflügel auf eine Bank, die Türe noch gerade so im Blick. Er schaute auf die Uhr, als der Vorhang des linken Beichtstuhls sich öffnete und eine Frau heraustrat. Sie trug eine Sonnenbrille und hatte ihren Mantelkragen so hochgeklappt, dass er den Haarknoten kaum erkennen konnte. Aber rothaarig war sie, das konnte man nicht übersehen.

Die Frau ging zielstrebig auf ihn zu und ohne ein Wort zu verlieren, setzte sie sich neben ihn. Ihre Hand öffnete sich und ihr Zeigefinger bog sich fordernd.

Klaus griff in seine Jackentasche. Er wusste nicht, ob und was er sagen sollte. Langsam und mit einem vorsichtigen Rundblick vergewisserte er sich, dass sie nicht beobachtet wurden. Er überreichte ihr den Zettel. Sie ließ ihn gefaltet, steckte ihn in ihre Manteltasche und erhob sich, ohne ihn eines Blickes zu würdigen.

Klaus schaute ihr nach, bis sie den Dom verlassen hatte. Dann erhob er sich, schüttelte den Kopf, warf noch einen Blick auf das Kruzifix, das über dem Altar hing, und verließ das Gotteshaus. Erst jetzt bemerkte er, dass die große Türe leicht quietschte.

„Klaus“, sagte Marie am Telefon, „David ist krank. Schwer krank. Er liegt seit Tagen im Clementinen.“

„Um Gottes willen, was hat er denn?“

„Er hat eine Nierenbeckenentzündung.“

„Nein, wie kann denn das passieren?“

„Vielleicht hat er bei dem heißen Wetter zu wenig getrunken oder sich infiziert. Ich weiß es nicht.“

„Haben die im Krankenhaus nicht aufgepasst?“

„Kann sein. Keiner gibt mir auf meine Fragen eine gescheite Antwort.“

„Verdammt“, Klaus wechselte den Hörer in die andere Hand. „Ich will ihn sehen.“

„Das ist nicht so einfach. Er hat ein Katheter gelegt bekommen und muss absolute Ruhe haben. Ich darf auch nicht zu ihm und …“ Sie fing an zu weinen. „Ich darf ihn noch nicht einmal stillen.“

„Herrgott, das gibt es doch nicht.“

„Klaus, es ist furchtbar.“ Sie stockte. „Heute Abend um sechs Uhr ist Besuchszeit. Wollen wir uns dort treffen? Du weißt, das Kinderkrankenhaus hinter dem Zoo.“

„Ja, also bis nachher.“

Sie trafen sich im Eingang des Krankenhauses und wurden von einer Schwester zu einem Krankenzimmer geführt, das sie nicht betreten durften. Durch eine große Scheibe konnten sie ihren kleinen Sohn betrachten, der an mehreren Schläuchen hing, aber ganz ruhig in seinem Bettchen lag.

Klopfen an der Scheibe machte auch keinen Sinn. Sie schauten sich verzweifelt an und Tränen traten in ihre Augen. Klaus griff nach ihrer Hand und zog Marie an sich.

Sie blickten sich an. „Klaus, ich will wieder nach Hause, ich kann nicht allein sein. Ich brauche deine Hilfe. Und“, fügte sie hinzu, „Franziska braucht ihren Vater. Sie fragt immer nach dir.“

Klaus zögerte nicht. „Komm, wann du willst“, sagte er. „Wir müssen jetzt zusammenhalten. Ich fühle mich auch so einsam und alleine.“ Er wischte ihr die Tränen aus den Augen und zog sie zum Ausgang, während sie David eine Kusshand zuwarfen.

Klaus wunderte sich zunehmend, dass er keinen Auftrag mehr aus Berlin zum Ankauf von Wertpapieren bekam. In der Vergangenheit lagen zwischen den Besuchen des Kontaktmanns drei bis fünf Wochen, aber drei Monate hatte er noch nie warten müssen.

Wer war diese Frau, die er im Dom getroffen hatte? Sie konnte eigentlich nur eine Agentin aus Ost-Berlin sein. Wer steckte dahinter? Darauf gab es verschiedene Antworten, aber keine konnte ihn zufriedenstellen. Vielleicht konnte ihm Müller eine Erklärung geben, der sich für den nächsten Dienstag angesagt hatte.

Sein Führungsoffizier war immer noch so langweilig gekleidet, wie Klaus ihn kennengelernt hatte. Grau in grau. Und er war noch ebenso einsilbig, wie er ihn aus Berlin in Erinnerung hatte.

„Herr Angermann“, sagte er, als sie sich gesetzt hatten, „kommen wir gleich zur Sache. Ohne uns zu kontaktieren, ja ohne uns zu fragen, haben Sie sich vom BND anheuern lassen." Er wurde lauter: „Ja, was denken Sie denn, wer Sie sind? Wir haben nie über die Abschiebung von Republikfeinden aus der DDR gesprochen, aber Sie spielen für den BND den Boten."

„Ich hatte keine Wahl, ich musste da mitmachen. Sonst hätten die mich auffliegen lassen."

„Aufgeflogen sind Sie längst, wie unsere Genossen ermittelt haben. Sie sind so was wie ein Doppelagent, und die leben nicht lange."

Klaus unterbrach ihn. „Ich wollte doch nur ..."

„Seien Sie ruhig, jetzt rede ich", schrie Müller. „Für die Abschiebung von Verrätern haben wir unsere eigenen Leute – auf beiden Seiten. Da brauchen wir Sie nicht."

„Aber die Leute vom BND wissen, wo die Gelder für die Devisenkäufe herkommen und alle weiteren Einzelheiten. Die sind gut informiert."

„Und wir auch, Herr Angermann. Und jetzt ist Schluss. Ihre Tätigkeit ist beendet."

„Und was sage ich dem BND?"

„Gar nichts. Sie wissen, dass Sie zur Verschwiegenheit verpflichtet sind", er zeigte mit dem Zeigefinger auf ihn, „sonst ist das Konto in Liechtenstein auf einmal leer, das sage ich Ihnen. Und", er zog mit der Handkante über seinen Kehlkopf, „denken Sie an Ihre Familie."

– 29 –

Sie hatten die Urne mit Bernds Asche auf dem Südfriedhof beigesetzt. Nachdem der letzte Trauergast Ruth kondoliert hatte, wählte sie den hinteren Ausgang zum Hainer Weg. Sie wollte alleine sein und hatte alle gutgemeinten Angebote, sie nach Hause zu begleiten, dankend ausgeschlagen.

Vergeblich suchte sie den Kleinen Schafshofweg, der zu Bernds Atelier führte. Sie nahm also die nächstbeste Abzweigung durch die Schrebergärten. Ob das nun der richtige Weg war oder nicht, würde sich zeigen.

Ruth suchte nach dem Totempfahl, der das Wahrzeichen von Bernds Atelier war, konnte ihn aber nicht finden. Als sie schließlich mit der Hilfe von Passanten das Grundstück erreicht hatte, konnte sie es nicht fassen: Bernds Totempfahl war zusammengebrochen. Nur noch die zerbröckelten Reste, die die Holzwürmer zurückgelassen hatten, häuften sich auf der Erde.

Kniend ließ sie die Holzspäne durch die Finger gleiten und schrie ihren Schmerz in die Bäume. Seit Bernds Tod hatte sie sich nicht ein einziges Mal erlaubt, sich so gehen zu lassen. Sie begann ihre Trauerzeit.

Ruth ließ in ihrer Wut und Verzweiflung über Bernds Tod ihrer Aggressivität freien Lauf. Sie prügelte sich in Brokdorf aus Protest gegen den Bau des Atomkraftwerkes mit der Polizei, besuchte Kundgebungen gegen Atomwaffen sowie für die Gleichstellung von Mann und Frau. Besonders engagierte sie sich bei den Demonstrationen gegen die Wohnungsnot und Bodenspekulation in Frankfurt. Sie scheute keine Auseinandersetzung mit den Ordnungskräften.

Sie nahm am Wochenende an einem Protestmarsch in der Innenstadt teil, der sich gegen den Extremistenbeschluss der Regierung richtete und der vor allem von Linksradikalen und der Deutschen Kommunistischen Partei organisiert war. Die Demonstranten zündeten Autos an und schlugen Scheiben ein.

Als sie am folgenden Montag in die Schule kam, wurde sie gleich zur Direktorin gerufen. Ruth ahnte Schlimmes, als die Direktorin sie nicht einmal begrüßte und ihr auch keinen Stuhl anbot – sie ließ sie einfach stehen.

„Frau Winkler", sagte die Direktorin mit schriller Stimme, „Sie haben gestern an der Veranstaltung der DKP und der Linken gegen den Radikalenbeschluss der Regierung teilgenommen."

„Ja", antwortete sie. „Was ist daran auszusetzen?"

„Weil Sie damit ihre Gesinnung als Linksradikale offenbart haben."

„Man kann auch links sein, ohne gleich als radikal bezeichnet zu werden."

„Dann schmeißt man aber nicht mit Steinen", schrie die Direktorin.

Ruth spürte ihr Herz schneller schlagen. Wer hatte sie verraten? Sie zögerte und trat einen Schritt zurück.

„Habe ich doch nicht", sagte sie.

„Sie lügen, Frau Winkler. Es gibt Zeugen."

Ruth schüttelte den Kopf. „Das können Sie mir nicht erzählen."

„Doch, Frau Winkler. Mich hat eben der Vorsitzende des Schulelternbeirates angerufen. Er ist Leiter der Filiale der Dresdner Bank am Opernplatz. Er hat deutlich gesehen, wie Sie aus der Gruppe der Demonstranten einen Pflasterstein gegen die Frontschaufensterscheibe der Bank geworfen und sie zertrümmert haben."

„Das kann nicht sein!", antwortete Ruth mit erhöhter Stimme und wechselte ihre Haltung. „Das war ich nicht."

„Ich vertraue Herrn Schubert uneingeschränkt. Er hat keinen Grund, Sie zu Unrecht anzuprangern, Frau Winkler", sagte sie mit Nachdruck. „Sie sind suspendiert, mit sofortiger Wirkung."

„Dazu haben Sie kein Recht."

„Aber doch, der Radikalenerlass richtet sich gerade gegen Personen wie Sie." Sie knallte ihren Bleistift auf den Schreibtisch. „Das Schulamt wird Ihnen kündigen, darauf können Sie sich verlassen."

„Ich habe ein Recht auf freie Meinungsäußerung. Machen Sie keinen Terror!"

„Sie werden auch noch frech. Das ist die Höhe!" Die Direktorin griff nach dem Bleistift und zeigte mit ihm auf Ruth. „Sie sind eine Terroristin. Jetzt reicht es. Raus mit Ihnen!"

Nachdem Ruth den Blauen Brief mit dem Entlassungsschreiben der Stadt erhalten hatte, fuhr sie nach Paderborn zu ihren Eltern. Sie hatte mehrere Nächte nicht geschlafen und jede Hoffnung auf eine positive Zukunft verloren.

„Kind", sagte ihre Mutter, „das ist ja alles furchtbar, ganz furchtbar. Erst der Tod deines geliebten Bernhard und dann der Verlust deines Lehramtes. Ich weiß gar nicht, was ich dazu sagen soll. Ich bin entsetzt."

„Und ich werde die Wohnung kündigen müssen. Ich verdiene nichts mehr und weiß nicht, wo ich unterkommen soll."

„Dann kommst du erst mal zu uns." Sie streichelte Ruths Hand. „Da findet sich schon ein Weg."

„Wie denn, wer nimmt schon eine gekündigte Lehrerin mit so einem verheerenden Zeugnis?"

„Na ja, du musst es zunächst mit Nachhilfeunterricht versuchen, bis du eine andere Arbeit gefunden hast."

„Ich weiß nicht. Ich habe mich bei mehreren Zeitungen als Journalistin beworben. Ich finde, das wäre ein toller Beruf und brauche dafür keine extra Ausbildung."

Sie rieb sich mit dem Handrücken die Tränen aus den Augen. „Mal sehen. Wenn ich doch nur meinen Bernd hätte, der würde mir helfen."

„Was war das für ein Mann? Magst du mir etwas von ihm erzählen? Ich habe ihn ja leider nie kennengelernt."

Ruth hatte sich die letzten Monate wieder die Haare wachsen lassen, die sie zu einem Pferdeschwanz gebunden hatte. Sie zog ihn durch die Finger, warf ihn nach hinten in den Nacken und holte tief Luft: „Berndi war ein ruhiger und abwägender Typ. Zurückhaltend und unpolitisch. Nicht ganz so groß wie ich. Aber hübsch mit seinem lockigen schwarzen Haar und seinen lieben Augen. Er stotterte gelegentlich – er konnte das nicht abstellen. Es störte ihn auch nicht. Er war so warmherzig." Ruth suchte eine trockene Ecke ihres Taschentuches.

„Mein Gott", sagte ihre Mutter, „dass so etwas passieren musste."

Sie goss Ruth etwas Tee nach. „Jetzt bleibst du erst einmal zu Hause, bis du dich erholt hast und wir dich guten Gewissens wieder gehen lassen können."

Ruth war den ganzen Nachmittag durch die Niddawiesen gelaufen und hatte sich über die blühenden Wiesen gefreut. Die Störche hatten bereits Junge, die schon mit den Flügeln schlugen. Sie pflückte sich einen Blumenstrauß und freute sich auf den Abend, an dem sie sich mit André und Babe im Café Bauer verabredet hatte.

Als sie das Lokal betrat, schlugen ihr Stimmengewirr und heftiger Zigarettenrauch entgegen. Ihre Freunde saßen mit einigen langhaarigen Studenten und ihren Mädchen in lebhaftem Gespräch zusammen. Auf der Bank fand Ruth Platz zwischen zwei Jungen.

Der Blonde fragte sie nach ihrem Namen.

„Ruth", sagte sie.

„Bist du jüdisch?"

„Nein, aber meine Mutter."

„Na, das können wir gerade noch durchlassen", grinste er. „Palästinenserin wäre mir lieber."

„Jetzt hör auf", mischte sich der andere ein, der sich sein schwarzes Haar zu einem Zöpfchen geflochten hatte. „Du musst wissen, dass Günther ein Herz für die Palästinenser hat und nicht verkraften kann, dass ihre Anschläge gegen die Israeli auf der Olympiade und die Entführung des Flugzeuges nach Entebbe fehlgeschlagen sind."

„Ja, das siehst du richtig", sagte Günther, „aber wir geben nicht auf."

„Und was studierst du?", fragte der mit dem Zöpfchen.

„Ich habe Biologie studiert", antwortete Ruth, „und du? Wie heißt du eigentlich?"

„Jürgen. Ich studiere Soziologie."

„Und wenn du fertig bist – was machst du dann?"

Er nahm einen Schluck Cola. „Ich will einmal zu Greenpeace."

„Das finde ich gut. Ich bin gegen den Walfang der Japaner."

„Und ich bin gegen die Jungrobben-Jagd, die ich widerlich finde", rief Babe über den Tisch.

„Der BUND, in dem ich bin, sollte sich mit Greenpeace zusammentun", sagte Ruth.

Sie öffnete ihren Pferdeschwanz und ließ ihre langen Haare auf die Schultern fallen. „Aber erst muss ich ein Zimmer finden, bevor ich auch noch auf der Straße sitze."

„Wieso?", fragte Günther. „Hast du kein Quartier?"

„Doch, aber ich habe gekündigt, weil ich die Wohnung nicht mehr bezahlen kann."

„Siehst du", sagte er zu Jürgen, „noch so ein Fall. Diese Wohnungsknappheit, die ist zum Kotzen."

„Was meinst du, passt in das Zimmer von Andrea nicht noch eine Matratze?" Er betrachtete Ruth von oben bis unten. „Eigentlich würde die doch ganz gut zu uns passen."

„Ja, aber du musst wissen", sagte Jürgen zu Ruth, „dass wir eine sehr freidenkende WG sind. Die Türen haben wir ausgehängt. Sex macht Freude."

Er kratzte sich am Kopf. „Bürgerliche Regeln gibt es bei uns nicht. Und einige Mädels haben Kinder – von wem auch immer." Er schmunzelte.

„Ich habe dieses spießige Leben satt", sagte Ruth. „Ich komme aus einem Elternhaus mit Rosenthal-Figuren hinter Glasscheiben im Wohnzimmerschrank, Perserteppichen, Silberbesteck an Feiertagen und Sonntagskleidung."

„Nee."

Sie beugte sich vor: „Und von großer Wichtigkeit ist der Stammtisch am Freitag mit den Honoratioren der Stadt und die Mitgliedschaft im Gemeinderat der Kirche – ich krieg zu viel!“

„Also gut“, sagte Jürgen, nachdem Günther zustimmend genickt hatte. „Für die nächsten drei Wochen kommst du bei uns in der Eppsteiner unter. Und wenn wir uns verstehen, kannst du bleiben. Deine Matratze kannst du mitbringen, für mehr ist kein Platz.“

Ruth hatte die gesamte Wohnungseinrichtung dem Entrümpler im ehemaligen Luftschutzbunker in Sachsenhausen verkauft und bei weitem nicht so viel erlöst, wie sie sich erhofft hatte. Sie hatte zwar inzwischen eine Tätigkeit als freie Journalistin bei einer Agentur gefunden, aber das Geld wurde knapp.

Bernhard hatte in seinem Lebensversicherungsvertrag nicht sie, sondern seinen Sohn als Begünstigten bestimmt, von dem sie erst nach seinem Tod erfahren hatte. Der Junge lebte bei seiner Mutter und war bereits im Schulalter. Warum hatte Bernhard ihr nicht von der früheren Partnerschaft mit dieser bildhübschen Frau erzählt, die Ruth erst bei der Beerdigung kennenlernte? Er war eben ein auf Harmonie bedachter Mensch, der Ruth alles ersparen wollte, was sie verärgern würde, erklärte sie sich.

Sie zog also mit ihrer Matratze und einem Koffer mit ihren Habseligkeiten in der Eppsteiner Straße ein. Ihre Zimmernachbarin war Andrea, eine kleine drahtige und schwarzhaarige Italienerin mit lebhaftem Temperament, die den Nachteil hatte, dass sie ständig reden musste. Die Themen waren für Ruth größtenteils uninteressant, nicht aber für Andrea, die allem Geschehen besondere Bedeutung beimaß.

Sie hing den Männern ständig am Hals und schien sie alle zu lieben. Keinen der Jungen der WG ließ sie aus und holte sie auf ihre Matratze, ob Ruth jetzt im Zimmer war oder nicht.

Das war Ruth dann doch zu viel. Wenn es nicht zu spät am Tag war, räumte sie dann das Zimmer und ging in den

Grüneburg-Park oder in eine Kneipe in Bockenheim. Sie kam nie dahinter, was Andrea nun studierte und wovon sie lebte.

Ruth gab gleich am ersten Abend ihren Einstand. Als sie mit zwei Flaschen Dujardin in den mit Kerzen beleuchteten Gemeinschaftsraum trat, tönte die Glockenstimme von Joan Baez im Hintergrund und ging der erste Joint um. Ruth klemmte sich zwischen Andrea und Jürgen, dessen Zöpfchen sie immer wieder faszinierte. Sie hatte ihr Haar geöffnet und bat ihn, ihr ebenfalls einen Zopf zu flechten.

„Ich weiß nicht, ob ich das hinkriege. Dreh dich mal", sagte er und begann, in ihre Haare zu greifen. Nach drei vergeblichen Versuchen küsste er sie langanhaltend in den Nacken und berührte mit der Hand ihre Brust. Sie spürte, wie das Haschisch seine Wirkung entfaltete. Andrea tanzte inzwischen mit einem blondhaarigen Mädchen und Günther machte mit einem kleinen nackten Jungen Hoppe-Hoppe-Reiter.

Die Rolling Stones heizten die Stimmung weiter an und Jürgen zog Ruth von der Matratze hoch, um mit ihr zu tanzen. Sie war vom Hasch bereits benebelt und hing mehr an ihm, als dass sie noch mit ihm tanzte. Sie sang, schwang die Arme in die Höhe und trank mit ihm das Glas Dujardin leer. Am liebsten wäre sie davongeschwebt.

Andrea hatte sich zu ihnen gesellt und umarmte beide. Ruth fühlte sich leicht wie eine Feder. In ihren Augen öffneten sich Bilder von Blumen und Vögeln mit zartem Gesang. Sie sank mit Jürgen und Andrea auf die Matratze, die sie in die Mitte nahmen und sie streichelten. Ruth war lange nicht mehr so glücklich und erwiderte die Zärtlichkeiten hingebungsvoll.

„Haschu Haschisch in den Taschen, haschu immer was zu naschen", flüsterte Jürgen ihr ins Ohr, während Ruth langsam erwachte. Sie schob Andrea auf die Seite und versuchte aufzustehen, als einer der Freunde in der Türe erschien.

„Da draußen steht ein Mann und will ins Haus. Habt ihr es nicht klingeln gehört?"

„Nee."

„Er sieht aus wie der Gerichtsvollzieher, der schon mal da war.“

„Lass den bloß nicht rein.“

„Bestimmt nicht.“

Der Mann draußen wedelte mit einem Papier und rief laut: „Machen Sie auf. Ich bin Gerichtsvollzieher. Sonst hole ich die Polizei zu Hilfe.“

Jürgen riss das Fenster auf. „Mach, dass du fortkommst.“

„Ich werfe Ihnen einen Räumungsbefehl des Gerichtes ein. Wenn Sie nicht bis 13 Uhr geräumt haben, komme ich mit der Polizei wieder.“

„Auf Wiedersehen, auf Wiedersehen!“, riefen die Frauen und Männer aus mehreren Fenstern der Wohnung und klatschten in die Hände.

„Jetzt wird es ernst“, sagte Jürgen, „wir machen einen Plan. Wir stellen alle Schränke und Tische vor die Türe und füllen die Eimer und Töpfe mit heißem Wasser. Sobald die Cops unten an der Haustüre sind, schütten wir das Wasser aus den Fenstern.“

Er reckte seinen Arm mit geballter Faust nach oben. „Und ihr“, er deutete auf die Frauen, „weicht so viel Seife wie ihr findet auf und verschmiert sie auf dem Dielenboden. Die fallen glatt auf die Fresse, wenn sie reinkommen sollten, und dann verprügeln wir sie. Die sollen einmal sehen, wie stark Kriegsdienstverweigerer sind.“

Ruth fand die Idee blödsinnig, aber die anderen offenkundig nicht. „Yeah“, riefen alle, „auf geht’s. Das gibt eine Gaudi.“

„Und merkt euch eins: Wenn wir Pech haben, gewinnt die Übermacht. Wenn die euch in Polizeigewahrsam stecken und vernehmen wollen: Kein Wort!“

Jürgens Faust öffnete sich zum drohenden Zeigefinger: „Absolutes Schweigen! So helfen wir uns gegenseitig. Ich habe einen Rechtsanwalt beauftragt, der vorne in der Kronberger Straße sein Büro hat und sofort rüberkommt, wenn es nötig ist. Folgt seinen Anweisungen!“

– 30 –

Marie hatte Theresa zu Besuch. Nachdem sie David gewickelt und in sein Bettchen gelegt hatte, tranken sie einen Campari und unterhielten sich über die neu eröffneten Geschäfte in der Innenstadt. Es dauerte nicht lange, bis es schellte und Klaus mit Ralf von ihrer Tagesreise aus Kassel zurückkehrten. Sie ließen sich erschöpft in die neuen Ledersessel fallen und streiften ihre Schuhe ab.

„Ich brauche dringend einen Whisky, am besten gleich einen doppelten. Ich habe den ganzen Tag keinen Alkohol getrunken", rief Ralf.

„Sofort, Sir. Da mache ich mit." Klaus sprang auf, um Eiswürfel zu holen. „Ist Johnny Walker recht? Black Label?"

„Ist mir vollkommen gleich. Hauptsache es ist Alkohol drin." Er grinste. „Schaut, meine Hand zittert schon."

„Hör auf mit dem Quatsch", sagte Theresa. „Erzählt mir lieber mal von der Kunstausstellung."

Klaus setzte sich und schlug auf seinen Oberschenkel. „Das war great, sage ich euch. Diese Documenta ist das Tollste, was ich je gesehen habe. Wir haben den Katalog mitgebracht, damit ihr seht, wovon wir reden."

„Und was war so spannend?", fragte Theresa.

„Vieles. Besonderer Anziehungspunkt war ein Typ …" Er schaute Ralf fragend an. „Wie hieß der mit dem Hut?"

„Beuss, B-e-u-s-s, oder so ähnlich."

„Ja, genau. Er scheint Anthroposoph zu sein, so macht er mir den Eindruck. Jedenfalls ist er Sozialphilosoph und bemüht, die Besucher mit seinen Thesen und Installationen, die kein Mensch versteht, zu provozieren."

„Das führt zu spannenden Diskussionen zwischen Besucher und Künstler. Manche tippen sich auch an die Stirne, wenn Beuys antikapitalistische Thesen verkündet und einen nicht zu Worte kommen lässt."

Ralf winkte ab. „Am besten haben mir die Plastiken von Serra gefallen. Die muss man einfach gesehen haben." Er trank einen Schluck. „Und was habt ihr den ganzen Tag gemacht?", fragte er Marie.

„Oh, wir sind auf den Spielplatz gegangen und haben die Sonne genossen. Außerdem hätten wir uns beinahe in die Haare gekriegt", sagte sie und nahm einen Schluck von dem roten Getränk. Sie lachte und streichelte Theresa über den Arm. „Meine Freundin, diese Vollblut-Engländerin, meint, ein Beitritt Großbritanniens in die EU täte uns gut."

„Das habe ich so nicht gesagt", sagte Theresa mit erhobener Stimme. „Aber England gehört einfach zu einem starken Europa, meine ich." Sie zog ihr Spitzentaschentüchlein aus dem langen Ärmel ihres Kleids und putzte sich die Nase.

„Also, ich weiß nicht", Klaus setzte sich aufrechter, „geopolitisch passt Großbritannien überhaupt nicht zu den Staaten auf dem Kontinent. Es hat in der Vergangenheit schon genug Ärger mit den Tommies gegeben." Er klimperte mit den Eiswürfeln in seinem Glas. „Und dann diese Labours. Wenn die sich mit unseren Sozis, die jeden Tag mehr Stimmen gewinnen, verbünden, na dann, gute Nacht, Marie." Lachend legte er seinen Arm um die Schultern seiner Frau.

Der Mittwochnachmittag war fixer Besprechungstermin bei seinem neuen Klienten. Klaus hatte sich sportlich gekleidet. Unter seinem großen Hemdkragen trug er ein buntes Halstuch und seine ausgestellten Hosenbeine waren der letzte Schrei.

Herr Salzmann hatte dafür keinen Blick und machte Klaus heftige Vorwürfe, dass das Haus in der Eppsteiner Straße immer noch nicht geräumt werden konnte. Für das ablehnende Verhalten des Bauamtes, des Gerichts und der Staatsanwaltschaft hatte er überhaupt kein Verständnis.

Klaus versuchte vergeblich, ihm die rechtliche Lage zu erklären. „Als erstes müssen wir eine Abrissgenehmigung bekommen", sagte er. „Ich habe schon mehrfach versucht, einen Termin bei dem Baudezernenten zu bekommen, aber der versteckt sich. Besetzte Häuser im Westend sind ein heißes Eisen."

„Dann setzen Sie sich vor sein Dienstzimmer, bis er endlich die Tür aufmacht. Und wenn Sie meinen, eine Spende für irgendeinen Fußballverein würde ihn in Bewegung setzen: Sie haben freie Hand."

„Ich tue mein Bestes, Herr Salzmann." Klaus schaute ihn nachdenklich an. „Aber wir müssen vorsichtig sein. Man vermutet, dass es geräumte Hausbesetzer waren, die letzte Woche kurz vor dem Richtfest das Selmi-Hochhaus angezündet haben."

Der Behördenweg dauerte länger als schon befürchtet. Klaus bangte bereits um sein Mandat. Aber endlich konnte er den Baudezernenten davon überzeugen, dass vor dem Bau eines neuen Wohnhauses erst einmal das veraltete abgerissen werden musste. Damit war der Weg für eine Räumung des Hauses frei. Als Klaus seinem Klienten von dem Erfolg berichtete, ließ Salzmann eine Flasche Champagner öffnen.

Der Morgenanfang hatte bei Angermanns einen festgeschriebenen Ablauf. Wenn der Wecker läutete, sprang Marie als erste aus dem Bett und bereitete das Frühstück zu. Drang der Kaffeeduft bis ins Schlafzimmer, hüllte sich Klaus in seinen Morgenmantel, tappte in die Küche, holte sich einen Morgenkuss bei Marie ab und streichelte Franziska über den Kopf. David schlief noch.

Die FAZ lag bereits auf seinem Platz und er griff als erstes nach dem politischen Teil, während Marie sich den Lokalteil angelte. Beide vertieften sich in die Zeitungslektüre.

„Mensch, Klaus", rief Marie plötzlich. „Schau mal, da ist ein Bericht über die Räumung des Hauses deines Mandanten. Und ein Bild ist auch dabei."

„Gib her", sagte Klaus und griff nach der Zeitung: Der Reporter schilderte ausführlich die Räumung des besetzten Hauses, die Schlägerei mit der Polizei, die Versammlung der Spontis vor dem Haus und den Transport der Besetzer in den Polizeigewahrsam.

„Ich werde verrückt," sagte er. „Sieh mal, wer da im offenen Fenster sitzt und gestikuliert. Das ist doch die Frau, die wir damals auf dem Pfad der Götter getroffen haben. Ruth hieß sie, glaube ich. Nee, das gibt es nicht."

„Zeig mal her." Marie hielt die Zeitung unter die Küchenlampe. „Ja, das könnte sie sein. Ob die nun Ruth hieß oder wie auch immer, ich weiß das heute nicht mehr."

„Ich bin mir da ganz sicher", sagte Klaus „Die Haare sind zwar ein ganzes Stück länger. Aber sonst hat sie sich kaum verändert. Hat sie nicht gesagt, sie lebe in Berlin?"

Marie zuckte mit den Achseln.

Klaus wurde nachdenklich. Er hatte den Gedanken an diese Frau nie ganz verdrängt. Als er und Marie sich seinerzeit vorübergehend getrennt hatten, hatte er öfter an Ruth gedacht und das leidenschaftliche Erlebnis mit ihr nicht vergessen. Er hatte sich geradezu nach ihr gesehnt, seine Träume aber für sich behalten. Von der verpassten Begegnung mit ihr in Berlin hatte er Marie nichts erzählt.

„Marie", sagte er schließlich, „hatten wir nicht vereinbart, dass wir uns nach zehn Jahren zu unserem gemeinsamen Geburtstag an derselben Stelle wiedersehen? Wir fanden die Idee gut und wollten dann von dem anderen erfahren, was er in der Zwischenzeit erlebt hat."

„Das kann sein, aber an Einzelheiten erinnere ich mich nicht mehr – nach so langer Zeit."

Klaus goss sich Tee nach und überlegte: Die damalige Absprache war nicht nur so dahingeredet, sie war von ihm und Ruth bei ihrem Abschied wiederholt worden. Das konnte er Marie natürlich nicht sagen.

Je mehr er darüber nachdachte, desto stärker wurde sein Wunsch, Ruth wiederzusehen. „Was hältst du davon, wenn wir zu meinem Geburtstag nach Kampanien fahren und wieder auf dem Pfad der Götter nach Positano laufen." Er legte seine Hand auf ihr Knie und streichelte sie. „Das hat dir damals doch so gut gefallen. Und wenn die Frau sich an unsere Verabredung hält, ist sie auch da."

„Klaus, ich glaube, du spinnst." Marie zog seine Hand weg. „Du bist ein unverbesserlicher Romantiker. Kommt gar nicht in Frage. Ich finde es geradezu idiotisch, nach zehn Jahren einfach auf gut Glück die weite Reise zu machen. Ich weiß nicht, woher du die Hoffnung nimmst, dass die Frau überhaupt noch an diese lose Verabredung denkt."

„Das war keine lose Verabredung, Marie." Klaus wurde ärgerlich. „Das war ein ernstes und festes Versprechen." Er trommelte mit seinen Fingern auf der Tischplatte „Und was ist, wenn sie sich daran hält und ich sie sitzen lasse?" Er beugte sich vor. „Das ist mehr als ein Spaß, Marie."

Sie tippte sich an die Stirne.

„Ach Mariechen", sagte er zärtlich, „sei doch nicht so. Komm doch mit. Wir machen es uns ganz schön, das verspreche ich dir."

„Nein, Klaus. Ein für alle Mal nein!" Sie stand auf und streichelte über seinen Kopf.

„Also gut, dann fahre ich eben allein. Wir können uns dann ja in Südtirol treffen und meinen Geburtstag nachfeiern."

„Von mir aus." Sie drehte ihm den Rücken zu und verließ die Küche.

Klaus quälten nach dem Gespräch mit Marie Zweifel, ob Ruth überhaupt noch an die gemeinsame Verabredung denken, geschweige denn diese Vereinbarung einhalten würde. Wenn er von ihr versetzt würde, hätte er die Reise nicht nur vergeblich gemacht, sondern hätte sich auch dem Gespött seiner Frau ausgesetzt, von seinen Freunden, denen er ja erklären musste, warum er nicht mit ihnen seinen runden Geburtstag feierte, einmal ganz abgesehen.

Klaus suchte nach einem Weg, mit Ruth Kontakt aufzunehmen. Das war schwierig. Denn er kannte nur ihren Vornamen und konnte sich das Datum ihres Geburtstages ausrechnen. Ob sie allerdings noch in Berlin war, wie sie damals erwähnte, bezweifelte er. So wie sie sich ausgedrückt hatte, schien es ihm, dass sie dort nur vorübergehend lebte. Und jetzt war sie auf einmal in Frankfurt.

Also entschloss sich Klaus, in der Neuen Presse, der Frankfurter Rundschau und der FAZ ein Inserat aufzugeben, in dem ein Klaus eine Frau namens Ruth suche, mit der er sich für den 18.10.1977 oberhalb Positano verabredet habe – sie möchte sich über die untenstehende Chiffre bei ihm melden.

Wenn Klaus diese Zeitungsanzeige auch selbst etwas obskur fand, so hoffte er jedoch, dass ihr ausgefallener Inhalt bei dem Leser Neugierde weckte und wahrgenommen werde.

Doch Klaus wartete vergeblich auf eine Antwort. Auch eine Wiederholung der Anzeige führte zu keiner Reaktion. Ebenso wenig die Inserate in den Tageszeitungen von Berlin, mit denen er es dann versuchte.

Also würde ihm nichts anderes übriggeblieben, als auf gut Glück die Reise zu unternehmen und dabei zu riskieren, dass er allein auf dem Felsen sitzen werde, wie es ihm Marie prophezeite.

Oder sollte er es gleich bleiben lassen – er fand keine befriedigende Antwort.

– 31 –

Die Spatzen stritten sich mit den Tauben um die Brotkrumen, die Ruth von ihrem Sandwich abbrach und ihnen zuwarf. Sie hatte von ihrem Platz auf der Terrasse der Cafeteria einen ungehinderten Blick auf den Mailänder Dom mit seiner prächtigen, ausladenden Fassade.

Wie lange war es her, dass sie in einer Kirche gewesen war? Sie hatte sich zwar von dem Katholizismus, der von ihrem Vater praktiziert wurde und das Leben der Familie Winkler prägte, durch ihren Auszug von zu Hause befreit. Auch hatte sie gelegentlich die Kaiser-Wilhelm-Gedächtnis-Kirche in Berlin besucht, aber dieses Gotteshaus war ihr zu protestantisch nüchtern und hatte mehr musealen als sakralen Charakter. Sie gab sich einen Ruck, zahlte und überquerte den weiten Platz.

In dem Dom empfing sie angenehme Frische. Sie setzte sich auf eine Bank und entspannte sich. Die vielen Besucher, die durch die Kirche schlenderten, störten sie nicht. Sie versank in Gedanken an ihre Eltern und Geschwister, an ihre erste Liebe, an ihr Studium und an ihre missglückte Tätigkeit an der Mühlbergschule. Ihr kamen die Tränen, als sie an ihren verunglückten Berndi denken musste. Konnte sie überhaupt noch mit einem Mann zusammenleben und Kinder haben, nachdem sie die Fehlgeburt hatte? Sie betete mit zitternder Stimme ein Ave-Maria.

Den Mann, den sie vor Jahren in Kampanien kennengelernt hatte, hatte sie nicht vergessen. Er hatte eine Männlichkeit ausgestrahlt, die Ruth damals animiert hatte, sich ihm hinzugeben. Er war nicht ganz aus ihrer Erinnerung gewichen, obwohl ihr bewusst war, dass er verheiratet war und bestimmt auch Kinder hatte. Was wohl aus ihm geworden ist, überlegte sie.

In zehn Jahren, so hatten sie sich damals mehr spaßeshalber als im Ernst versprochen, wollten sie sich an ihrem nächsten runden Geburtstag an der Stelle, an der sie sich kennengelernt hatten, wieder treffen und ihre Erlebnisse der letzten Jahre austauschen. Zu erzählen gäbe es da viel, dachte sie. Und neugierig wäre sie schon. Sehr sogar.

Das wäre jedenfalls ein Anlass, endlich einmal wieder ein paar Tage Urlaub zu machen, auf dem Pfad der Götter zu wandern und in dem noch warmen Meer schwimmen zu gehen. Und wenn dieser Mann nicht auftauchen sollte, wäre das zwar schade, aber auch zu verkraften.

Aber nein, sagte sie sich. Heute Abend ging ihr Zug nach Frankfurt und sie musste noch diese Woche der Agentur ihren Bericht über die Demonstrationen der Arbeiter, die in den Fabriken Italiens von den Industriellen ausgenutzt wurden, abliefern. Und wenn sie doch nach Kampanien fahren und ihren Bericht dort fertigstellen würde? Per Luftpost käme er noch rechtzeitig in ihrer Agentur an.

Sie konnte keinen Entschluss fassen. Herrgott, hilf mir, betete sie. Als sie vorgestern in Mailand angekommen war, stand auf der anderen Seite des Bahnsteigs ein Zug, der nach Neapel fuhr und der in ihr Sehnsucht nach Kampanien geweckt hatte. Einfach die andere Richtung wählen? Sie wusste es nicht und bekreuzigte sich.

Also, sagte sie sich während ihrer Fahrt im Taxi zum Bahnhof, jetzt spiele ich Roulette – rouge ou noir: Ich steige in den ersten Zug, der in den Bahnhof einläuft – Frankfurt oder Neapel.

Es machte ihr nichts aus, dass der erste Zug, der den Bahnhof in Mailand erreichte, nach Frankfurt fuhr. Dann sollte es so sein, sagte sie sich, und stieg ein.

***

Er hatte eine Verabredung. Klaus war früh von der Tenuta aufgebrochen. Das Glöckchen von San Antonio hatte gerade sechs Uhr geschlagen. Zwischen den Feigenbäumen glitzerte das Mare Tirreno, aus dem sich die steilen und kalkgrauen

Felswände erhoben. Er mied die herbstbunten Weinberge, um den Schlangen aus dem Weg zu gehen, und schritt bergan zum Pfad der Götter.

Es ging durch kniehohes, ausgedörrtes Gras und verwelkte Schafsgarbe. Klaus sog die frische Luft tief ein und genoss den Geruch von Thymian und Rosmarin, von Myrte und Wermut. Er konnte sich an den über dem Meer kreisenden Bergschwalben nicht sattsehen und dachte an Marie, mit der er vor zehn Jahren denselben Weg gegangen war. Er fand es nach wie vor schade, dass sie nicht mitgekommen war.

Nur der Schrei des Falken unterbrach die himmlische Ruhe, die über dem Land lag. Als aus dem über dem Meer liegenden Dunst die hochaufgerichtete Insel Capri auftauchte, jubelte er lauthals.

Der Weg zog sich. Als er sich langsam dem Ziel seiner Wanderung näherte, schaute er sich vergeblich nach den Türmchen um, die seinerzeit der Freund von Ruth aus Steinen aufgebaut hatte. Nach einer Biegung des Pfades entdeckte er den Felsen, der sich wie eine große Nase über das Meer schob. Er war kahl und leer und hatte jegliche Anziehungskraft verloren. Entschädigt wurde der Wanderer durch den fantastischen Ausblick auf das grün-blaue Meer und die capresischen Inseln.

Der Stein war von der mittäglichen Sonne zu sehr erhitzt, um auf ihm sitzen zu können. Klaus setzte sich in den Schatten eines Wacholderbusches mit Blick auf den Pfad, der aus den Büschen zu dem Felsen führte. Hier müsste Ruth auftauchen, wenn sie von Positano zu dem vereinbarten Treffpunkt kommen wollte.

In der heißen Mittagszeit schien die gesamte Natur zu schlafen. Kein Lüftchen rührte sich, kein Ton unterbrach die Stille. Nichts tat sich, rein gar nichts. Bei Klaus entstand der Eindruck, dass sich die Situation auch nicht mehr ändern werde.

Er wischte eine Grille von seinem Bein und griff nach seiner Wasserflasche. Er nahm sich vor, so lange auszuharren und auf Ruth und ihren Freund zu warten, bis die Flasche leergetrunken war. Das dürften die nächsten zwei, drei Stunden sein. Sollte Marie recht haben, dass sein Unternehmen unsinnig, dass er ein Fantast war, wäre das ärgerlich, sehr ärgerlich. Er sah sich schon nach Hause kommen und Marie sich vor Lachen krümmen. Er nickte ein.

Das Geräusch eines Motorrades erlosch in der Ferne und es trat wieder Ruhe ein. So ein Mist, sagte er sich und schaute auf seine Uhr. Langsam muss ich eine Entscheidung treffen. Entweder gehe ich jetzt in die Trattoria, um eine Kleinigkeit zu essen, oder ich gehe gleich runter nach Positano und nehme die Fähre nach Amalfi. Wenn Ruth doch noch kommen sollte, dann kreuzten sich ihre Wege.

„Hallo, hallo! Hier bin ich!“, rief die Frau, die aus dem Wald trat. Sie lief in schnellen Schritten den Weg bergan und warf sich schwer atmend Klaus in die Arme.

„Sie haben sie umgebracht!“, rief Ruth, ohne zu grüßen. „Umgebracht, diese Schweine, diese Mörder!“ Sie schlug mit ihren Fäusten gegen seine Brust. Tränen standen in ihren Augen.

„Um Himmels willen, was ist denn passiert?“ Er fasste sie an der Schulter und suchte nach einer Erklärung für ihre Aufgeregtheit. „Wen haben sie umgebracht, um wen geht es denn?“

„Sie haben Gudrun Ensslin erhängt, sie haben Baader und Raspe erschossen, und sie werden alle anderen umbringen – diese Mörder.“

Sie schob eine Haarsträhne aus ihrem Gesicht und suchte Halt an seinen Armen. Klaus spürte das leichte Zittern ihrer Hände, die, von der Sonne erhitzt, feucht und warm auf der Haut seiner Unterarme auf und ab strichen.

„Aber wieso, woher weißt du das? Das kann doch nicht wahr sein – die sitzen doch in Stammheim ein.“

„Das ist es ja eben. Das waren ganz klar die Bullen, die so tun, als ob es Selbstmord gewesen wäre“, antwortete sie und wischte sich den Schweiß von ihrer Stirne.

„Sie haben gewartet, bis gestern Abend die Typen von der GSG 9 das Flugzeug in Mogadischu gestürmt und die Palästinenser erschossen haben. Und dann haben diese Mörder in Stammheim gleich weitergemacht."

Klaus konnte sich das nicht vorstellen. Er hatte heute noch keine Nachrichten gehört und wusste nur von der Entführung der Landshut, kannte aber nicht das weitere Geschehen. Er konnte sich auch nicht allen Ernstes vorstellen, dass die Polizei oder wer auch immer die RAF-Häftlinge erschossen oder aufgehängt oder überhaupt getötet haben sollte. Aber er wollte Ruth, die so aufgeregt war, nicht gleich widersprechen.

„Das ist ja entsetzlich", sagte er, „ja, geradezu unvorstellbar. Woher hast du diese Nachricht, wer hat dir das erzählt?"

Er setzte sich neben sie und legte seinen Arm um ihre Schultern. „Wie furchtbar, ja, das ist ja kaum zu glauben. Und ich muss dir gestehen, dass ich mir das alles noch gar nicht richtig vorstellen kann. Du musst mir das Ganze noch einmal in Ruhe von Anfang an bis zum Ende erzählen. Ich habe seit gestern Abend keine Nachrichten mehr gehört, musst du wissen."

„Ich habe das aus dem Radio, so viel Italienisch verstehe ich schon, und die Nachrichten werden alle halbe Stunde wiederholt und ergänzt. Da besteht kein Irrtum, wenn du das meinst."

Klaus schaute Ruth von der Seite an und stellte fest, dass er sie um einen halben Kopf überragte. Sein Blick führte über ihre Brüste auf ihre Shorts und auf ihre braunen Beine, auf denen blonde Härchen in der Sonne glänzten. Ruth hatte sich von ihren Schuhen befreit, schaute auf ihre gepflegten nackten Füße und strich sich über ihre runden Knie.

„Weißt du", sagte er, „dass wir heute Geburtstag haben. Ich gratuliere dir von Herzen und wünsche dir ein schönes Lebensjahr."

Und noch bevor er richtig zu Ende gesprochen hatte, küsste sie ihn schnell und heftig auf seinen Mund und umarmte ihn mit den Worten: „Ich gratuliere dir von Herzen, ich hatte mir so gewünscht, dass wir uns wiedersehen."

„Und ich genauso“, erwiderte Klaus, „ich hatte es kaum zu hoffen gewagt. Aber irgendwie hatte ich mir immer wieder und immer wieder gesagt, gehe hin auf diesen magischen Felsen und du wirst sie wiedersehen.“

Er drückte sie an sich. „Lass uns in die Trattoria gehen.“

„Das ist eine wunderbare Idee“, antwortete Ruth.

Klaus nahm Ruth an die Hand und sie liefen los. Sie schlugen die Richtung ein, aus der Ruth gekommen war. Hinter der Kehre führte der Weg bergauf, und Ruth versuchte, mit Klaus Schritt zu halten. „Jetzt geht es mir besser“, sagte sie und hängte sich bei ihm ein.

Er hatte sich kaum verändert, stellte sie fest. Auffallend waren sein Oberlippenbärtchen und seine Koteletten. In Erinnerung kamen ihr wieder seine zurückhaltende Wortwahl und seine ruhigen Bewegungen, die sie damals schon so sympathisch gefunden hatte.

„Wie bist du hierhergekommen?“, fragte er sie. „Mit dem Flieger?“

„Nein, ich komme aus Mailand.“

„Was hast du denn da gemacht?“

„Ich war gerade von einer Reportage aus Mailand zurück, als meine Agentur mich beauftragte, nochmals dorthin zu fahren und Interviews mit Leuten zu machen, die nach dem Unglück in Seveso so schwer erkrankt sind. Sie liegen nach einem Jahr noch immer im Krankenhaus. Und“, sie lächelte verschmitzt, „dann habe ich mich kurzentschlossen auf ein Motorrad gesetzt und bin losgefahren.“ Der Griff an seinem Oberarm wurde fester. „Ich habe mich auf das Abenteuer gefreut.“

„Du bist doch nicht etwa die ganze Strecke mit dem Motorrad gefahren?“

„Na klar, so eine Moto Guzzi ist ein Traum, die geht nur so ab. Ich hab unterwegs übernachtet und bin heute Morgen sehr früh weitergefahren.“

„Du bist ein Teufelskerl, Ruth, ich finde das toll. Ich kann noch nicht einmal richtig Motorrad fahren. Vespa ist das Höchste.“

Sie lachten sich an.

Als sie die Trattoria erreicht hatten und die Terrasse betraten, erspähte Klaus noch einen leeren Tisch. „Da vorne", sagte er zu Ruth und zog sie hinter sich her.

Sie zögerte, ob sie ihm sagen sollte, dass es genau der Tisch war, an dem sie einmal mit Ansgar gesessen hatte. War das jetzt kindisch von ihr? Aber Klaus ging so zielstrebig auf den Tisch zu, dass sie ihn nicht zurückhalten wollte. Sie setzten sich nebeneinander, um gemeinsam den herrlichen Ausblick auf das weite blauschimmernde Meer genießen zu können.

Die von ihnen als erstes bestellte kalte Flasche Pellegrino kam schnell auf den Tisch. Sie genossen die Erfrischung und orderten beim Wirt eine Platte mit Vorspeisen und als Hauptspeise Spaghetti Bolognese. Eine Karaffe Vino Greco rundete die Bestellung ab.

Klaus verschwand dann im Haus, um Marie anzurufen. Er wollte ihr nicht nur die Chance für die Gratulation zu seinem Geburtstag bieten, sondern ihr vor allem berichten, dass Ruth trotz allen Unkens doch gekommen sei, wenn sie es auch nicht glauben wollte.

„Mit oder ohne den Architekten?", fragte Marie, nachdem sie ihm herzlich zum Geburtstag gratuliert hatte.

„Ohne", antwortete er, worauf sie nach einigem Zögern nur meinte, er solle den Rückweg zur Tenuta nicht zu spät antreten, weil es zu dieser Jahreszeit früher dunkel werde. „Die Kinder lassen dich grüßen", fügte sie an. „Bussi, mein Schatz." Sie hängte ein.

„Lass uns", sagte Klaus, als er wieder neben Ruth saß und sein Glas erhob, „auf unseren Geburtstag anstoßen. Wir sollten nie aufgeben, für eine bessere Welt zu kämpfen. Und wir werden auch Erfolg haben."

Sie stießen mit ihren Gläsern an. Ruths Bernsteinaugen leuchteten vor Frohsinn, und die grüngrauen Augen von Klaus schienen ihr Glück zu reflektieren.

Hungrig stießen sie mit ihren Gabeln in die Pasta, die ihnen der Wirt inzwischen serviert und mit Parmesankäse bestreut hatte. Das Essen bremste ihr Gespräch, bis Klaus Ruth fragte: „Bist du eigentlich mit diesem Architekten, mit dem du vor zehn Jahren hier warst, noch zusammen?“ Eine Frage, die er gleich wieder bereute, weil Ruth sehr schnell ihren fröhlichen Gesichtsausdruck verlor.

Musste er unbedingt dieses Thema ansprechen, das sie trotz der vergangenen langen Zeit immer noch nicht verarbeitet hatte. Nicht die erfüllten Stunden, nicht die herrliche Zeit, die sie mit Ansgar verbracht hatte, kamen ihr in Erinnerung, sondern die Enttäuschungen, die er ihr bereitet, die Schmerzen, die er ihr zugefügt hatte. Was ging das eigentlich Klaus an?

Andererseits – warum nicht, sagte sie sich. Sie hatten sich getroffen, um sich zu erzählen, was sie seit ihrem Kennenlernen erlebt hatten, und dazu gehörte auch ein besonders einschneidender Lebensabschnitt wie ihre erste große Liebe und ihr schmerzliches Ende.

Unwillig antwortete sie ihm in leicht verärgertem Ton: „Klaus, das ist eine lange Geschichte. Ansgar und ich, wir waren unendlich verliebt. Es war meine erste große Liebe, die bekanntlich meistens irgendwann zu Ende geht – wie das bei uns dann auch nach einiger Zeit passiert ist. Willst du es wirklich wissen?“

Ruth schaute Klaus zweifelnd an, der ihr zunickte. Dann holte sie tief Luft, ihr Blick verlor sich in der Ferne der Berge, und sie begann zu erzählen.

„Ich bin erschüttert, was musst du alles durchgemacht haben“, sagte Klaus, als Ruth endete. Ihre Stimme hatte an Kraft verloren, und sie griff nach seiner Hand, die sich ihr öffnete.

„Ich war damals nicht nur über sein Verhalten verzweifelt. Ich habe mir einfach nicht vorstellen können, dass es so miese, so niederträchtige Menschen gibt – ich kann es heute noch nicht glauben. Manchmal denke ich, ich hätte das alles nur geträumt. Aber es ist wahr, es ist so wahr.“

Klaus nahm sie in den Arm. „Mir geht es auch so. Die schlechten Erfahrungen, die man macht, hören nicht auf.“

Er nahm einen Schluck Wasser. „In meinem jugendlichen Enthusiasmus habe ich immer geglaubt, die Menschen würden aus den Fehlern ihrer Vorfahren lernen. Pustekuchen. Ich habe den Eindruck, es wird nur alles schlimmer."

„Das geht mir auch so. Und die Politik ist dafür ein gutes Beispiel. Nur Mord und Totschlag. Sobald einer aufmuckt oder nicht einverstanden ist, wird er eingesperrt und erschossen."

„Na ja", Klaus ließ sich auf dem Stuhl zurückfallen, „das sehe ich nicht ganz so. Bist du wirklich der Meinung, man hätte die drei umgebracht? Könnte es nicht doch Selbstmord gewesen sein?"

„Du bist vielleicht naiv", antwortete sie. „Wie sollen die beiden im Gefängnis an zwei Pistolen kommen und Gudrun an einen Strick? Und wo gibt es in einer Zelle einen Haken dafür? Täglich werden die Zellen Stunde für Stunde kontrolliert, nachts brennt das Licht, und ihre Anwälte werden bei jedem Besuch so genau untersucht, dass keinerlei Gegenstände ins Gefängnis geschmuggelt werden können."

„Nein, nein", setzte sie fort. „Mit Selbstmord kann mir da keiner kommen. Und das Ganze war klare Rache für die Entführung Schleyers. Die Kapitalisten wollen seinen Entführern mit ihrem Tod drohen und sie zwingen, den Unternehmensboss freizulassen. Da haben die sich aber getäuscht – wenn einer stirbt, dann mit Sicherheit Schleyer."

„Wie kannst du so was sagen, Ruth", empörte sich Klaus. „Eine politische Auseinandersetzung kann doch nicht ernsthaft durch gegenseitiges Töten ausgetragen werden."

Ruth schüttelte den Kopf und fuhr sich durch die Haare ihres Pferdeschwanzes. „Merke", sagte sie mit erhobener Stimme, „eine Änderung des Systems, die Gleichheit der Menschen lässt sich nur mit Gewalt durchsetzen, wenn es die Revolution der hart arbeitenden Werktätigen nicht selbst schafft. Die da oben werden sich noch wundern." Sie haute mit der Faust auf den Tisch. „Ich gehe mal aufs Klo", sagte sie, während sie abrupt aufstand.

Was ist das für eine Frau? fragte sich Klaus kopfschüttelnd. Ideologisch ganz links, sozialistisch bis unter die Haut. Mit so einer Frau könnte ich nie zusammenleben.

„Möchtest du noch etwas Eis?“, fragte er sie, als sie zurückkam. Ihr Zorn hatte sich gelegt. „Ja, gerne. Ich liebe Cassata.“

„Lass uns das Thema wechseln. Erzähl mir mal, was du in Mailand gemacht hast.“

„Wie gesagt, ich war auf einer Demo in Seveso in der Nähe von Mailand. Du weißt, wo vor einem Jahr die Chemiefabrik explodiert ist. Die Gegend ist total von Dioxin verseucht, noch heute. Das gesamte Land ist nach wie vor verwüstet und unfruchtbar. Die Leute mussten evakuiert werden, hunderte von ihnen sind gestorben, vor allem Kinder. Stell dir das mal vor.“

„Ich weiß, es ist entsetzlich.“

„Wir haben demonstriert, um die Öffentlichkeit auf dieses Unrecht, diese Ungerechtigkeit hinzuweisen.“

„Wer sind wir?“

„Na, Gewerkschaften, Kommunisten, Sozialisten und Studenten haben auf diese Weise ihre Brüderlichkeit bewiesen.“

„Ich finde es unerträglich“, sagte Klaus, „dass immer nur so viel zugegeben wird, wie man den Verantwortlichen gerade beweisen kann. Keiner der Industriebosse übernimmt die Verantwortung. Stattdessen versteckt sich einer hinter dem anderen.“

„Das sind Verbrecher.“

„Wir haben diese Methode ja schon in der Pharmaindustrie erlebt. Die haben die Produktion ihrer Pillen auch nicht gestoppt, als die Contergan-Kinder, denen die Hände aus den Schultern wuchsen, auf die Welt kamen.“

„Ich weiß, wovon du sprichst“, fuhr er fort, „wenn du dich über diese Borniertheit der Industriellen aufregst und du auf die Straße gehst. Man muss den Leuten die Augen öffnen, sie wachrütteln.“

Er hatte während dieser Worte ihren rechten Unterarm ergriffen und fest gedrückt, während er zur Betonung seiner Worte mit der Rechten heftig gestikulierte.

Ruth fühlte sich in ihrer Meinung bestätigt. Am Anfang ihrer Gespräche war Klaus zwar erkennbar anderer Meinung als sie, doch hatten sie bei dem jetzt angesprochenen Thema eine gemeinsame Linie gefunden, wie sie mit Erleichterung feststellte.

Sie nahm sich eine Olive aus dem Napf, hielt sie mit zwei Fingern in die Höhe und schaute über sie hinweg fest in seine Augen. Was bist du für ein Mensch, dachte sie. Du bist mir zwar viel zu rechts, viel zu liberal, aber mit dir kann man sich ja richtig gut unterhalten, auch wenn du nicht immer auf meiner Linie liegst. Auf einer Demo kann ich mir dich nicht vorstellen. Dafür bist du mir zu bürgerlich, zu korrekt – arriviert wäre zu viel gesagt.

Jedenfalls macht es mir Spaß, mit dir zu diskutieren, sagte sie sich. Aber Sex mit dir, das kann ich mir nicht vorstellen. Nach der Wanderung auf dem Pfad der Götter, das war damals etwas anderes. Sie nahm sich eine weitere Olive.

„Sag mal, wo übernachtest du heute Nacht. Hast du schon ein Quartier?“, fragte Klaus.

„Nee, natürlich nicht. Bist du wieder in der Tenuta?“

„Ja.“

„Ob die für mich noch ein Zimmer haben?“

„Ich weiß nicht. Die sind ziemlich voll.“

„Wir können es ja mal versuchen.“

„Klar.“ Klaus zögerte. „Für den Notfall habe ich im Zimmer noch eine Ausziehcouch. Die müsste halt bezogen werden.“

„Also gut. Dann trinken wir noch einen Espresso und zischen ab. Was hältst du davon?“

„Sehr gut. So machen wir das.“

Sie liefen den kurzen Weg zu ihrem Motorrad. Das war schon ein komisches, aber auch lustiges Vergnügen, hinter einer Frau auf so einem Feuerstuhl zu sitzen und über ihren Kopf hinweg den Fahrtwind im Gesicht zu spüren. Er jubelte vor Vergnügen und zeigte ihr den Weg nach Amalfi.

In der Tenuta hatten sie für Ruth noch ein kleines Zimmer. Klaus wusste nicht, ob er sich darüber freuen sollte oder nicht. Auf der einen Seite hatte er damit geliebäugelt, mit Ruth in seinen Armen die Nacht zu verbringen.

Zum anderen stellte er zu seiner Verwunderung fest, dass es ihn nach einer Liebesnacht mit ihr gar nicht so stark gelüstete. Ruths Charakter hatte sich im Verhältnis zu der Frau, die er seinerzeit kennengelernt und in Erinnerung hatte, doch sehr zu ihrem Nachteil verändert. Gewiss, sie war immer noch attraktiv in ihrer mädchenhaften Art. Aber sie hatte an Charme verloren und ideologisch eine Stellung bezogen, die ihn irritierte.

Ihre ständigen Angriffe gegen die so genannten Kapitalisten und gegen die Demokratie überhaupt stießen bei ihm auf Unverständnis. Abstoßend empfand er insbesondere ihre Sympathie für die Akteure der RAF und deren brutale Versuche, den Staat zu stürzen.

Also gut, sagte er sich. Dann hat sich das Problem auch gelöst und wir machen uns trotzdem einen schönen Abend. Sie hatten sich einen wunderbaren Platz unter der von Weinreben umrankten Pergola ausgesucht und ließen sich von der Wirtin erklären, was sie aus ihrer Küche anzubieten hatte. Es war verführerisch, und sie bestellten viel zu viel, wie sie dann im Verlauf des Abends feststellen mussten.

Der Mond und die hell leuchtenden Sterne beruhigten immer wieder ihre Gemüter, wenn sich der eine über die vermeintlich abstrusen Meinungen des anderen aufregte. Die Grillen zirpten. Es roch nach gekelterten Trauben und auch schon ein wenig nach Herbst. Als sie sich endlich gute Nacht sagten, hielten sie sich vor ihrer Zimmertüre an den Händen. Sie küssten sich auf beide Wangen. Klaus war erleichtert, dass Ruth, die sich von seinem Mannesgeruch angezogen fühlte, ihn schließlich sanft von sich schob.

Der Verlag

VINDOBONA
VERLAG SEIT 1946

ein Verlag mit Geschichte

Bereits seit 1946 steht der Vindobona Verlag im Dienst seiner Bücher und Autoren. Ursprünglich im Bereich periodisch erscheinender Journale tätig, präsentiert sich der Verlag heute als kompetenter Partner für Neuautoren am deutschen, österreichischen und schweizerischen Buchmarkt. Engagement, Verlässlichkeit und Sachverstand – das sind die Grundpfeiler, auf denen der Verlag seit jeher sicher steht.

Sie möchten mit Ihrem Werk das vielseitige Verlagsprogramm bereichern? Der Vindobona Verlag garantiert Ihnen eine professionelle Prüfung Ihres Manuskriptes durch das Lektorat sowie eine zeitnahe Rückmeldung.

Genauere Informationen zum Verlag
finden Sie im Internet unter:

www.vindobonaverlag.com

Ruth und Klaus hatten sich zum Frühstück nach Sonnenaufgang verabredet. Sie waren nicht die ersten Gäste, als sie die Terrasse betraten. Die Wirtin hatte ihnen einen Tisch mit Eiern und Hörnchen, mit selbstgemachter Marmelade und gepresstem Orangensaft gedeckt. Der dampfende Kaffee verbreitete seinen köstlichen Duft, und das aufgedrehte Radio steigerte die gute Stimmung mit italienischer Musik.

„Hast du gut geschlafen?", fragte Klaus Ruth, als sie mit noch nassen Haaren an den Tisch trat.

„Vorzüglich. Du auch?"

„Wunderbar. Ich habe davon geträumt, wie wir Hand in Hand den Pfad der Götter gemeinsam gewandert sind. Und du? Was hast du geträumt?"

„Ich weiß nicht. Jedenfalls nichts Aufregendes." Sie setzte sich und schlug ihre nackten Beine übereinander. „Gegen Morgen bin ich etwas unruhig geworden. Immerhin, ich will ja heute wenigstens bis nach Rom oder ungefähr so fahren."

„He, so weit! Und ich habe gehofft, wir könnten noch ein paar Tage zusammenbleiben."

„Nein, nein, das geht schon mal gar nicht. Ich muss wieder nach Frankfurt und meinen Artikel fertigschreiben. Die Agentur macht Druck."

Sie schob sich ihre Sonnenbrille in die Haare. „Ich habe meine Sachen schon gepackt."

„Schade, ich wollte heute mit dir auf dem Motorrad die Küste entlangfahren. Die ist wunderschön. Na gut, da kann man nichts machen. Ich würde gerne ..."

„Pst, sei ruhig, da kommen Nachrichten." Ruth legte ihre Hand auf seinen Arm. „Nein", rief sie, „nein, das ist ja der Wahnsinn!", sie sprang auf und rief: „Sie haben Schleyer gekillt. Diese Drecksau, stell dir vor", jubelte sie. Sie sprang von einem Bein aufs andere, klatschte ihre Hände über ihrem Kopf zusammen und schrie: „Dieses Kapitalistenschwein, jetzt haben sie es denen mal gezeigt."

Die Tischnachbarn hatten ihre Gespräche unterbrochen. Sie schüttelten den Kopf und einige Gäste riefen „Aufhören."

Inzwischen war Klaus auch aufgesprungen und versuchte, Ruth die Arme herunterzudrücken. „Hör auf", rief er, „die haben ihn ermordet, deine RAF."

„Quatsch, die haben ihre Freunde gerächt, die ihr umgebracht habt!"

Ruth versuchte, sich aus seinem Klammergriff zu befreien. „Lass mich los", rief sie und trat ihn gegen sein Schienbein.

„Bist du verrückt? Das hat weh getan!"

Klaus zog sie an den Tisch zurück und drückte sie auf ihren Stuhl. Er setzte sich neben sie und versuchte sie zu streicheln – sie stieß seine Hand weg.

„Ruth", sagte er, „jetzt hör mal auf mit diesem Irrsinn. Komm doch auf den Boden der Tatsachen zurück. Lass uns miteinander reden."

„Da gibt es nichts zu reden", sagte sie und schlug auf den Tisch.

„Hör jetzt auf, Ruth!", bat Klaus sie. „Was sollen denn die Leute von uns denken?"

„Das ist mir scheißegal."

„Dann gehen wir jetzt auf dein Zimmer und holen deine Sachen."

„Das kann ich alleine."

Klaus begleitete Ruth zu ihrem Motorrad. „Vergiss nicht", sagte er, „dass du im Dorf noch diese wunderbaren Esskastanien kaufen wolltest."

„Das mache ich als erstes."

Sie zögerte, als sie ihm ihren Rucksack aus der Hand nahm und ihm fest in die Augen blickte.

„Aber du kommst dann doch noch einmal zurück – Ruth, so können wir doch nicht auseinandergehen."

Sie wandte sich von ihm ab und hob die Hand.

„Mal sehen."

Der Autor

Jochem P. Kohl, 1935 in Berlin geboren, zog nach dem Zweiten Weltkrieg nach Frankfurt am Main und war seit 1970 dort als selbständiger Rechtsanwalt tätig. Hier ist er in der Frankfurter Gesellschaft aufgegangen. Er heiratete und gründete früh seine Familie mit vier Kindern. Sein langjähriges Interesse für Literatur bewog ihn nach seiner Berufstätigkeit zu einem Fernstudium zu Unterhaltungsromanen und der Teilnahme an Seminaren für kreatives Schreiben. Der „Pfad der Götter" ist sein erster Roman. Der Autor ist interessiert an Bildender Kunst und Römischer Geschichte und ist ein großer Naturliebhaber. Zu seinen Lieblingsaktivitäten gehören das Segeln und das Reisen – vornehmlich in die Länder des Nahen Ostens, nach Kanada und in die USA. Auch gewandert ist er häufig und weit, beispielweise von der dänischen Grenze bis in die Schweiz. Seit 2019 verbringt er seinen Lebensabend naturnah am Tegernsee.